Informazioni legali

© 2022
Autore ed editore: M.Eng. Johannes Wild
A94689H39927F
E-mail: 3dtech@gmx.de

L'impronta completa del libro si trova nelle ultime pagine!

Questo lavoro è protetto da copyright

Indice dei contenuti

Prefazione

Grazie mille per aver scelto questo libro!

Sei interessato a progettare oggetti tridimensionali utilizzando il software CAD gratuito "FreeCAD"?

Allora sei arrivato nel posto giusto! Sono un ingegnere e vorrei insegnarti a progettare oggetti 3D in modo semplice e facile da capire. A questo scopo, in questo corso utilizziamo il software CAD semi-professionale "FreeCAD", che puoi scaricare gratuitamente! In questo corso imparerai tutto ciò che devi sapere per creare componenti tridimensionali, assemblarli virtualmente e ricavarne disegni tecnici.

Ecco il link per scaricare il software:

https://www.freecadweb.org

Tra poco vedremo nel dettaglio come funziona il processo di installazione.

Questo corso completo e dettagliato si rivolge in particolare ai principianti e ti mostra da zero come utilizzare il software e come realizzare i progetti CAD. Questo libro non richiede alcuna conoscenza precedente, perché tutto viene spiegato passo dopo passo e in modo dettagliato. Oltre a molte spiegazioni teoriche su come utilizzare il software, in questo corso imparerai anche a utilizzare grandi progetti di design!

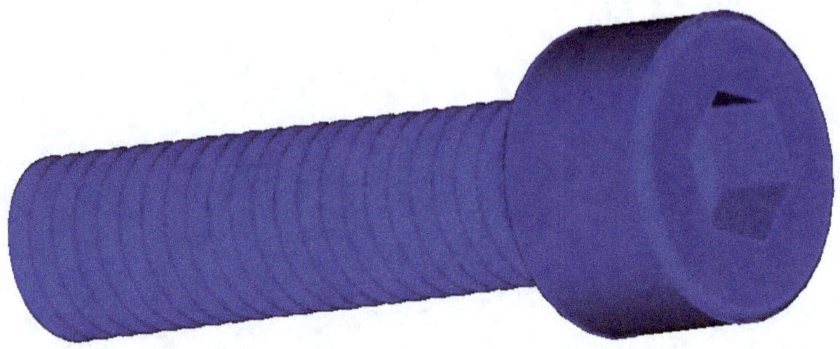

In questo corso imparerai tutto quello che devi sapere come principiante su "FreeCAD"! Inizia oggi stesso con questo libro l'affascinante mondo della progettazione CAD con "FreeCAD"! Andiamo!

1 Introduzione al CAD e "FreeCAD"

1.1 Cos'è il CAD e cos'è "FreeCAD"?

Ciao e benvenuto al corso "FreeCAD" per principianti!

Grazie per aver scelto questo corso!

Che cos'è il CAD?

Come forse già saprai, l'abbreviazione CAD sta per "Computer Aided Design". Il software CAD viene utilizzato per creare o modificare oggetti tridimensionali. Partendo da singoli pezzi semplici, passando per pezzi complessi fino a interi gruppi che possono essere assemblati virtualmente. In questo corso, rivolto in particolare ai principianti, imparerai come è strutturato l'ambiente di un programma CAD e come utilizzare al meglio le singole funzionalità per creare oggetti tridimensionali. Potrai ricostruire ogni progetto di design passo dopo passo e in maniera individuale, in modo da iniziare facilmente a progettare e familiarizzare con le diverse funzioni di un programma CAD con ogni progetto.

In breve, in questo corso potrai apprendere in dettaglio quanto segue:

- Essere in grado di utilizzare l'ambiente del programma "FreeCAD" in modo rapido e sicuro,
- Per padroneggiare tutte le funzioni più importanti in modo sicuro,
- Comprendere le basi della progettazione CAD e i diversi modi di lavorare,
- Lo schizzo 2D e la creazione di oggetti 3D,
- per creare parti e gruppi individuali,
- Assemblare virtualmente i singoli pezzi in gruppi,
- Crea disegni tecnici in "FreeCAD".

È meglio seguire l'ordine indicato nel corso, poiché le lezioni si basano l'una sull'altra. Se non capisci subito i singoli capitoli, le funzioni o i comandi o se ti manca la spiegazione di una funzione, resta sintonizzato. Il corso è strutturato in modo tale da spiegare a sufficienza tutte le funzioni più importanti e basilari.

Che cos'è "FreeCAD"?

"FreeCAD" è un software CAD 3D open-source, destinato in particolare all'ingegneria meccanica e alla progettazione di prodotti, ma può essere utilizzato anche nel campo dell'architettura o in altre aree tecniche. Questo programma offre un'interfaccia utente chiara e semplice ed è anche disponibile **gratuitamente**! La struttura delle funzioni di progettazione è molto simile ai programmi CAD professionali e molto costosi che gli ingegneri o i tecnici utilizzano nel loro lavoro quotidiano. Tuttavia, le licenze di programmi CAD professionali come "SolidWorks", "Catia", "SolidEdge" o "AutoCAD" e "Inventor" costano da una a diverse migliaia di euro e, pertanto, sono solitamente convenienti solo per gli utenti professionali e i lavoratori autonomi.

"FreeCAD" è stato sviluppato per la progettazione di oggetti reali e utilizza la modellazione parametrica 3D per questo scopo. Nella modellazione parametrica si costruiscono oggetti con l'aiuto di parametri. Ciò significa che per costruire un corpo 3D rettangolare, ad esempio, hai bisogno dei tre parametri lunghezza, larghezza e altezza e costruisci il corpo con l'aiuto di queste tre dimensioni. Anche i programmi CAD professionali sopra citati (ad esempio "SolidWorks" o "Autodesk Inventor") utilizzano questo tipo di modellazione.

Il vantaggio è che i singoli parametri possono essere variati in qualsiasi momento, in modo da poter apportare modifiche o cambiamenti alla geometria del corpo anche dopo che l'oggetto 3D è stato completato.

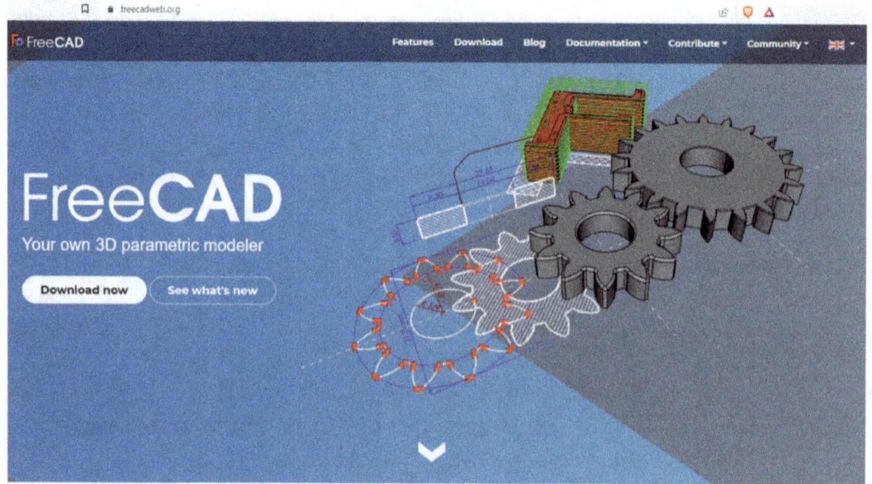

Tutti i comuni programmi CAD funzionano in modo molto simile, come vedremo brevemente di seguito.

1.2 Informazioni di base sulla progettazione CAD

Nella progettazione CAD si distingue tra un'area bidimensionale e una tridimensionale. Nell'area bidimensionale vengono creati schizzi 2D, che possono poi essere trasformati in oggetti 3D con l'aiuto di comandi.

Per creare un modello 3D, bisogna prima realizzare uno schizzo 2D dell'oggetto desiderato. Questo viene fatto con semplici elementi geometrici come: Linea, cerchio, rettangolo e poligono. Puoi pensare di realizzare uno schizzo 2D come un disegno nel programma "Microsoft Paint". Questo schizzo 2D viene realizzato su un piano dello spazio tridimensionale e poi trasformato in un oggetto tridimensionale con l'aiuto di un comando (ad esempio il comando di estrusione).

Immagina, ad esempio, di guardare la parte superiore di un semplice oggetto tridimensionale. Nel caso di un cilindro, ad esempio, cosa vedi quando lo guardi dall'alto, con un perfetto angolo retto rispetto alla superficie superiore del corpo? Esatto, un cerchio bidimensionale, nient'altro. Ed è proprio da questa forma 2D che viene creato il cilindro 3D nel programma CAD. È proprio la geometria del cerchio che dobbiamo disegnare nel primo passo. La forma tridimensionale viene poi ottenuta attraverso ulteriori passaggi di comando.

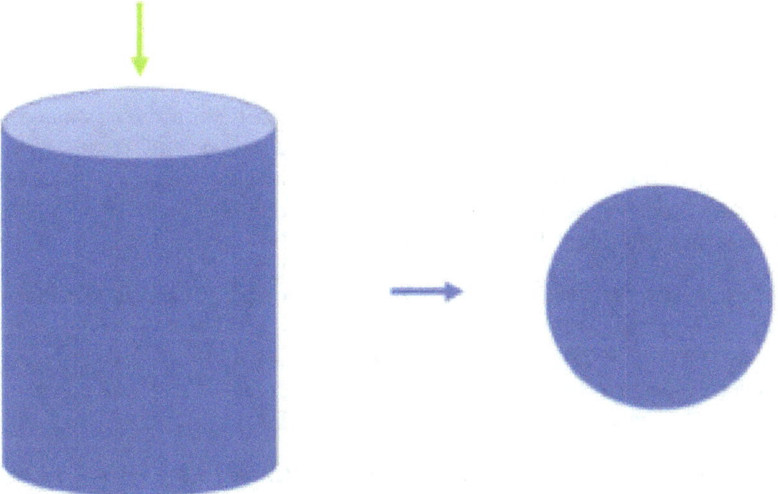

Questa procedura non si applica solo a un cilindro, ma anche a molti altri oggetti 3D. Ad esempio, puoi creare un cuboide disegnando un rettangolo in uno schizzo su un piano 2D dello spazio. E con l'aiuto delle misure puoi definire la forma dell'oggetto. Per il rettangolo bidimensionale hai bisogno di una lunghezza "a" e di una larghezza "b" e per l'oggetto 3D finale hai bisogno anche di un'altezza "h". Per il cilindro, invece, devi definire un diametro o un raggio per la superficie circolare e un'altezza per il cilindro. Per questo corpo sono sufficienti due dimensioni.

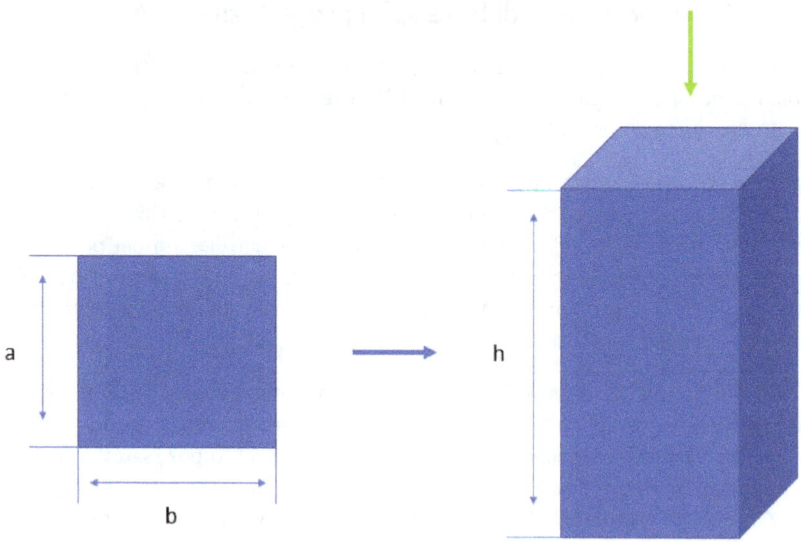

Come costruire oggetti 3D semplici e poi più complicati con "FreeCAD", potrai impararlo in dettaglio e passo dopo passo nel corso successivo.

Tra l'altro, esistono diversi metodi di approccio alle singole costruzioni, che variano molto a seconda del designer e dell'oggetto 3D, ma che alla fine possono tutti portare all'obiettivo. Quindi non c'è un solo modo e sei libero di pensare ad altri modi in cui i singoli oggetti potrebbero essere costruiti. A volte un approccio diverso porta più facilmente o rapidamente all'obiettivo, altre volte è il contrario.

Un altro consiglio per utilizzare il corso: Il modo migliore e più efficace per imparare a usare il software CAD è quello di osservare attentamente le singole fasi del progetto, poi mettere da parte il libro dopo 3-4 fasi e successivamente provare a copiare i passaggi mostrati in modo indipendente e senza ulteriori aiuti. È meglio utilizzare questo approccio per tutto il libro.

Nelle prossime sezioni scoprirai innanzitutto l'installazione e l'interfaccia del software "FreeCAD". Dopo aver effettuato alcune impostazioni generali, ci occuperemo in dettaglio della creazione di uno schizzo 2D e della successiva trasformazione dello schizzo in un oggetto 3D.

Iniziamo con l'installazione del programma!

1.3 Procedura di download

"FreeCAD" può essere scaricato gratuitamente. La procedura è molto semplice e viene descritta passo per passo qui di seguito:

Passo 1: Apri il tuo browser internet e vai sul sito ufficiale https://www.freecadweb.org oppure cerca il termine "FreeCAD" in un motore di ricerca di tua scelta.

Passo 2: Clicca sull'opzione "Download now".

Passo 3: nella pagina successiva, devi selezionare la piattaforma desiderata, ad esempio Windows 64-bit. Dopo aver cliccato sul pulsante corrispondente, il download si avvierà automaticamente.

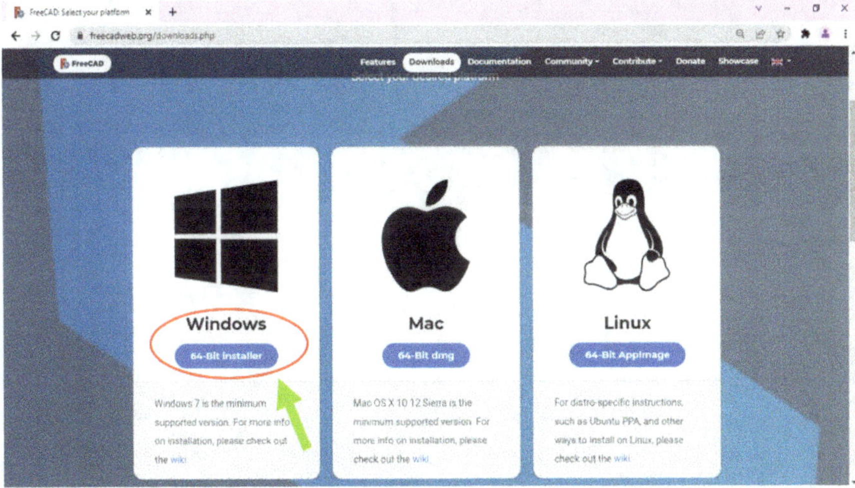

1.4 Procedura di installazione

Di seguito viene descritto il processo di installazione per un PC Windows.

Passo 1: Clicca con il tasto destro del mouse sul file di setup scaricato ed eseguilo come amministratore "Run as administrator".

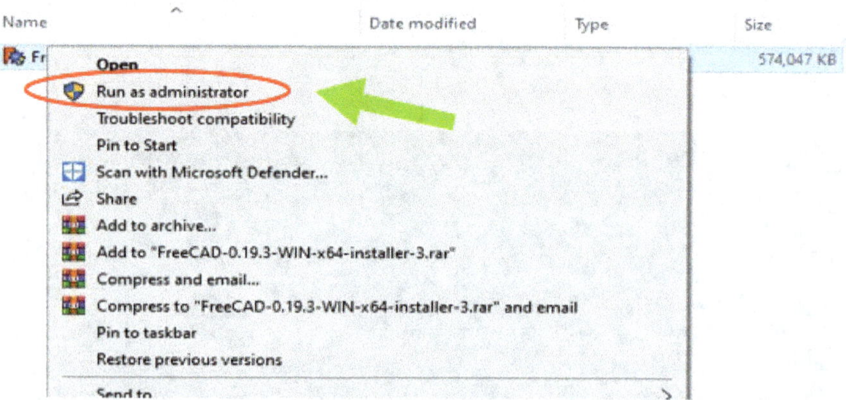

Passo 2: Segui le istruzioni del software per l'installazione.

Passo 3: Quando selezioni gli utenti, considera se solo tu devi utilizzare il programma o se anche altri account utente del tuo PC devono accedervi. Se non sei sicuro di cosa significhi, puoi semplicemente selezionare l'opzione "Install for anyone using this computer".

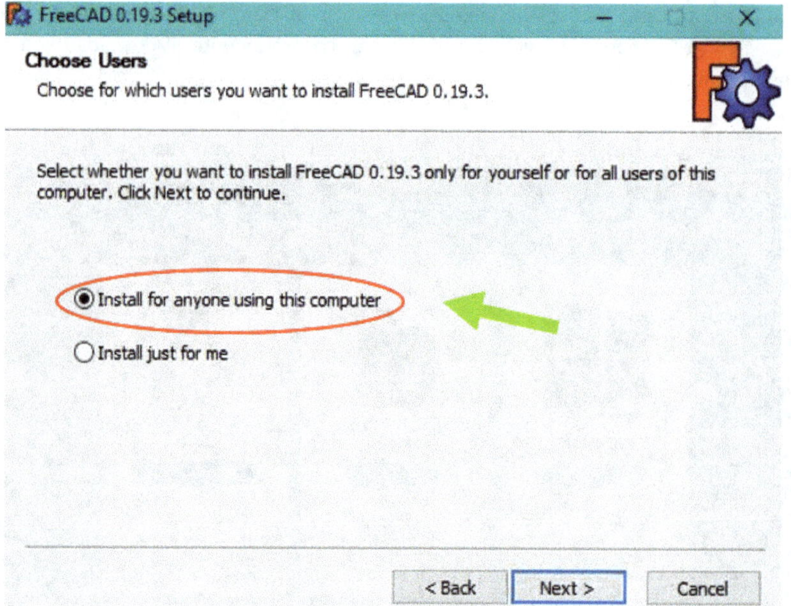

Passo 4: Segui i passi successivi del processo di installazione e spunta tutte le caselle quando selezioni i componenti da installare.

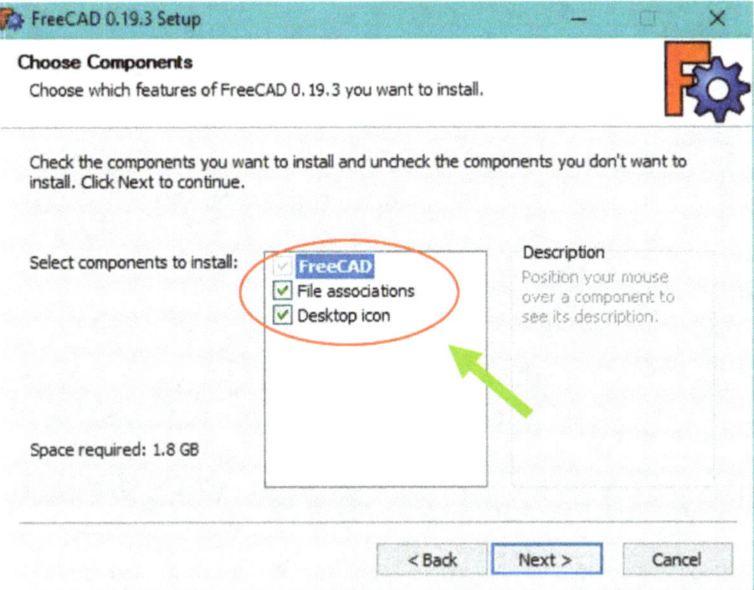

Passo 5: Quando selezioni la cartella del menu di avvio, puoi semplicemente lasciare le impostazioni predefinite e cliccare sul pulsante "Install" per installare il programma.

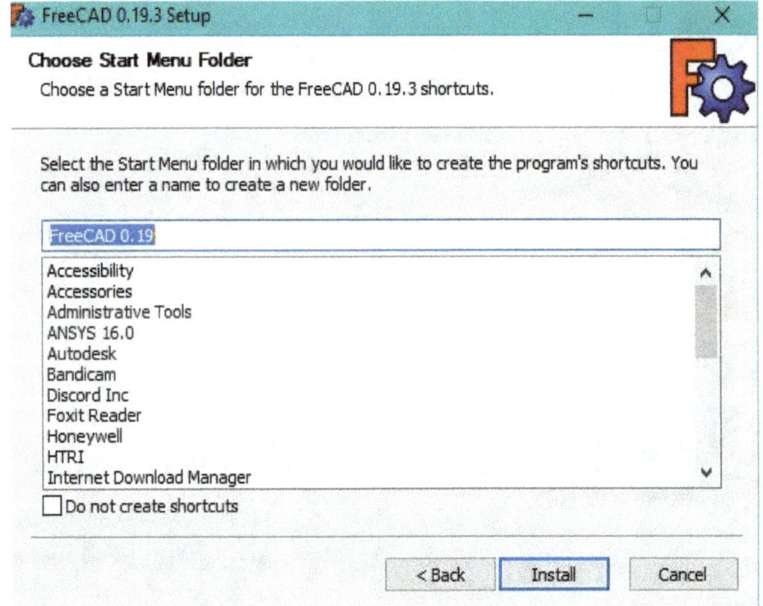

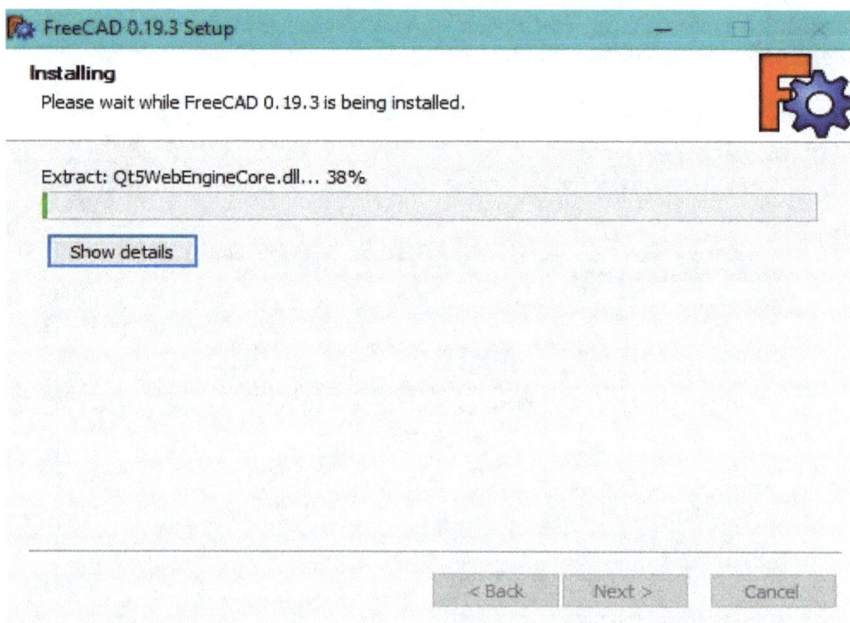

Passo 6: Dopo qualche minuto, il processo è completo. Poi clicca sul pulsante "Finish".

2 Primi passi con "FreeCad"

Dopo aver installato il programma, possiamo avviarlo per la prima volta. La pagina iniziale dovrebbe apparire così:

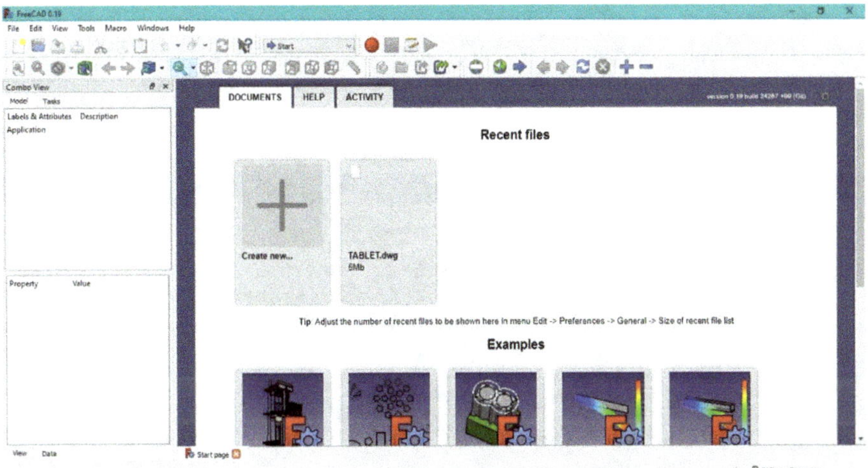

2.1 Impostazioni di base di "FreeCad"

Prima di iniziare con la costruzione del CAD, affrontiamo brevemente le impostazioni del programma. Per farlo, clicca sul pulsante "Edit" e seleziona l'opzione "Preferences...".

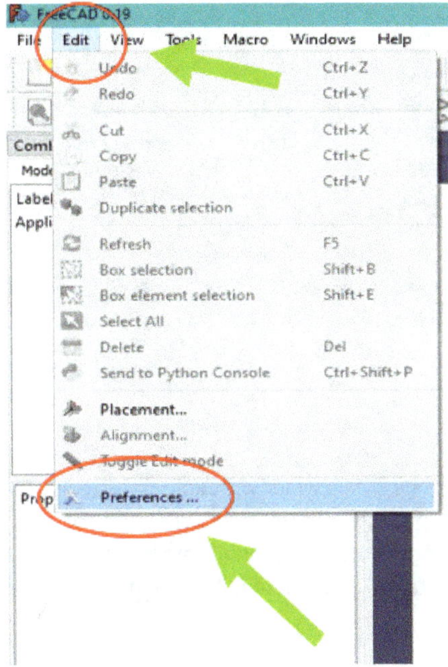

Il programma "FreeCAD" seleziona automaticamente la lingua del sistema operativo quando viene avviato per la prima volta. Tuttavia, puoi modificare questa impostazione anche nella sezione "General".

Per motivi organizzativi, in questo corso la lingua del programma è l'inglese. Questo è un vantaggio per te, che potrai così orientarti meglio nei forum o nella comunità internet, per lo più di lingua inglese. Ma non preoccuparti, sarai in grado di orientarti sufficientemente in qualsiasi altra lingua con l'aiuto delle immagini e delle spiegazioni aggiuntive.

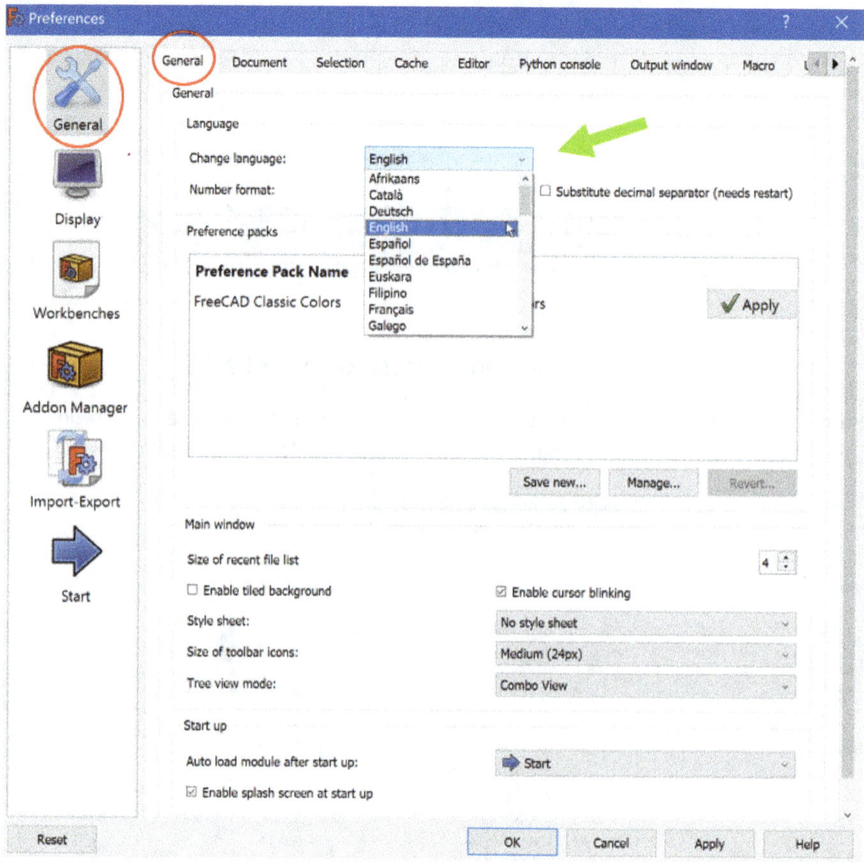

Poco più avanti, nella sezione "Main window", puoi cambiare il colore del display. Se questo non è importante per te, puoi semplicemente lasciare l'impostazione predefinita "No style sheet". In questa sezione possiamo anche modificare la dimensione delle icone dei comandi. È meglio utilizzare l'impostazione "Medium (24px)" se non è già selezionata.

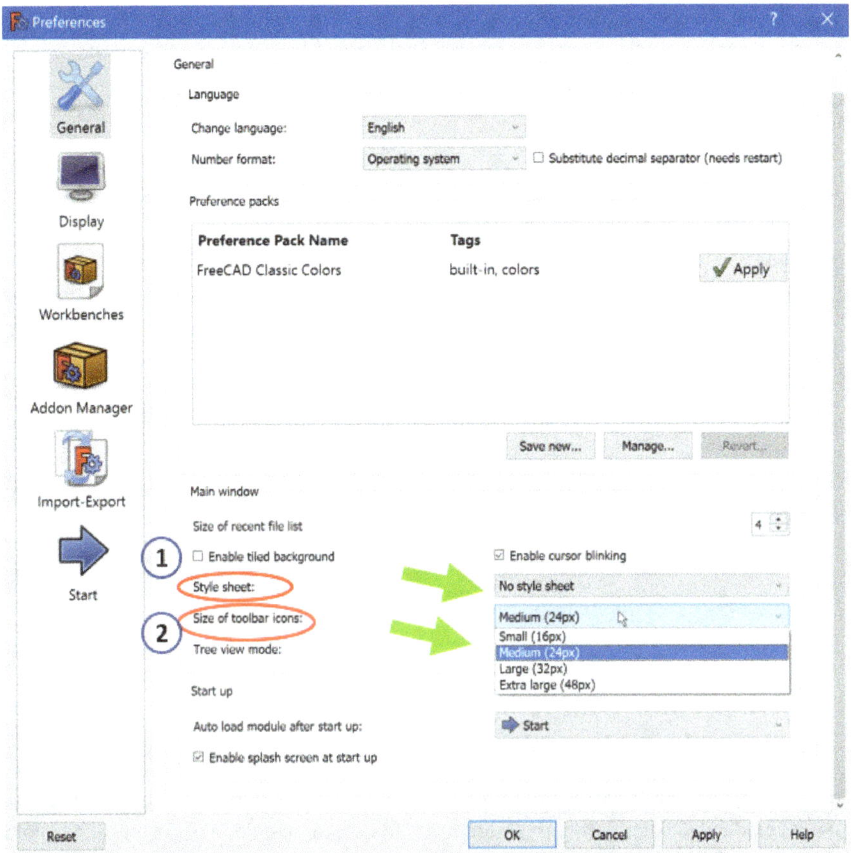

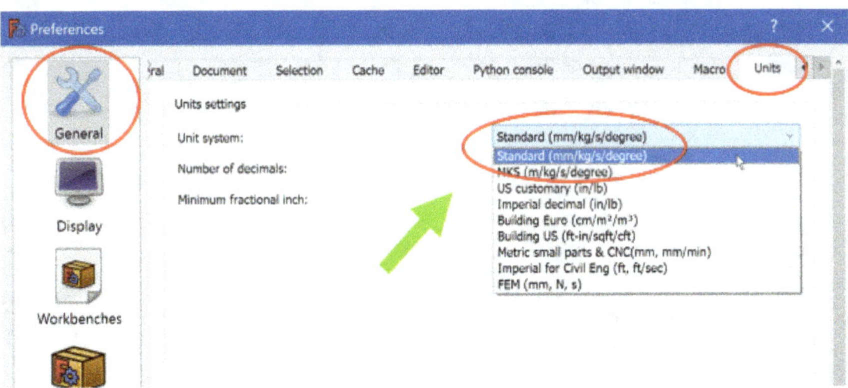

Un'altra importante impostazione della sezione "General" si trova nella scheda "Units". Qui possiamo impostare il nostro sistema di unità di misura preferito. Utilizziamo le unità standard "Standard (mm/kg/s/degree)".

Infine, dobbiamo controllare nell'area "Display" se il sistema di coordinate è visualizzato. Per farlo, è necessario selezionare l'opzione "Show coordinate system in the corner".

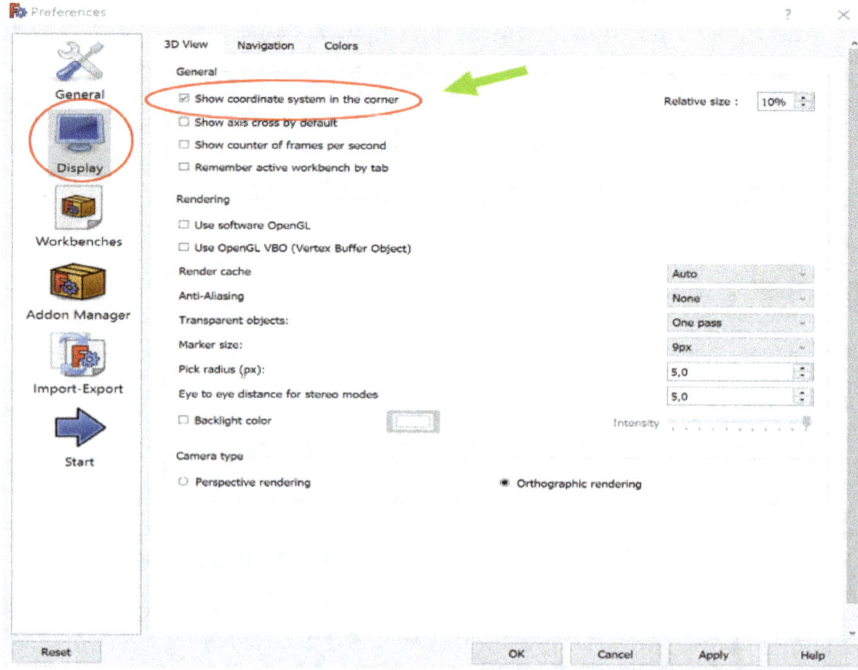

Inoltre, possiamo cambiare lo sfondo dell'area di lavoro nella scheda "Colors". Tuttavia, questo non deve necessariamente essere fatto, ma è una questione di gusto. Ad esempio, cambiamo lo sfondo con il colore bianco.

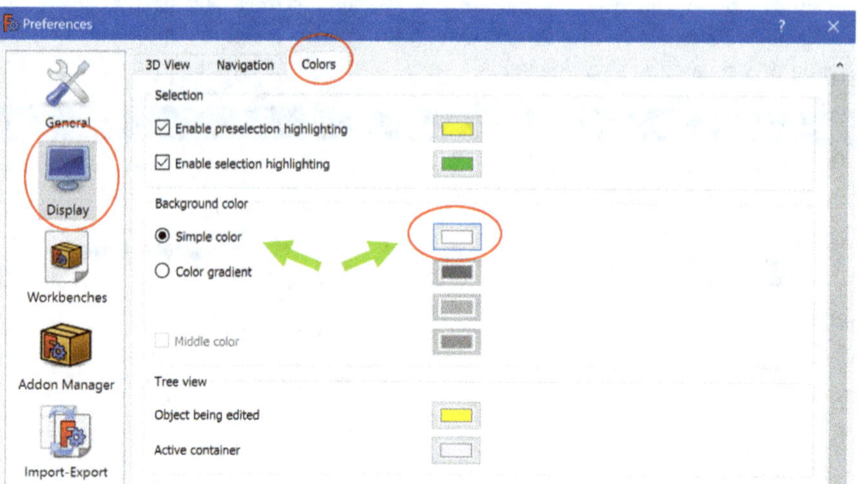

Se hai modificato le impostazioni, clicca su "Apply" nella parte inferiore della finestra e poi sul pulsante "OK" per applicare le impostazioni effettuate e chiudere la finestra.

2.2 "FreeCAD" Ambiente del programma

In questa sezione daremo un'occhiata all'ambiente di programma di "FreeCAD".

2.2.1 Pagina iniziale

Se avviamo "FreeCAD", viene visualizzata la pagina iniziale che contiene tre schede diverse ("Documents", "Help", "Activity").

"Documents": questa scheda contiene i file utilizzati più di recente. Contiene anche l'opzione "Create new..." per creare un nuovo documento. Inoltre, nell'area inferiore sono presenti alcuni file di esempio.

"Help": questa scheda contiene istruzioni per il programma e per la risoluzione di problemi. Ad esempio, possiamo cercare un comando che vogliamo utilizzare in "FreeCAD" e ottenere una guida in merito.

"Activity": questa scheda mostra le ultime attività utilizzate in "FreeCAD". Mostra la modifica o l'aggiunta del codice sorgente di "FreeCAD" e per il momento non è rilevante per i principianti.

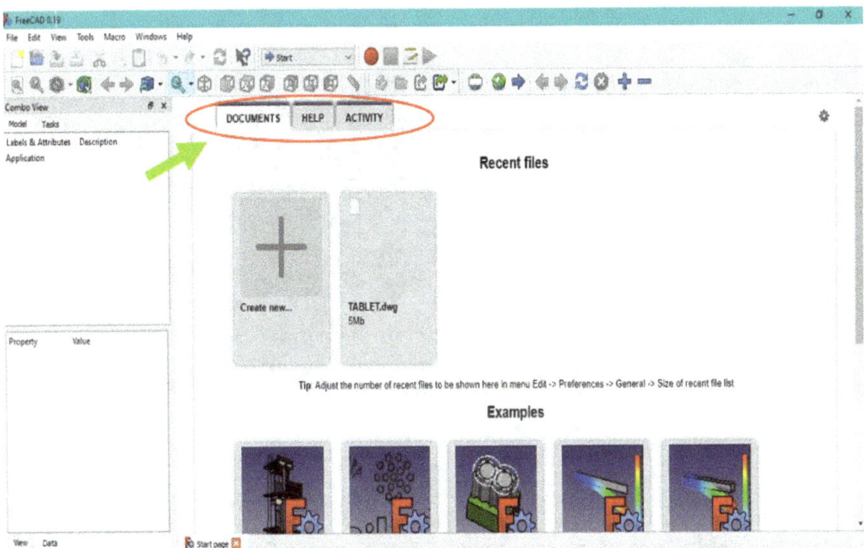

2.2.2 Spazio di lavoro

Ora daremo un'occhiata all'area di lavoro del software. In quest'area stiamo per iniziare i nostri primi esercizi di disegno. Per prima cosa apriamo un file di esempio dalla sezione inferiore della scheda "DocumeCANTS" nella sezione "Examples".

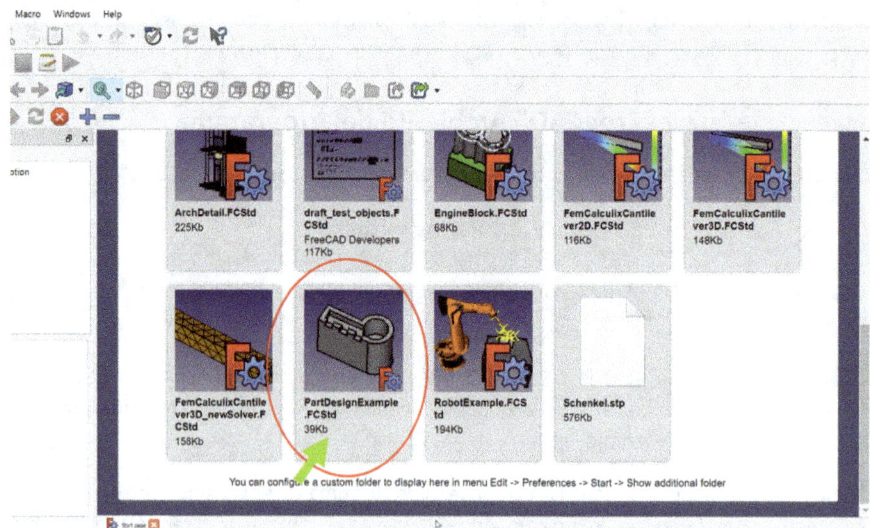

L'area di lavoro o di disegno viene utilizzata per creare un nuovo oggetto o disegno. L'interfaccia di base comprende barre degli strumenti, vari comandi e finestre.

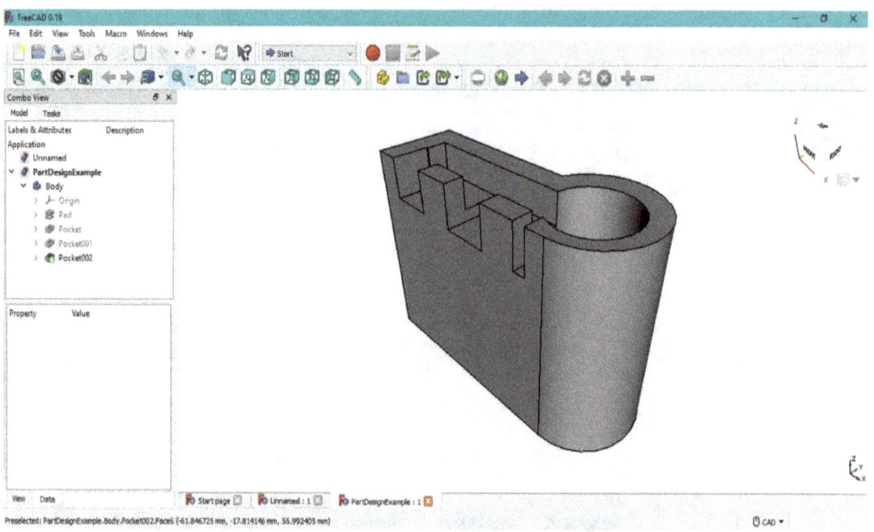

Sul lato sinistro dell'area di lavoro si trova la Vista Combo ("Combo View"), divisa in due schede.

La scheda "Model" mostra il contenuto e la struttura dell'oggetto nell'area superiore e le proprietà (parametri) dell'elemento selezionato nell'area inferiore. In questa struttura ad albero troverai i comandi utilizzati per creare l'oggetto 3D. In questo caso, ad esempio, vari schizzi e comandi come "Pad" e "Pocket". Ma ci arriveremo più avanti. Inoltre, vengono visualizzati l'origine e i livelli del file. Per visualizzarle, devi cliccare sul simbolo della freccia dell'estensione.

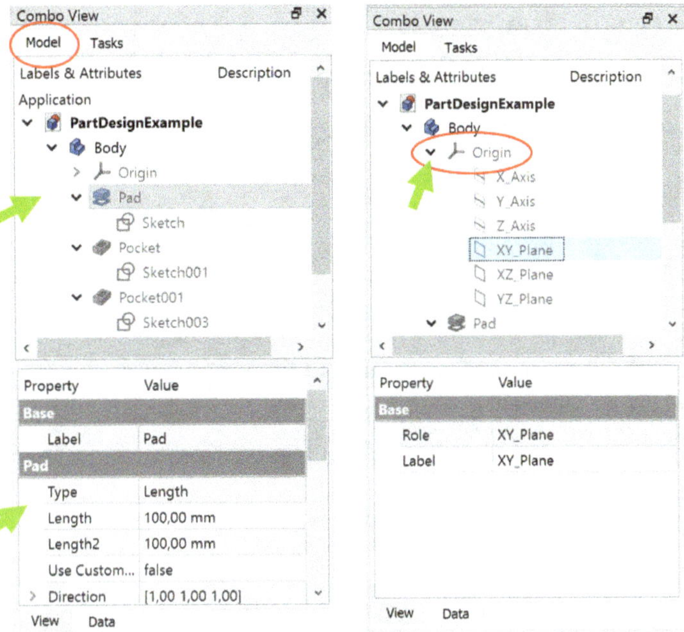

La scheda "Tasks" ti informa sulle attività che devi eseguire per il progetto o sui parametri specifici dello strumento che stai utilizzando.

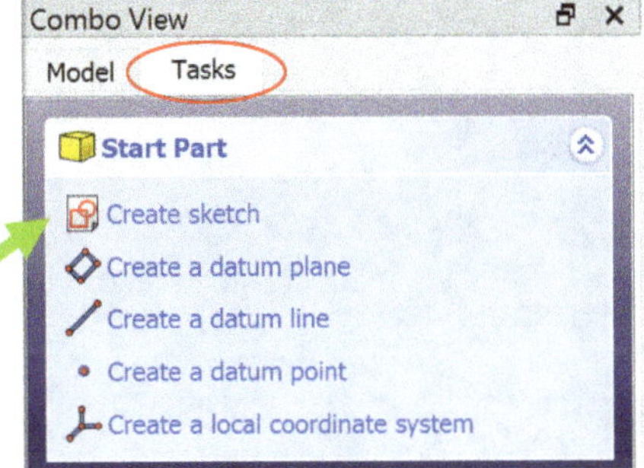

In "FreeCAD" c'è anche una vista report ("Report view") e una console Python, che sono nascoste per impostazione predefinita. Nella visualizzazione dei rapporti vengono elencate le informazioni, gli avvisi o gli errori, che possono facilitare la risoluzione dei problemi. La console Python ti offre la possibilità di osservare in tempo reale come i comandi e le funzioni che selezioni vengono eseguiti dal codice del programma.

Con i passi seguenti, è possibile attivare la visualizzazione dei report ("report view") e la console Python.

Passo 1: richiama il menu "View".

Passo 2: Clicca su "Panels".

Passo 3: Cliccare su "Report view" e "Python console".

Si apre quindi una finestra nella parte inferiore dell'area di lavoro.

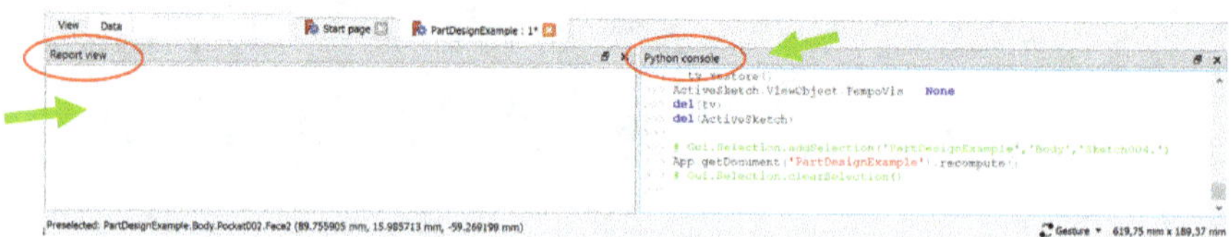

Tuttavia, come principiante non avrai quasi mai bisogno di queste due finestre o, come già detto, solo per la risoluzione dei problemi. Possiamo quindi chiudere nuovamente queste due finestre per avere più spazio nell'area di lavoro.

3 Gli spazi di lavoro di base in "FreeCAD"

3.1 Informazioni generali

In "FreeCAD" ci sono diverse aree di lavoro, ognuna delle quali è progettata per una specifica area di attività. Puoi trovarli nel menu a tendina a sinistra del cerchio rosso. Il software "FreeCAD" offre un gran numero di spazi di lavoro. Questo può confondere facilmente un principiante. Tuttavia, se vuoi utilizzare "FreeCAD" per creare costruzioni e disegni tecnici in 2D e 3D, sono sufficienti le aree di lavoro "Part Design", "Sketcher" e "TechDraw". In questo corso per principianti vedremo nel dettaglio come utilizzare questi tre spazi di lavoro. Inoltre, vedremo come assemblare i singoli pezzi in un gruppo. Per questo dobbiamo importare l'area di lavoro "Assembly (A2plus)". Ma di questo parleremo più avanti.

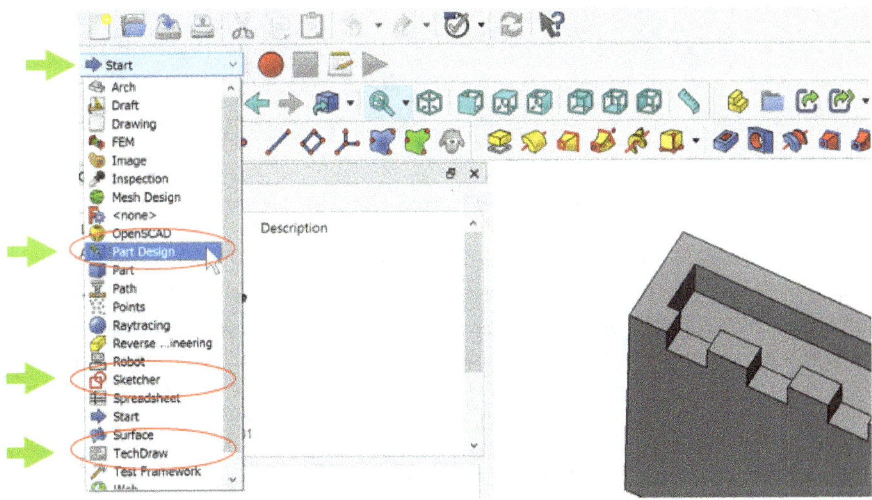

L'area di lavoro "Draft" - che non esamineremo in dettaglio in questa sede - si utilizza se vuoi creare oggetti puramente bidimensionali. Nell'area "Sketcher" puoi anche creare schizzi bidimensionali. Poiché in seguito potrai trasformarli in modelli 3D, esamineremo l'area più adatta "Sketcher" invece dell'area "Draft". L'area di lavoro "Part Design" è necessaria per la creazione di oggetti tridimensionali. Questo sarebbe possibile anche con l'area di lavoro "Part", ma "Part Design" è generalmente più adatto. Infine, l'area "TechDraw" è necessaria se vuoi creare disegni tecnici, cioè documenti con cui il pezzo progettato può essere fabbricato.

Come spero ricorderai da uno dei primi capitoli, se vogliamo creare un oggetto tridimensionale, dobbiamo prima creare uno schizzo 2D. Poi trasformiamo questo schizzo 2D in un oggetto 3D utilizzando vari comandi.

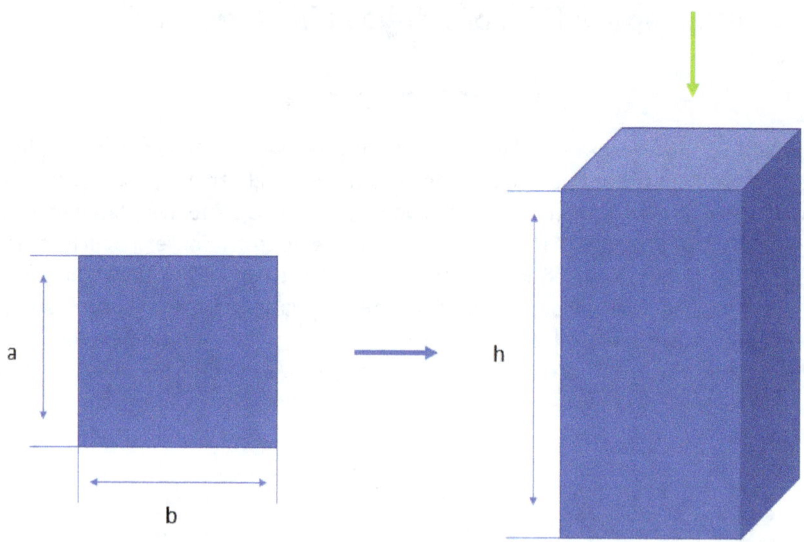

"FreeCAD" ora ci offre diverse aree di lavoro per creare uno schizzo 2D. Possiamo disegnare uno schizzo bidimensionale nell'area "Draft" e nell'area "Sketcher". L'area "Draft" è in realtà solo per gli oggetti 2D puri, il che significa che dovresti selezionare questa area di lavoro se vuoi disegnare un oggetto puramente bidimensionale. Puoi anche creare un oggetto 3D da uno schizzo nell'area "Draft", ma questa procedura non è ideale. Se sai già che vuoi creare un oggetto 3D da uno schizzo 2D, allora è meglio scegliere l'area di lavoro "Sketcher". Questa area di lavoro è ideale per disegnare schizzi 2D che poi trasformerai in un oggetto 3D.

Quindi possiamo creare uno schizzo per il nostro primo oggetto 3D nell'area "Sketcher". Tuttavia, per imparare a costruire con "FreeCAD" nel modo più semplice possibile, inizieremo subito con l'area di lavoro sovraordinata "Part Design". In questa area di lavoro è possibile creare oggetti 3D. Inoltre, in questa area di lavoro c'è anche una funzione chiamata "Create Sketch", che è un collegamento all'area di lavoro "Sketcher" e con la quale possiamo disegnare il nostro schizzo 2D per il nostro oggetto 3D.

Il programma "FreeCAD" purtroppo può creare un po' di confusione perché ci sono molte aree di lavoro diverse. Tuttavia, è sufficiente ricordare che come principiante per una progettazione 3D possiamo sempre iniziare dall'area "Part Design". Di seguito ti guiderò passo dopo passo con una procedura strutturata per la creazione di un modello 3D. Per farlo, iniziamo dall'area di lavoro "Part Design", poi passiamo all'area "Sketcher" per lo schizzo 2D e poi di nuovo all'area "Part Design" per il modello 3D. Le aree sono collegate tra loro in modo che sia facile farlo. Ma ne riparliamo tra un attimo!

3.2 L'area di lavoro "Part Design" - Parte 1: Informazioni generali

Prima di creare il nostro primo oggetto 3D, facciamo una breve panoramica delle funzioni di base dell'area di lavoro "Part Design".

Nota: se non tutte le barre degli strumenti vengono visualizzate come mostrato qui, devi attivare le barre mancanti nella barra dei menu nella scheda "View" nel sottogruppo "Toolbars". Se necessario, puoi anche disattivare le barre degli strumenti.

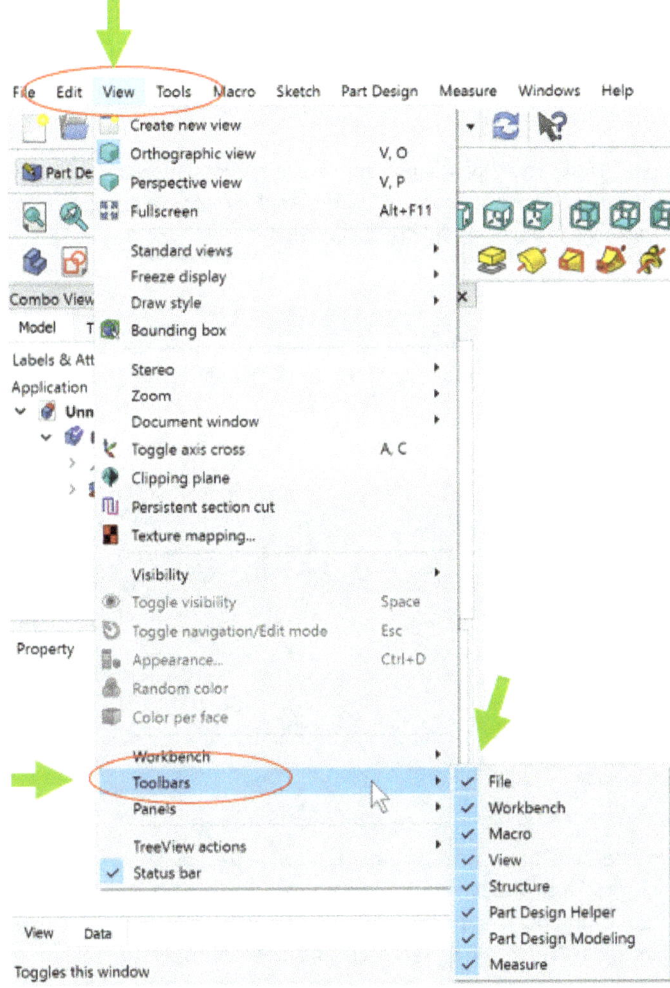

Nell'area superiore sinistra troviamo due importanti funzioni. Innanzitutto, con la funzione "Fit all" possiamo inserire nella vista tutti gli oggetti che si trovano nel nostro spazio 3D. Questa funzione è utile, ad esempio, se uno o più oggetti sono molto lontani. Questi vengono poi ingranditi fino a raggiungere una dimensione vantaggiosa per la visualizzazione.

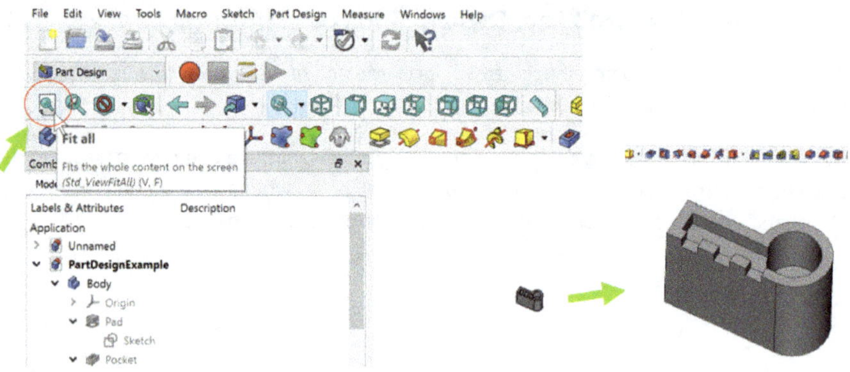

Con la funzione "Draw Style" possiamo cambiare la rappresentazione dell'oggetto 3D. Ad esempio, possiamo selezionare l'opzione "Wireframe" e ottenere un wireframe del nostro oggetto. Prova anche le altre opzioni di visualizzazione.

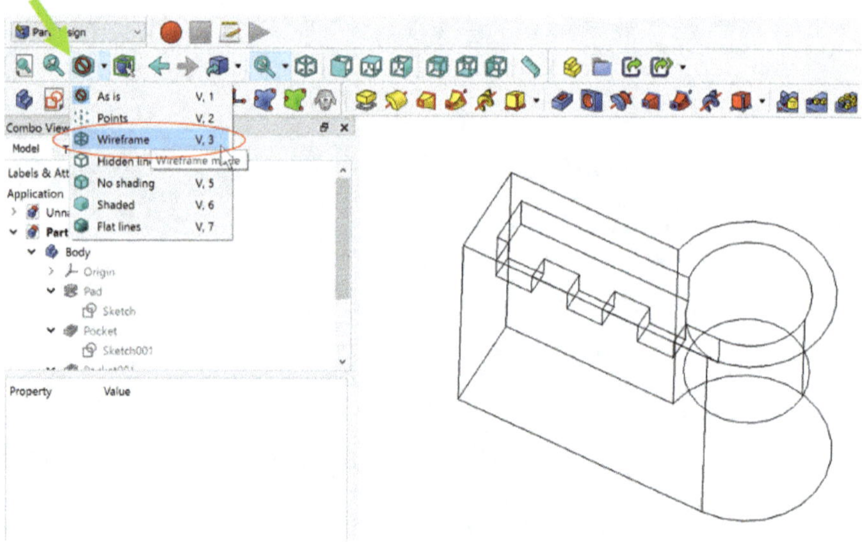

Nell'area centrale della barra degli strumenti precedente possiamo scegliere tra diverse visualizzazioni. Possiamo visualizzare la vista isometrica e dare un'occhiata alla superficie superiore, a quella inferiore, a quella anteriore, posteriore o laterale. Queste scelte sono utili se vogliamo guardare al 100% in verticale una faccia dell'oggetto.

Se non è così preciso, possiamo ovviamente anche ruotare e spostare il nostro oggetto con il mouse del PC. Scopriremo come funziona tra poco.

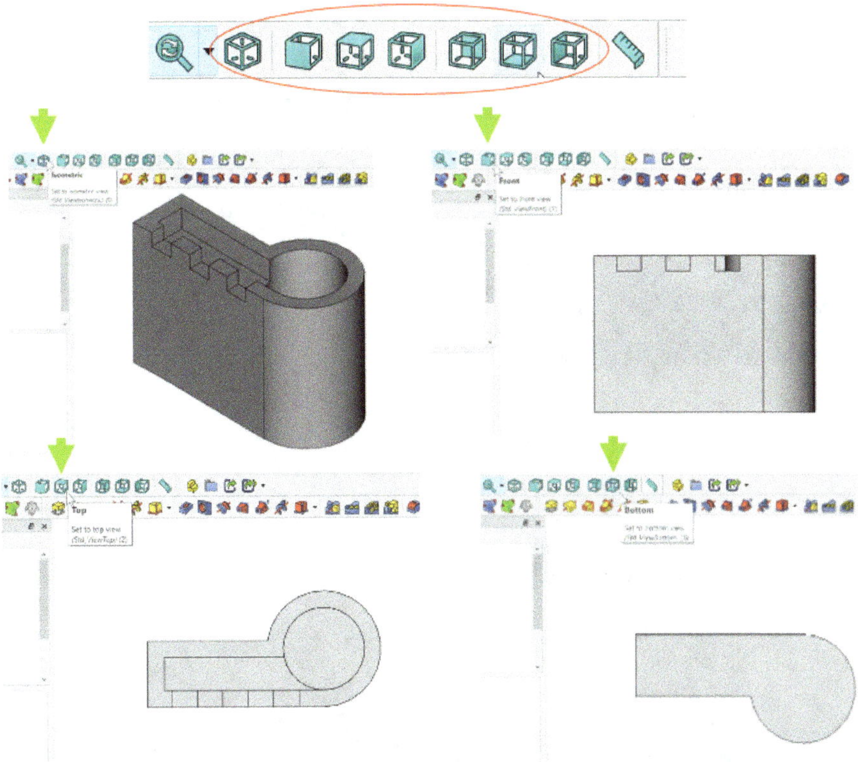

Discuteremo in dettaglio quasi tutte le funzioni della barra degli strumenti nella costruzione 3D, quindi le ometteremo qui. In questa sede ci occuperemo solo delle funzioni di misurazione.

Con la funzione "Measure Linear" possiamo visualizzare la distanza tra due superfici o anche tra due bordi. Per farlo, basta selezionare il comando e poi cliccare sulla prima geometria (ad esempio il bordo posteriore sinistro dell'oggetto) e poi direttamente sulla seconda geometria (ad esempio il bordo anteriore dell'oggetto). La dimensione ci viene mostrata con l'aiuto di una freccia.

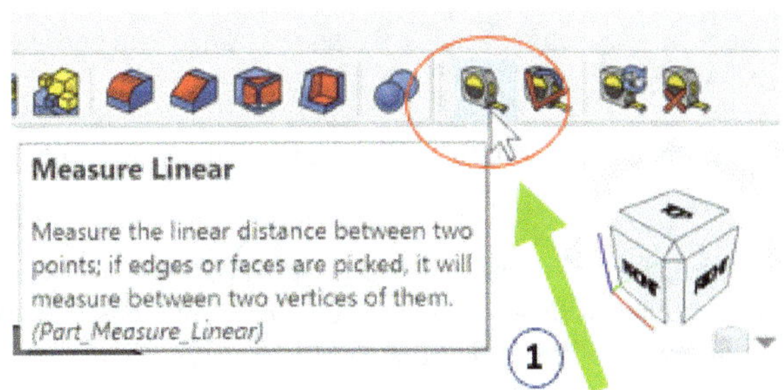

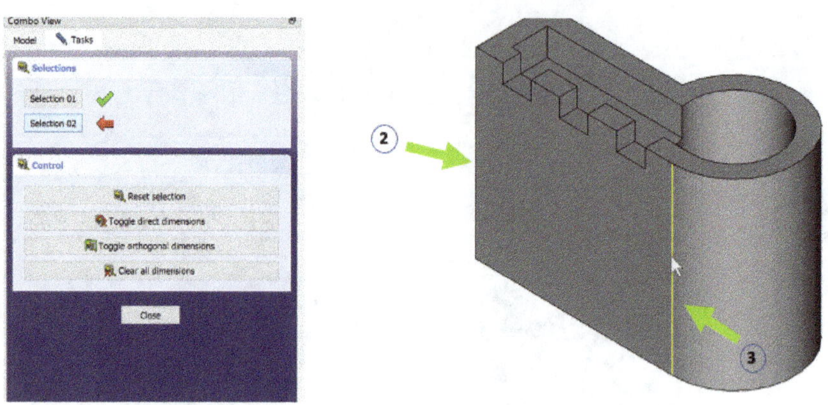

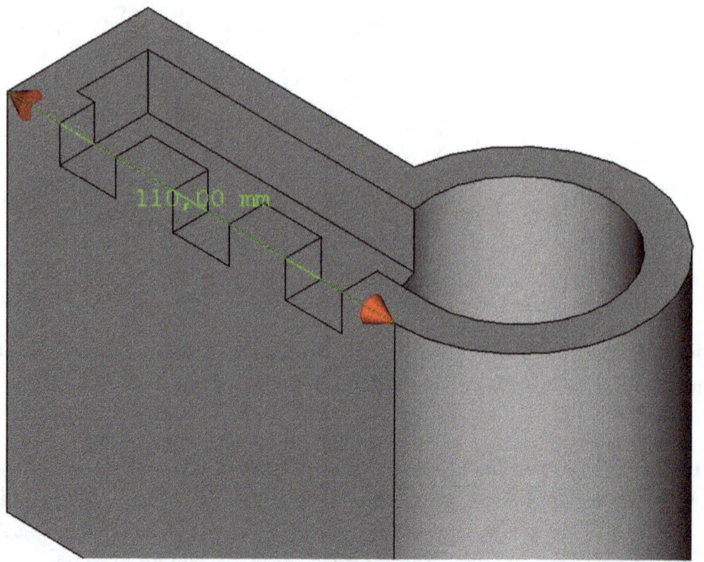

Con "Measure Angular" possiamo anche visualizzare gli angoli tra due elementi. Funziona in modo identico a "Measure Linear".

Con "Refresh" possiamo aggiornare tutte le dimensioni dopo aver apportato una modifica alla geometria.

E con "Clear all" possiamo cancellare nuovamente tutte le dimensioni visualizzate. Non possiamo modificare i valori delle dimensioni qui, vedremo come funziona tra poco. Ora vedremo nel dettaglio come creare un oggetto 3D.

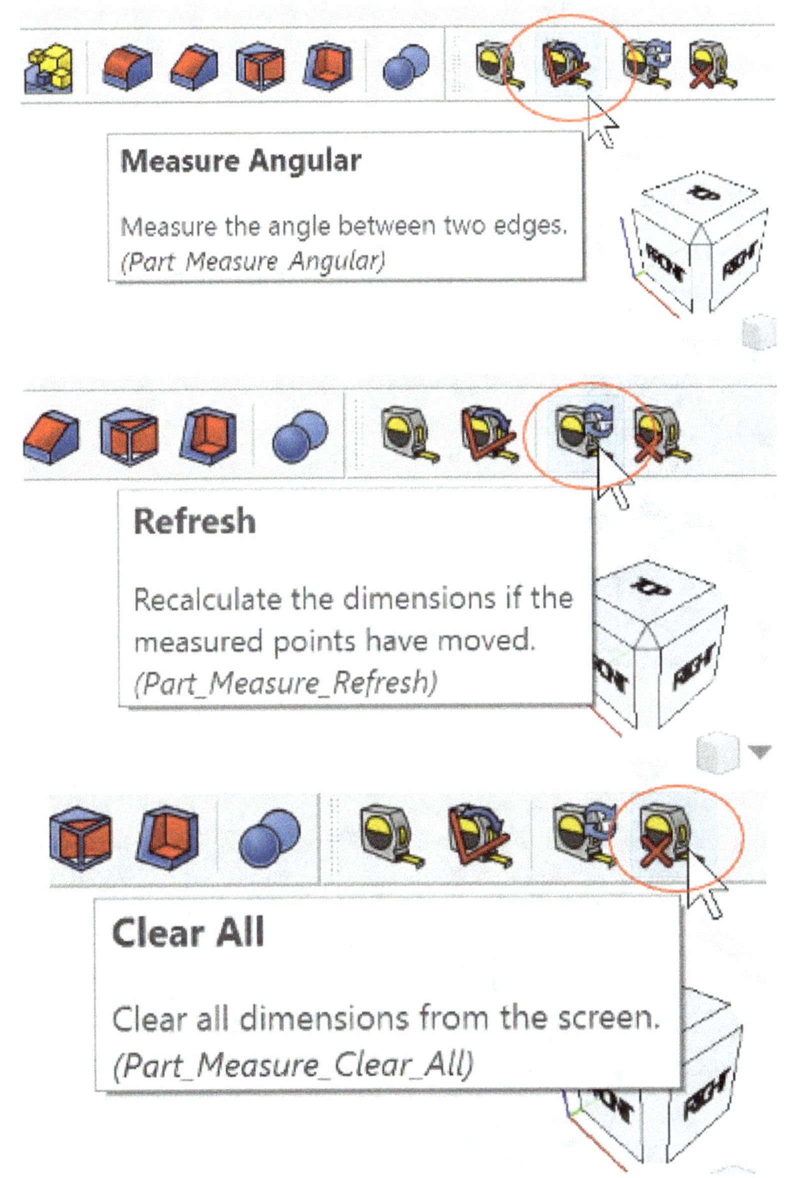

Ora conosciamo le funzioni più importanti e basilari dell'area di lavoro "Part Design" e nel prossimo passo ci occuperemo in dettaglio di come creare uno schizzo 2D e di come trasformare questo schizzo 2D in un oggetto 3D.

La procedura per creare il nostro primo oggetto 3D è ora la seguente. Per prima cosa chiudiamo il progetto di esempio. Poi selezioniamo "Create new..." nella pagina iniziale per creare un nuovo documento.

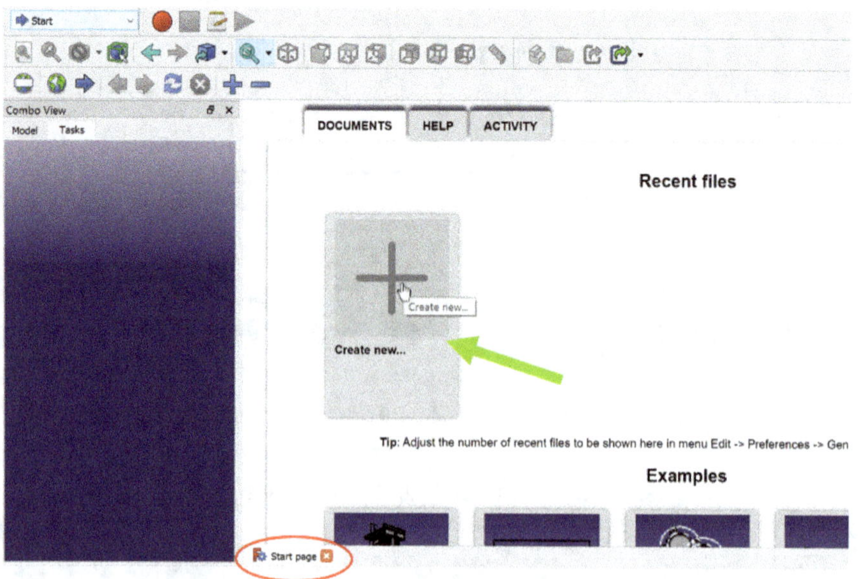

Quindi selezioniamo l'area di lavoro "Part Design" dal menu a discesa.

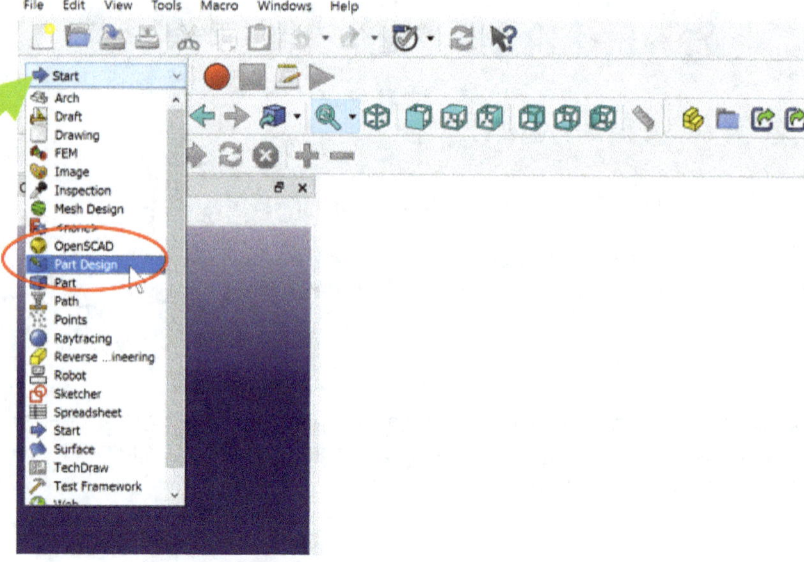

Per iniziare con il nostro oggetto 3D, facciamo clic nella "Combo View" nell'area "Tasks" sul comando "Create Body".

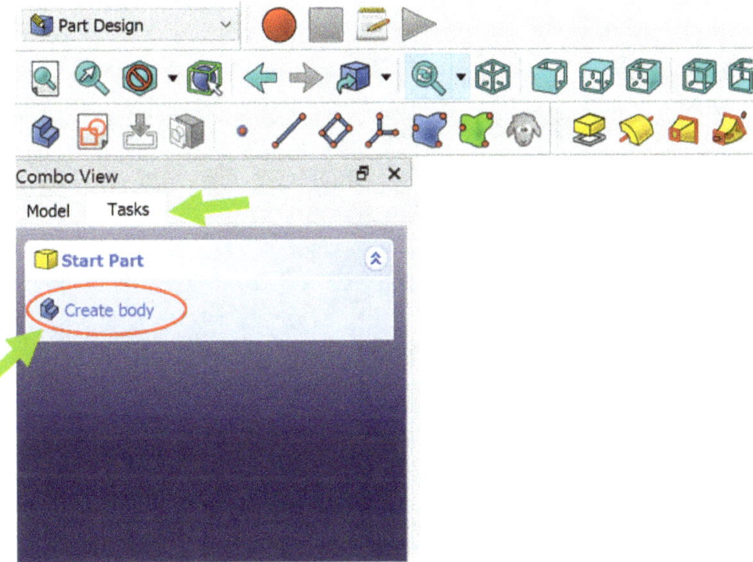

Poi, nella sezione "Tasks", viene suggerita la creazione di uno schizzo. Come puoi vedere, l'area "Tasks" può servirci - soprattutto all'inizio - come una sorta di ricetta per la nostra costruzione.

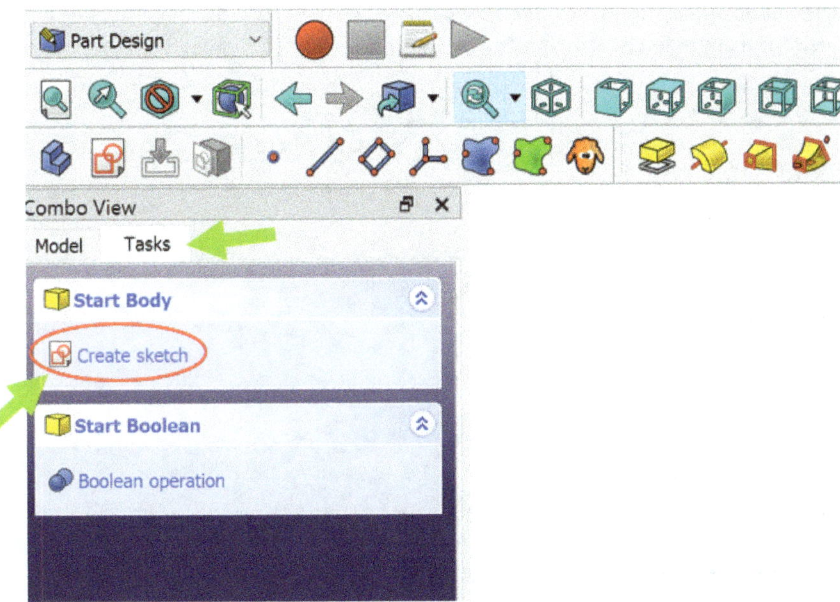

In alternativa, possiamo anche creare il corpo e lo schizzo 2D con le icone della barra dei comandi. Ad esempio, avremmo potuto selezionare i comandi "Create Sketch" e "Create Body" nella barra dei menu in alto nella scheda "Sketch" e "Part Design".

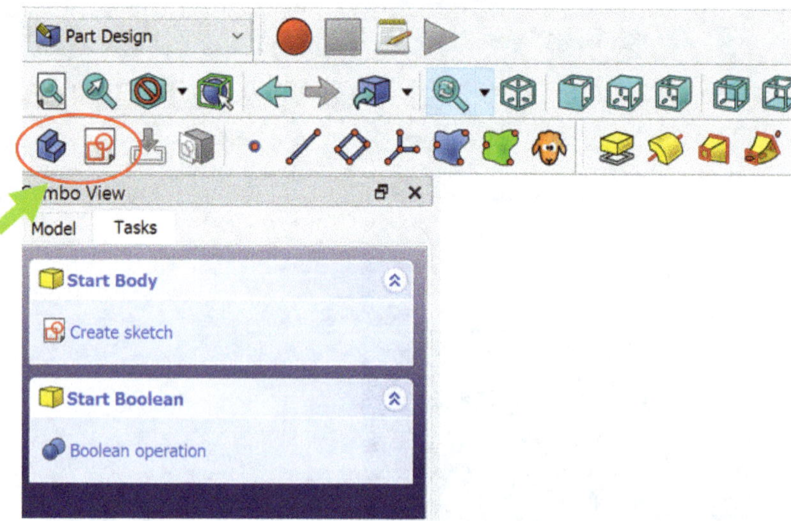

Dopo aver selezionato il comando "Create Sketch", vengono visualizzati i tre piani del sistema di coordinate tra cui scegliere. Vogliamo creare uno schizzo nello spazio bidimensionale come base per il nostro oggetto 3D, quindi dobbiamo dire al programma su quale piano bidimensionale deve essere creato lo schizzo. Poiché un sistema di coordinate dello spazio 3D ha i tre assi x, y e z, i tre piani x-y, x-z e y-z sono disponibili combinando le direzioni di due assi ciascuno.

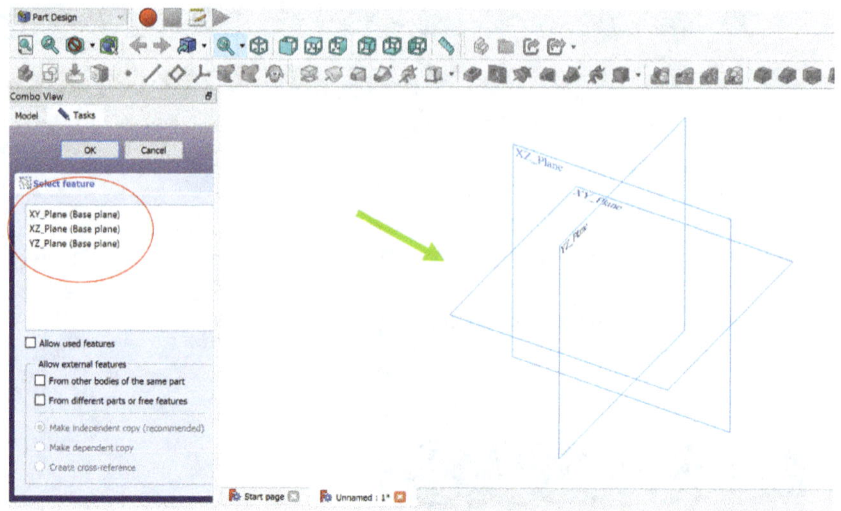

Il piano selezionato inizialmente influisce solo sull'allineamento successivo dell'oggetto. Ad esempio, è sufficiente selezionare il piano x-y e confermare con "OK".

Questo ci porta al piano e allo stesso tempo il programma ci porta automaticamente all'area di lavoro "Sketcher", che è destinata agli schizzi 2D. Come spiegato all'inizio, uno schizzo 2D per un oggetto 3D viene realizzato principalmente in questa area di lavoro. Come puoi vedere, il programma ci porta automaticamente in questo spazio di lavoro e poi di nuovo fuori. Ciò significa che l'area "Sketcher" è collegata all'area "Part Design".

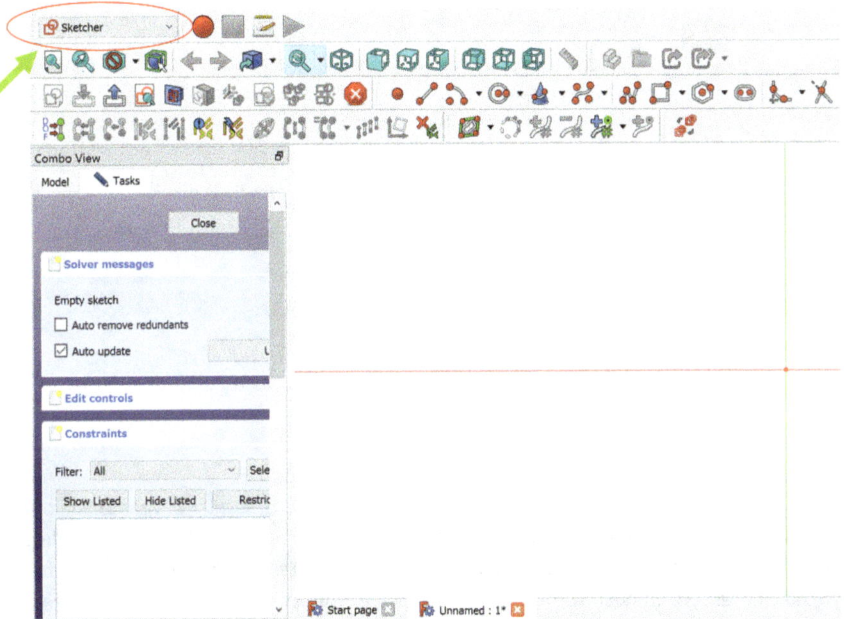

Ora ci troviamo nell'area di lavoro "Sketcher". Qui creeremo il nostro schizzo 2D. Nella prossima sezione impareremo a conoscere questa area di lavoro, i suoi comandi e le sue funzioni con l'aiuto di esercizi di disegno. Poi torneremo all'area di lavoro "Part Design" per imparare a creare un oggetto 3D dallo schizzo 2D.

3.3 L'area di lavoro "Sketcher": creare uno schizzo 2D

3.3.1 Impostazioni generali e importanti

Nell'area di lavoro "Sketcher" creiamo il nostro schizzo 2D. Puoi immaginarlo come se stessi disegnando alcune linee, rettangoli e cerchi nel noto programma "Paint". Tuttavia, ci sono alcune differenze.

Prima di iniziare, effettuiamo alcune impostazioni nelle opzioni relative alla visualizzazione. Lo facciamo come al solito nella barra dei menu "Edit" e nella selezione di "Preferences". Ora navighiamo nelle opzioni fino alla sezione "Sketcher".

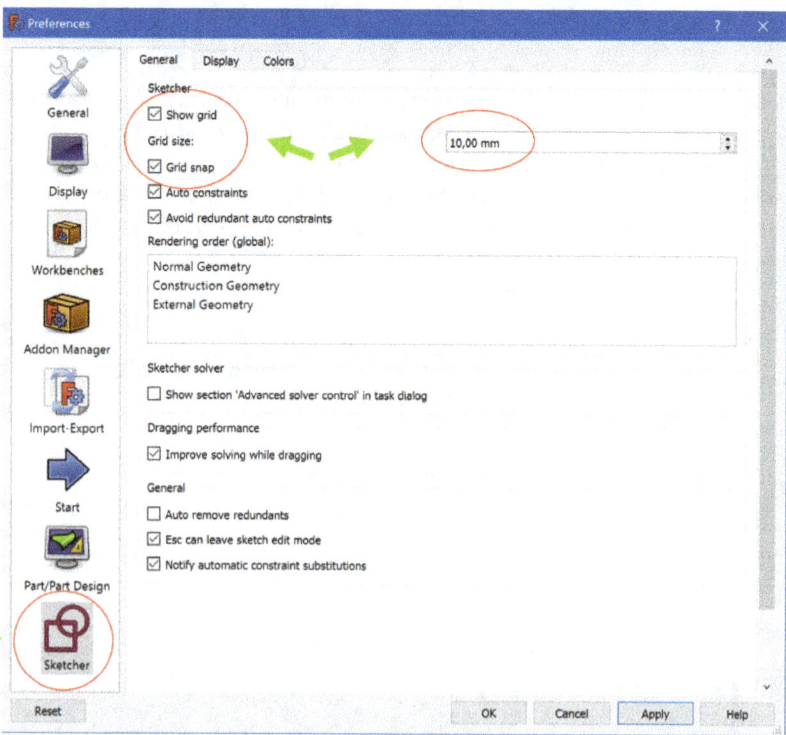

Qui attiviamo, se lo desideri, la griglia di disegno mettendo un segno di spunta sull'opzione "Show grid". Inoltre, possiamo attivare la possibilità che il cursore selezioni più facilmente i punti d'angolo della griglia; lo facciamo con l'opzione "Grid snap". Anche la dimensione della griglia può essere impostata qui. Tuttavia, queste impostazioni non sono assolutamente necessarie, ma solo un aiuto opzionale durante il disegno.

È importante, tuttavia, impostare i campi cerchiati in rosso nella scheda "Colors" sul colore nero o su un colore scuro simile se abbiamo scelto uno sfondo bianco o chiaro. Altrimenti non saremmo in grado di vedere gli elementi geometrici in seguito.

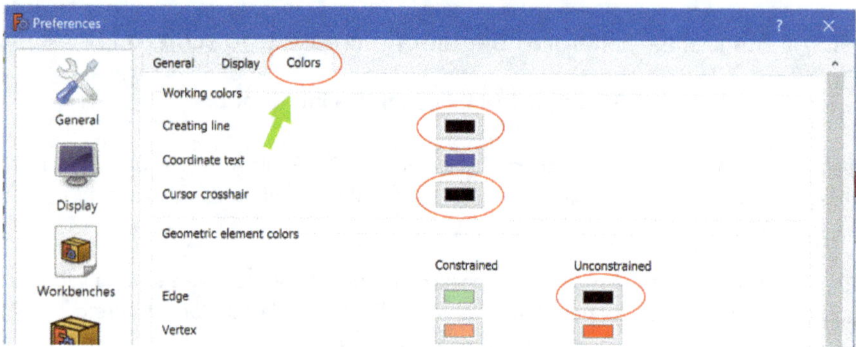

Poi diamo un'occhiata al piano di disegno. Nell'area in alto a destra vediamo il cubo dell'orbita ("navigation cube"), che ci indica in quale vista dello spazio 3D ci troviamo attualmente. Al momento è impostato su "Top", cioè stiamo guardando l'aereo dall'alto. Possiamo anche ruotare o fare una panoramica della vista con questo cubo. Nell'area in basso a destra c'è un piccolo sistema di coordinate che ci mostra l'orientamento attraverso gli assi. Siamo sul piano x-y, quindi l'asse y viene mostrato in verticale e l'asse x in orizzontale. Questi assi ci vengono mostrati nello stesso colore (verde e rosso) sul piano di disegno come una linea verticale e una orizzontale.

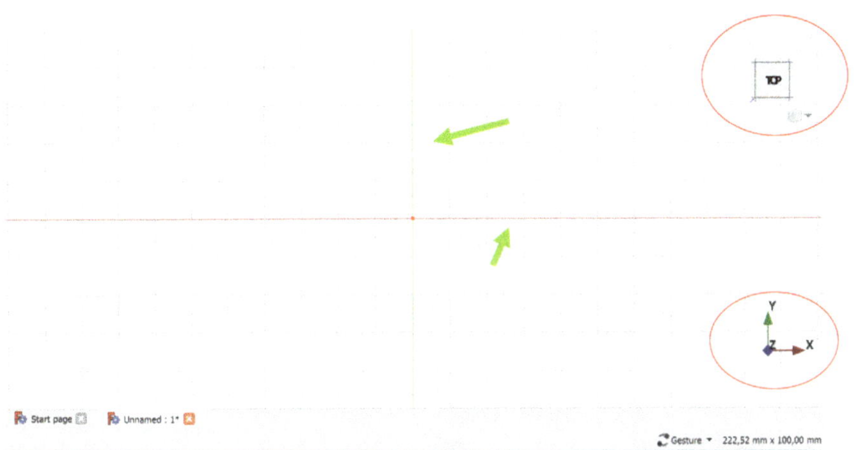

Se la visualizzazione di questi due elementi è troppo piccola per te, puoi modificare le dimensioni nelle impostazioni. Per farlo, devi accedere all'area "Display". Per effettuare le impostazioni, vai prima alla scheda "3D View" e poi alla scheda "Navigation".

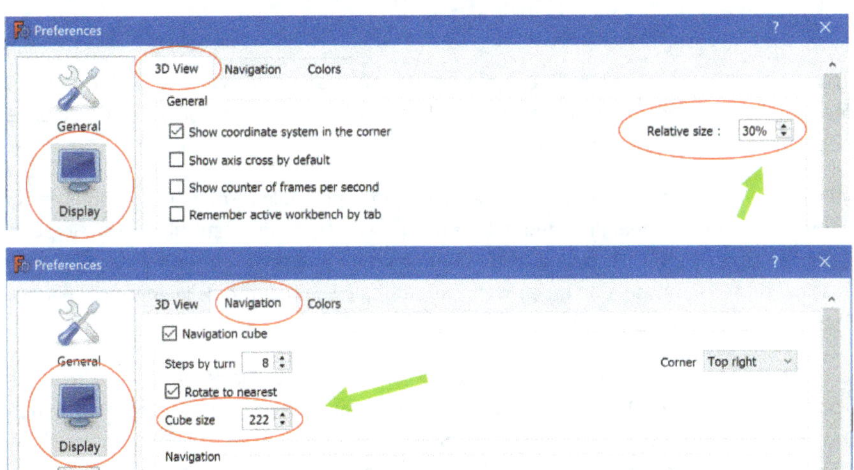

Puoi spostare l'area di disegno e anche successivamente l'oggetto 3D, a seconda della modalità preselezionata. Puoi selezionarlo in basso a destra. È meglio selezionare la modalità "CAD". La navigazione avviene quindi come mostrato. A proposito, "Pan" significa muoversi. "Rotate", "Zoom" e "Select" dovrebbero essere chiari.

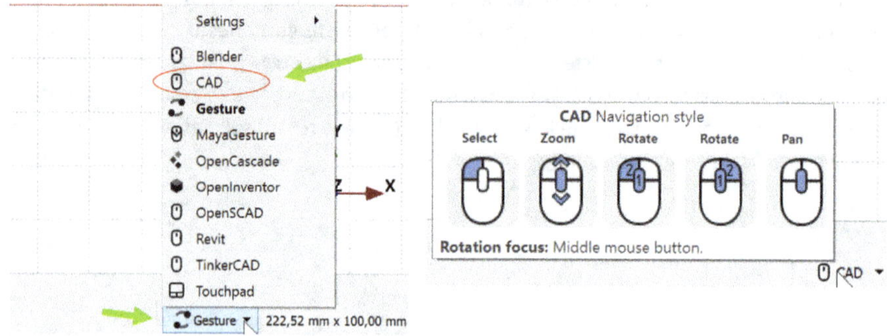

3.3.2 Elementi geometrici per creare uno schizzo 2D

Successivamente possiamo occuparci delle geometrie disponibili che possiamo utilizzare per disegnare la superficie di base del nostro oggetto successivo. Li troviamo nella barra degli strumenti di "FreeCAD" nell'area centrale. Qui troviamo una serie di elementi di disegno di base come punti, linee, cerchi, rettangoli, poligoni, ecc. sono disponibili per la selezione.

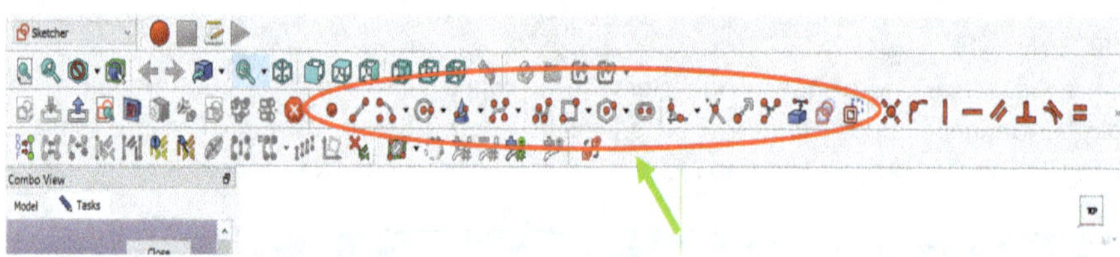

Lo schizzo 2D deve corrispondere, ad esempio, alla sezione trasversale dell'oggetto 3D desiderato o, nel caso di oggetti semplici, alla superficie superiore dell'oggetto - cioè, nel caso di un cilindro, ad esempio un cerchio.

Selezionando il comando "Create Line", ad esempio, è possibile formare una geometria con elementi a forma di linea. Proviamo a fare una prova. Per farlo, basta cliccare su un punto qualsiasi, ad esempio il centro del sistema di coordinate, e avviare un disegno cliccando e trascinando con il mouse. Con un altro clic, ad esempio su un punto della griglia del piano di disegno, puoi definire la fine della linea.

Se sposti il cursore in modo che la linea diventi orizzontale o verticale, viene visualizzato un piccolo simbolo rosso. Questo simbolo è un vincolo ("constraint"), che aiuta a determinare completamente uno schizzo. In questo caso dice, ad esempio, che la linea viene creata in orizzontale o in verticale in modo condizionato. Inoltre, in questo caso, viene visualizzato anche il simbolo di un quarto di cerchio con un punto. Questo è anche un vincolo che determina il punto finale della linea sull'asse delle coordinate. Tra poco parleremo in dettaglio dei vincoli.

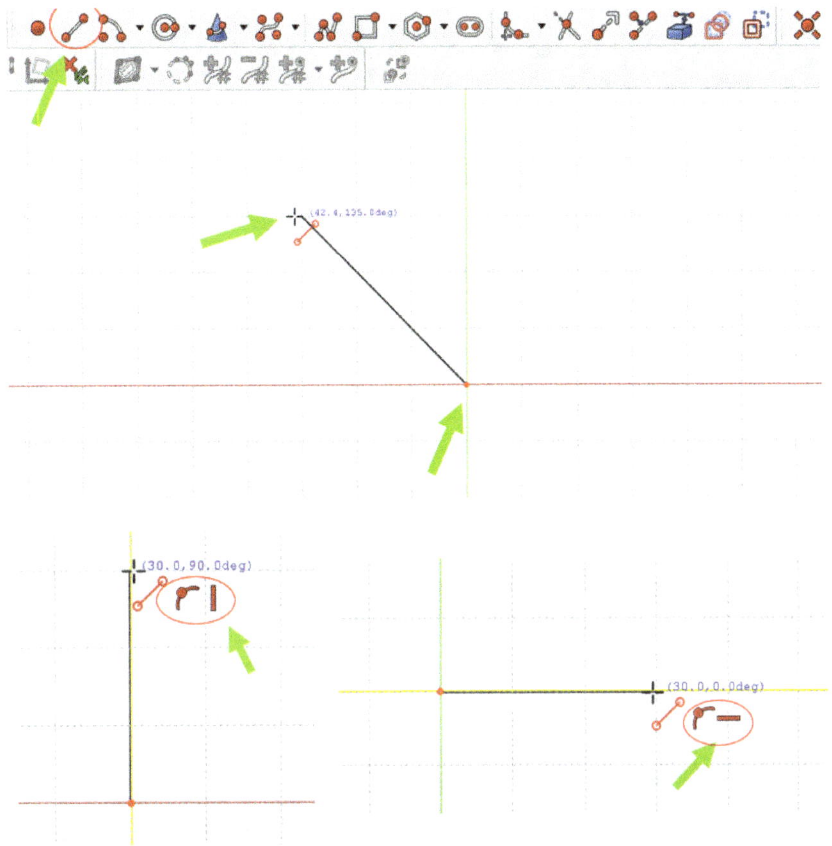

Invece di una linea, puoi creare un cerchio, un arco, un rettangolo, un poligono o un foro oblungo e molto altro ancora. Proviamo uno dopo l'altro.

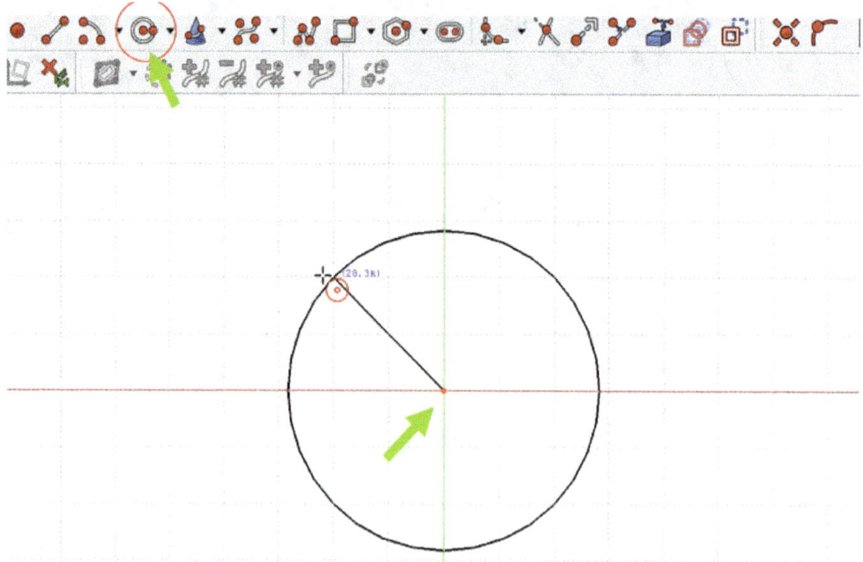

Per l'arco selezioniamo prima il punto centrale, poi il punto iniziale dell'arco e infine il punto finale dell'arco.

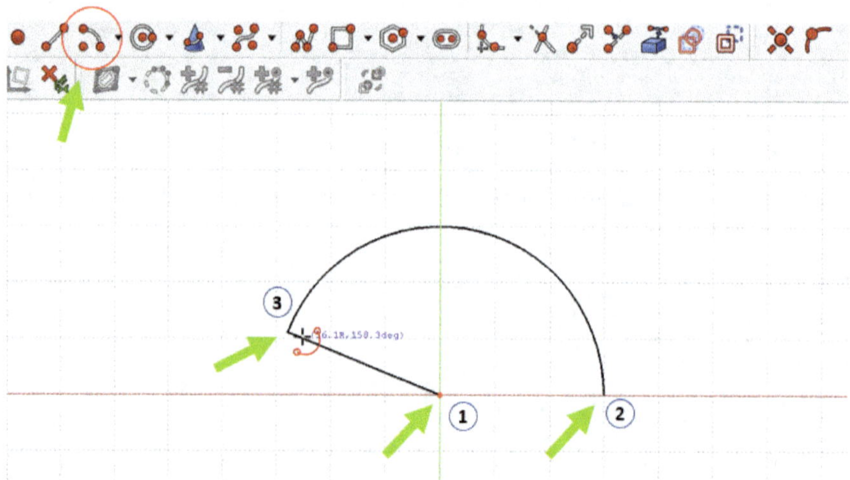

Con il rettangolo, puoi scegliere tra un rettangolo normale, un rettangolo centrato o un rettangolo arrotondato. Prova tutte e tre le opzioni e vedrai subito quali sono le differenze.

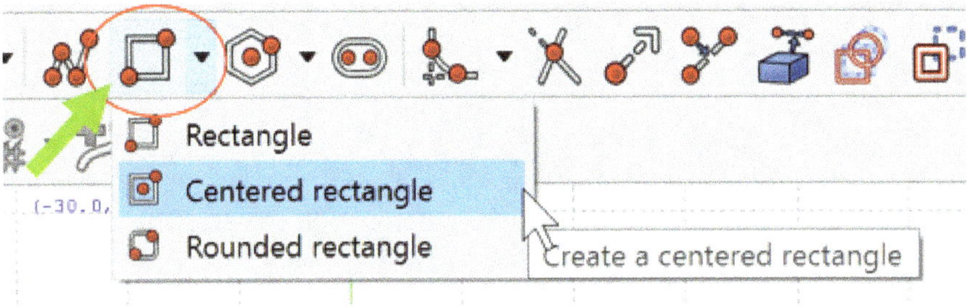

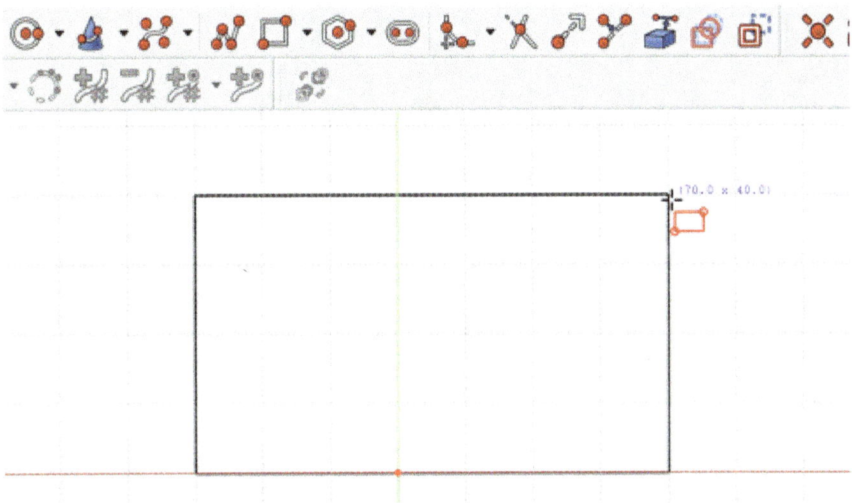

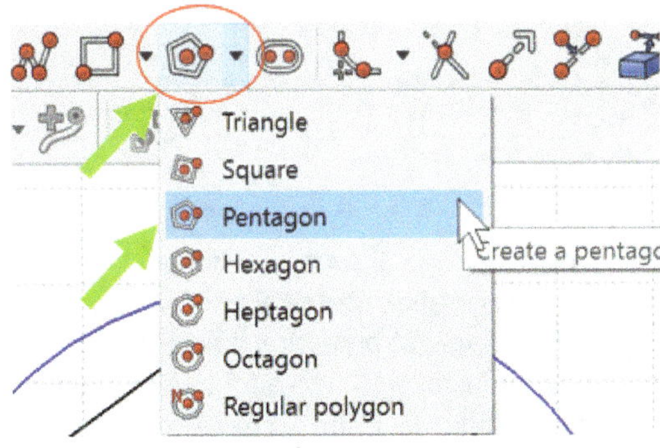

Questa opzione di selezione è disponibile anche per gli elementi geometrici: Cerchio, Arco e Poligono. Sentiti libero di provare tutte le opzioni di selezione in modo indipendente.

Con il comando "Polygon" puoi creare rapidamente un triangolo, un pentagono o un esagono, ad esempio, senza doverlo comporre da solo partendo da singole linee. Specifica il centro del cerchio circoscritto e poi seleziona un punto finale nel piano di disegno.

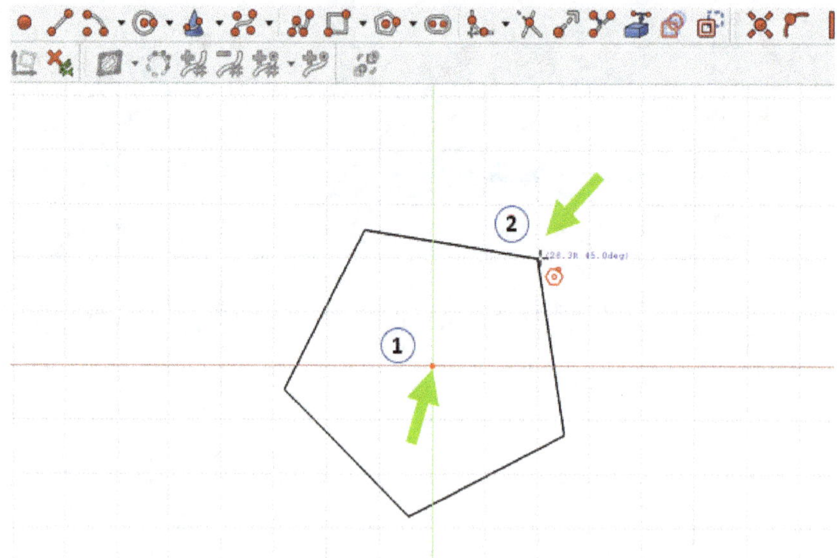

Molto utile è anche il comando "Slot", con il quale puoi disegnare un foro a fessura in modo semplice e veloce. Basta selezionare un punto di partenza e un punto di arrivo, che rappresentano i rispettivi centri dei due semicerchi, e lo slot viene creato.

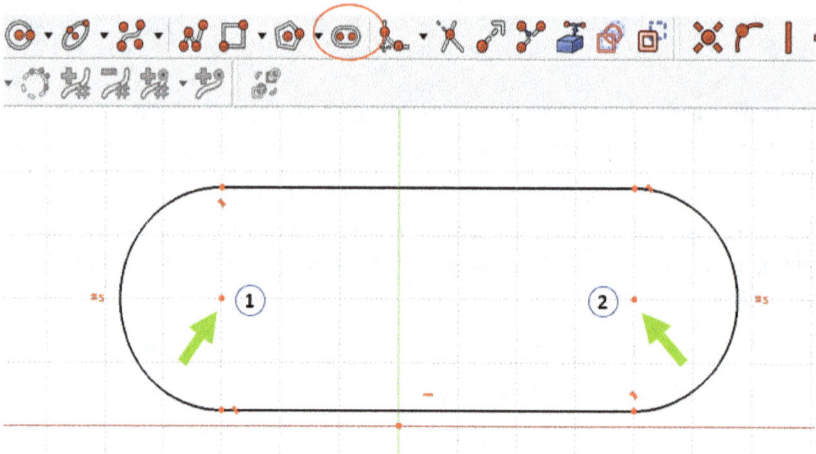

Gli altri elementi che possono essere creati qui sono: Punto, polilinea, "B-Spline" e geometrie ellittiche. Come principiante, non avrai bisogno di questi elementi così spesso, ma puoi comunque provarli una volta. A proposito, la polilinea è semplicemente una catena di linee e il comando "B-Spline" crea una curva a forma libera. Per questi due elementi, è sufficiente selezionare diversi punti nel piano di disegno e terminare la catena con il tasto destro del mouse o con il tasto "ESC".

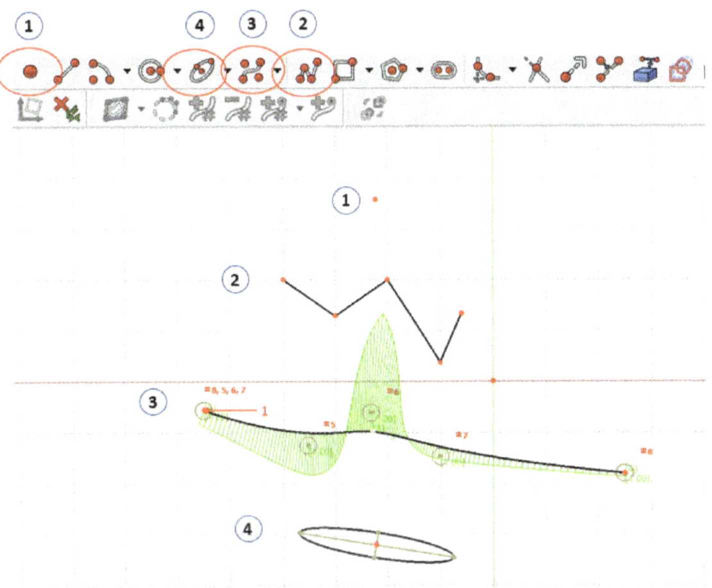

3.3.3 Modificare uno schizzo 2D

Dopo aver creato uno schizzo, possiamo modificarlo se necessario. Per questo ci occuperemo di due importanti funzioni. Si tratta delle funzioni "Fillet" e "Trim edge".

La funzione "Fillet" può essere utilizzata per arrotondare i bordi. Ad esempio, disegniamo un "Centered rectangle" il cui centro deve essere congruente con l'origine delle coordinate.

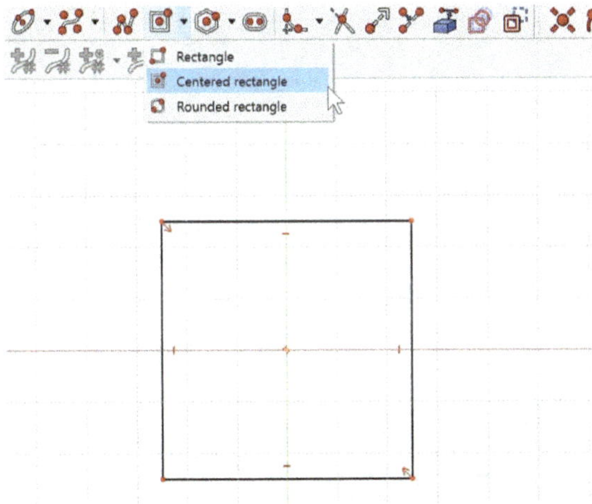

Poi clicchiamo sulla funzione "Fillet" e selezioniamo due bordi uno dopo l'altro.

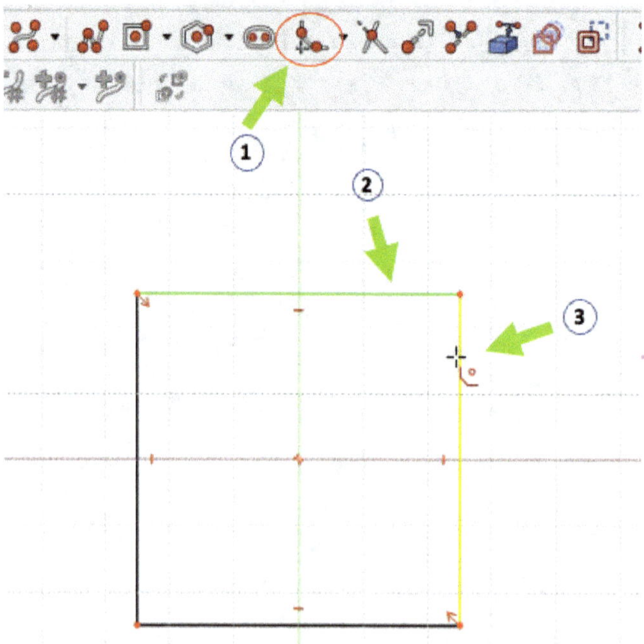

Il programma crea quindi un filetto per l'angolo dei due bordi.

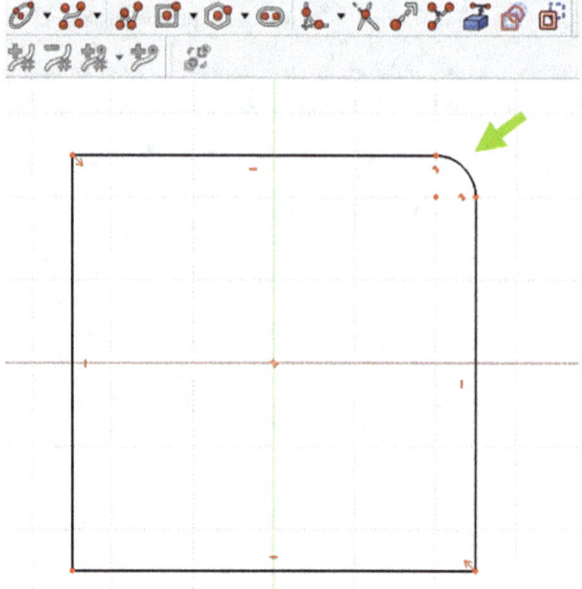

Con la funzione "Trim Edge" puoi eliminare le linee superflue. Diamo un'occhiata a cosa significa. Disegniamo due cerchi che si intersecano tra loro.

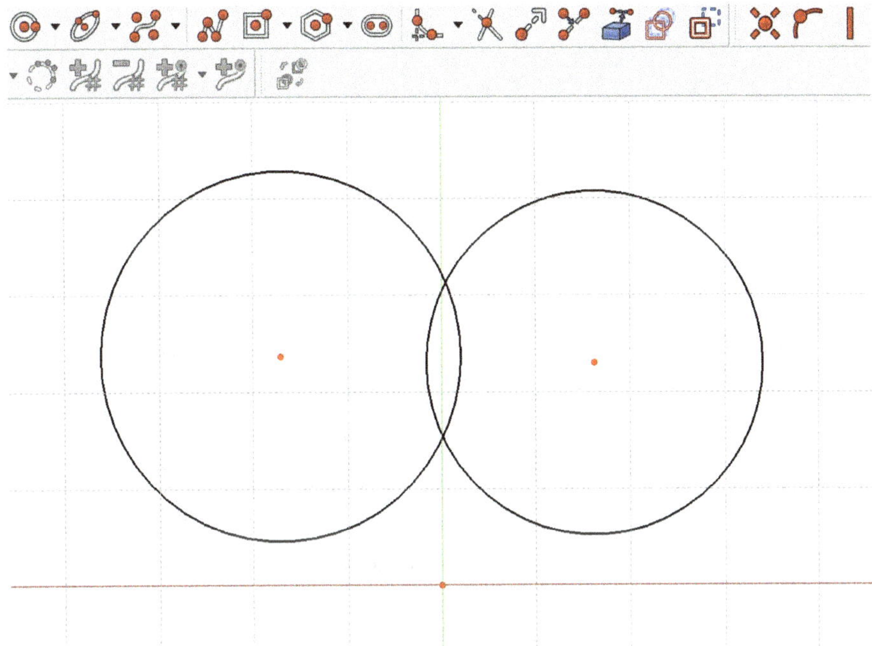

Se ora vogliamo collegare questi due cerchi, possiamo utilizzare la funzione "Trim Edge" per rimuovere in modo semplice e veloce i due segmenti centrali dei cerchi. Per farlo, selezioniamo la funzione e poi clicchiamo sui segmenti che vogliamo rimuovere uno dopo l'altro.

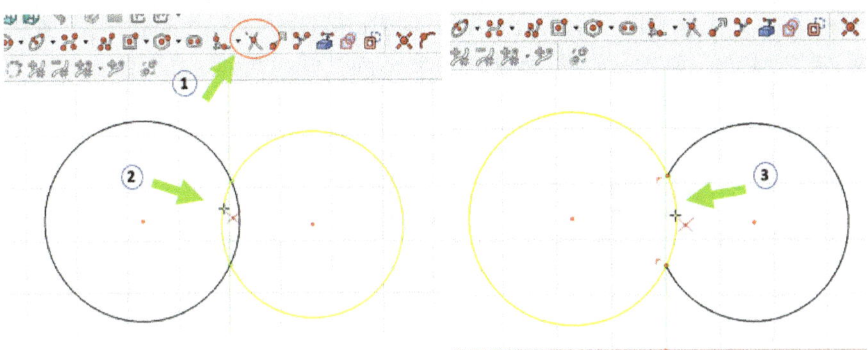

Otteniamo quindi un cerchio collegato ai punti d'angolo. Con questa funzione il programma crea automaticamente i collegamenti necessari.

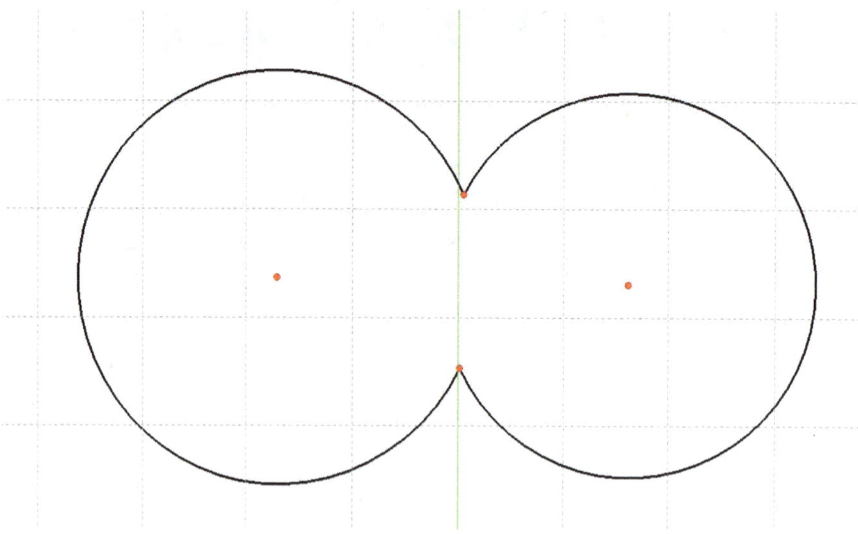

3.3.4 I vincoli ("constraints")

Per creare un oggetto tridimensionale, è importante che lo schizzo sia completamente chiuso e non abbia spazi vuoti. Quindi, almeno per i principianti, abbiamo sempre bisogno di una superficie i cui vertici siano connessi. Inoltre, lo schizzo deve essere completamente definito. Completamente definito significa che la geometria abbozzata è fissa sul piano 2D e non può essere spostata. Questa fissazione può essere ottenuta grazie a dei vincoli.

Prima abbiamo detto che i piccoli simboli rossi che appaiono durante il disegno sono proprio questi vincoli. Nella barra dei comandi di "FreeCAD" troverai un gran numero di vincoli. Clicca sulla piccola freccia all'estrema destra per visualizzarli tutti.

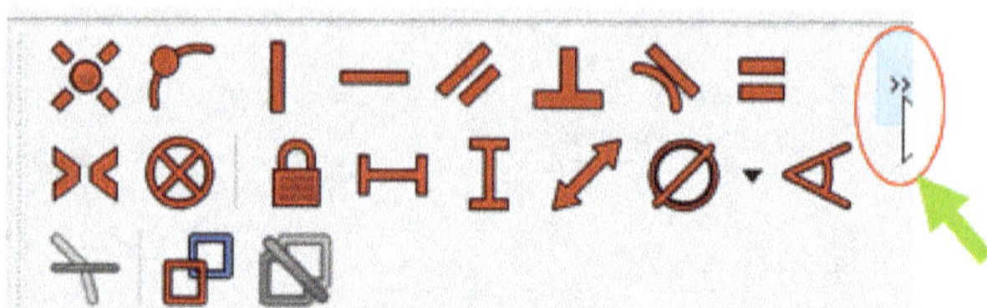

Vediamo ora nel dettaglio le condizioni più importanti.

In "FreeCAD" puoi trovare anche le dimensioni sottoposte a vincoli. Puoi definire uno schizzo completamente con le quote, oppure combinare quote e altri vincoli. Vediamo questo aspetto con un esempio. Ad esempio, se disegniamo un rettangolo, possiamo prima definire la lunghezza e la larghezza del rettangolo utilizzando i comandi "Constrain vertical distance" e "Constrain horizontal distance".

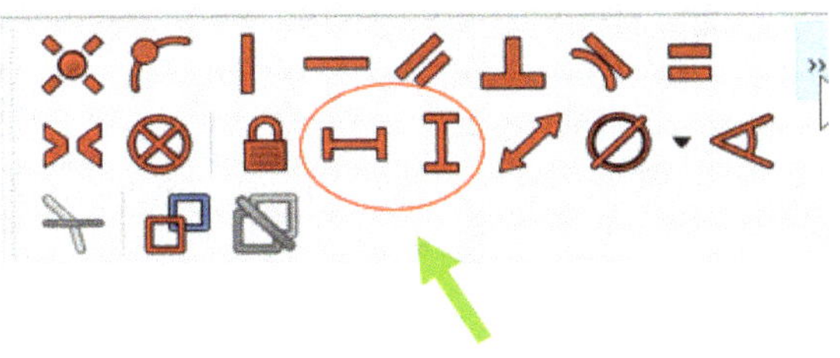

Per farlo, selezioniamo prima il rispettivo vincolo e poi la linea del rettangolo che vogliamo dimensionare. Appare una finestra in cui possiamo inserire una dimensione, ad esempio 40 mm per la larghezza e 30 mm per l'altezza del rettangolo.

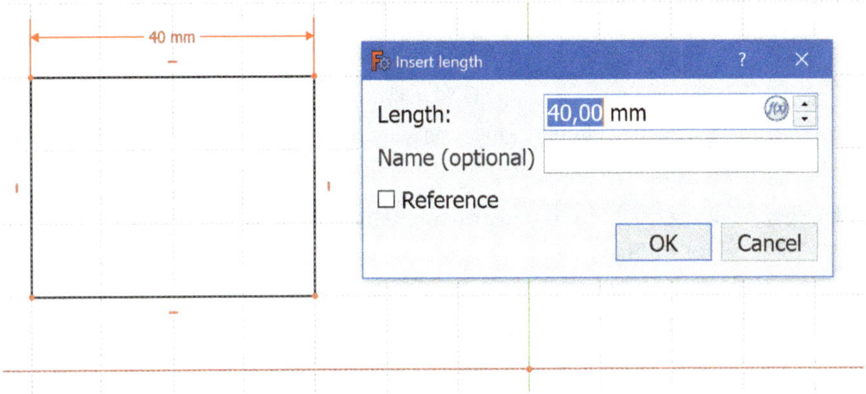

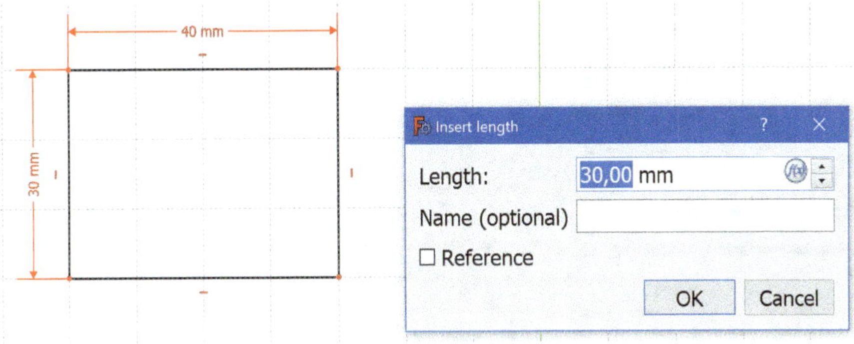

Se ora clicchiamo sul rettangolo con il cursore e contemporaneamente lo spostiamo, possiamo vedere che lo schizzo non è ancora completamente definito perché il rettangolo può ancora essere spostato nel piano di disegno.

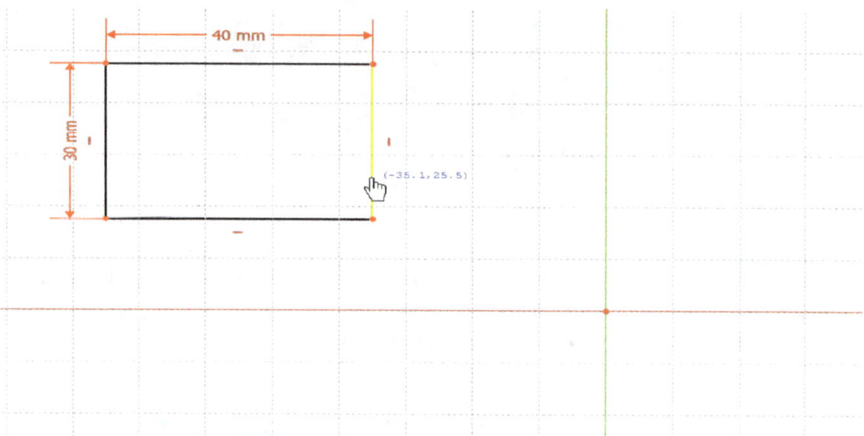

Per ottenere uno schizzo completamente definito, possiamo evitare questa possibilità di spostamento aggiungendo ulteriori dimensioni a un punto fisso (ad esempio l'origine) o, in alternativa, aggiungendo un altro vincolo.

Prima opzione: aggiungi altre due dimensioni (abbiamo bisogno di una dimensione in direzione x e una in direzione y).

Aggiungiamo una dimensione verticale e una orizzontale dall'angolo inferiore destro del rettangolo all'origine delle coordinate. Lo facciamo nello stesso modo in cui dimensioniamo il rettangolo. Ad esempio, possiamo scegliere 20 mm ciascuno.

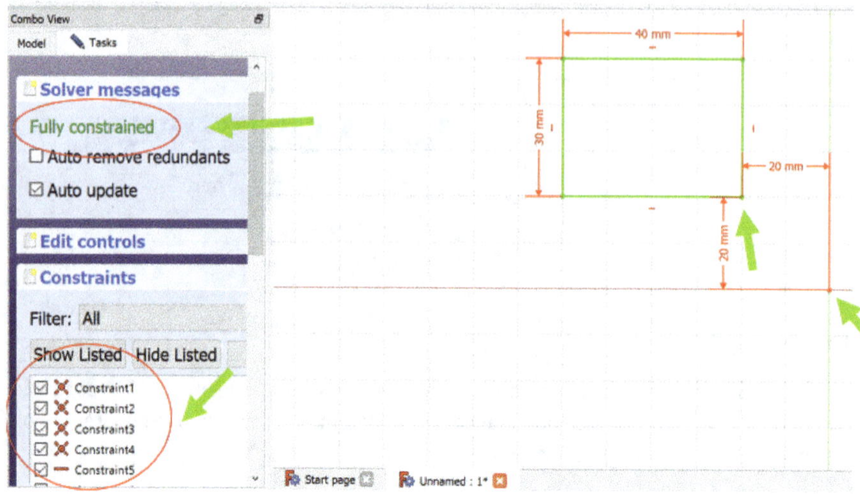

Dopo aver creato le dimensioni, le linee del rettangolo diventano verdi. Questo cambiamento di colore ci dice che l'elemento dello schizzo è ora completamente definito. Puoi vederlo anche nella vista combinata sul lato sinistro con la denominazione "Fully constrained". Inoltre, tutti i vincoli presenti nello schizzo vengono visualizzati poco più in basso.

Seconda opzione: utilizzare un altro vincolo.

In alternativa alla quotatura, possiamo utilizzare un altro vincolo per definire completamente lo schizzo. Ad esempio, utilizziamo il vincolo "Constrain coincident", cioè congruente. Dopo aver cancellato le dimensioni create in precedenza, clicchiamo prima sul vincolo e poi successivamente sul punto d'angolo del rettangolo e sull'origine delle coordinate.

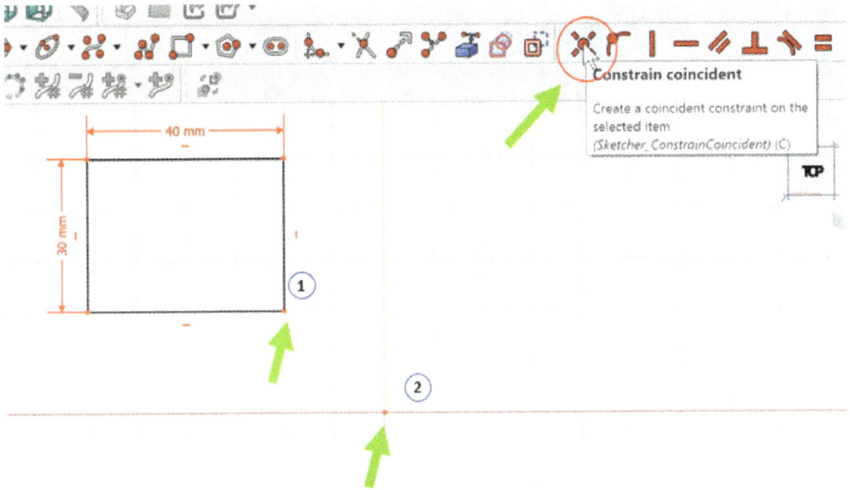

Questi due punti vengono quindi fissati come congruenti e il disegno diventa verde.

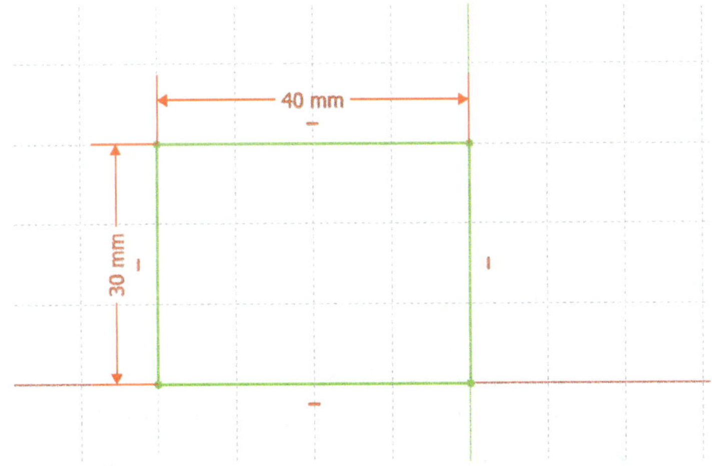

Esistono molti altri vincoli, che variano leggermente a seconda del programma CAD, ma che di solito sono quasi identici o addirittura hanno lo stesso nome. Vediamo ora nel dettaglio i vincoli più importanti di "FreeCAD".

Il vincolo "Coincident":

Dobbiamo solo conoscere questo vincolo. Questo comando viene utilizzato per collegare due punti diversi in modo congruente.

Ad esempio, disegna due linee diverse con il comando "Line". Quindi clicca prima sulla condizione "Constrain Coincident" e poi seleziona i due punti finali superiori delle linee uno dopo l'altro per collegarli.

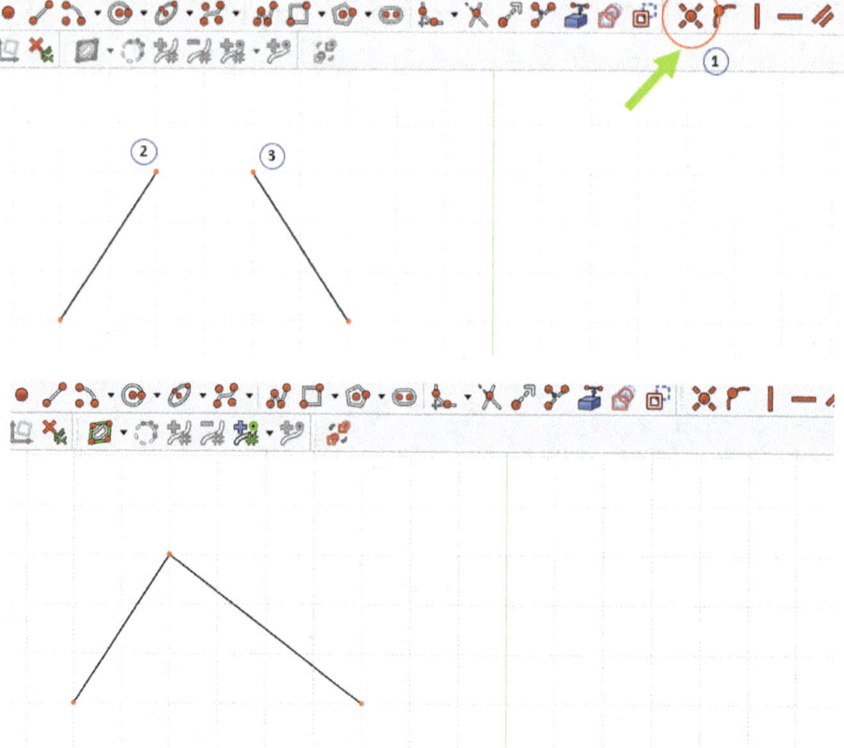

Il vincolo "Point onto object":

Questo comando viene utilizzato per collegare in modo congruente un punto di un oggetto con la geometria di un altro oggetto. La differenza rispetto al comando precedente è che non vengono collegati due punti, ma un punto con un oggetto (ad esempio un cerchio).

Per illustrarlo, disegniamo un cerchio intorno alla geometria precedente. Quindi selezioniamo il comando, il punto d'angolo superiore delle linee e il cerchio uno dopo l'altro.

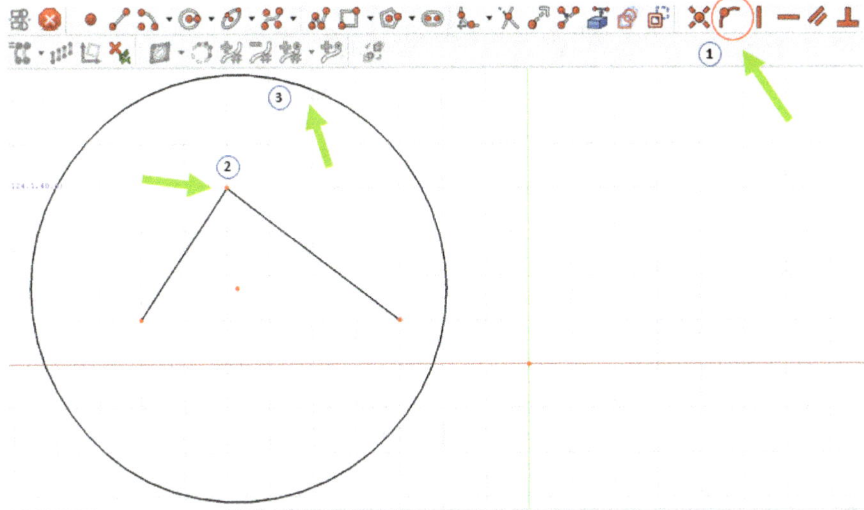

Il punto d'angolo è collegato al cerchio e si nota che il diametro del cerchio cambia. Questo accade perché non abbiamo dimensionato il cerchio e quindi non è completamente definito e può muoversi liberamente sul piano.

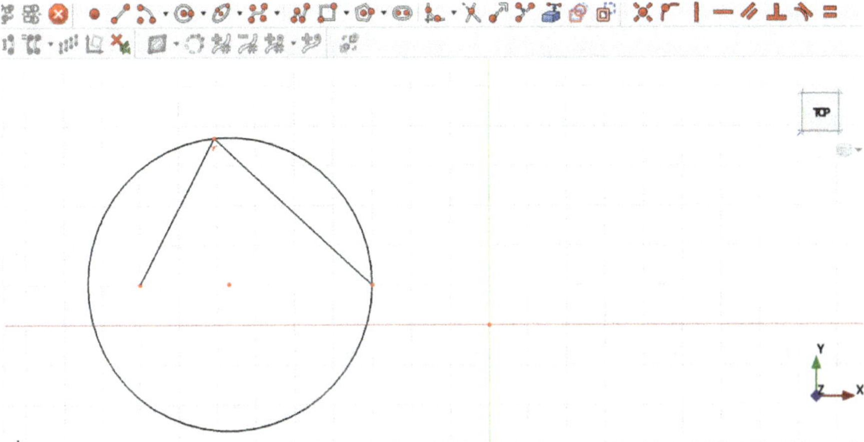

A proposito: se avessimo dimensionato o definito completamente il cerchio, il diametro del cerchio non sarebbe cambiato, ma la geometria della linea avrebbe cambiato la posizione, in modo da soddisfare il vincolo. Se avessimo definito completamente entrambe le geometrie (geometria della linea e del cerchio), il vincolo non sarebbe stato più possibile, in quanto gli elementi della geometria non sarebbero stati in grado di modificare la posizione. Sei invitato a provarlo da solo per capire ancora meglio i collegamenti! Puoi dimensionare il cerchio con il vincolo "Constrain arc or circle". Ad esempio, seleziona "Constrain diameter" dal menu a discesa e clicca sul cerchio.

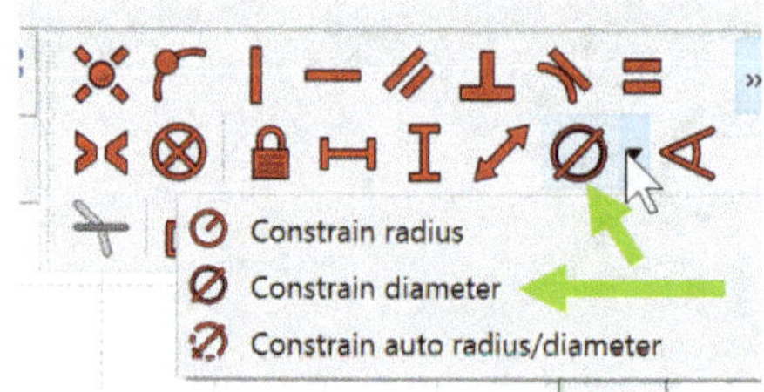

I vincoli "Constrain vertically" e "Constrain horizontally":

Questi due comandi servono per rendere un elemento verticale o orizzontale. Ad esempio, disegniamo due linee diagonali. Poi clicchiamo su "Constrain vertically" e selezioniamo la linea inferiore. Poi clicchiamo su "Constrain horizontally" e selezioniamo la linea superiore.

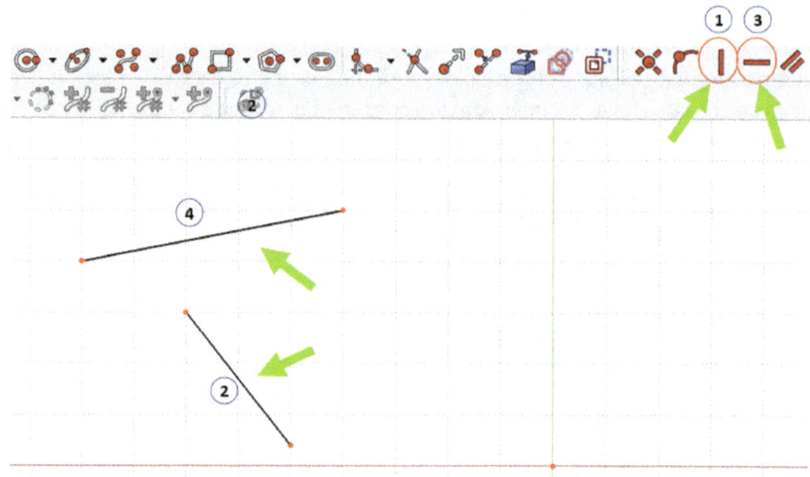

Otteniamo una linea orizzontale e una verticale. Lo si vede anche dai piccoli simboli rossi.

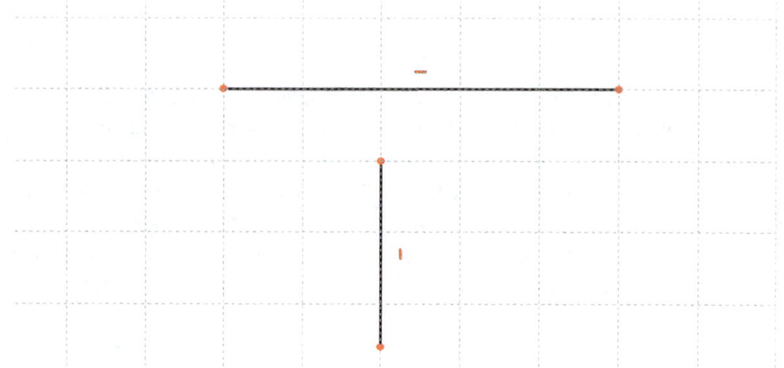

Il vincolo "Constrain parallel":

Questo comando viene utilizzato per creare due linee parallele. Abbiamo bisogno di due linee <u>non </u>parallele. Dopo aver creato le righe, facciamo clic sul comando e poi su entrambe le righe, una dopo l'altra. Non importa quale linea selezioniamo per prima.

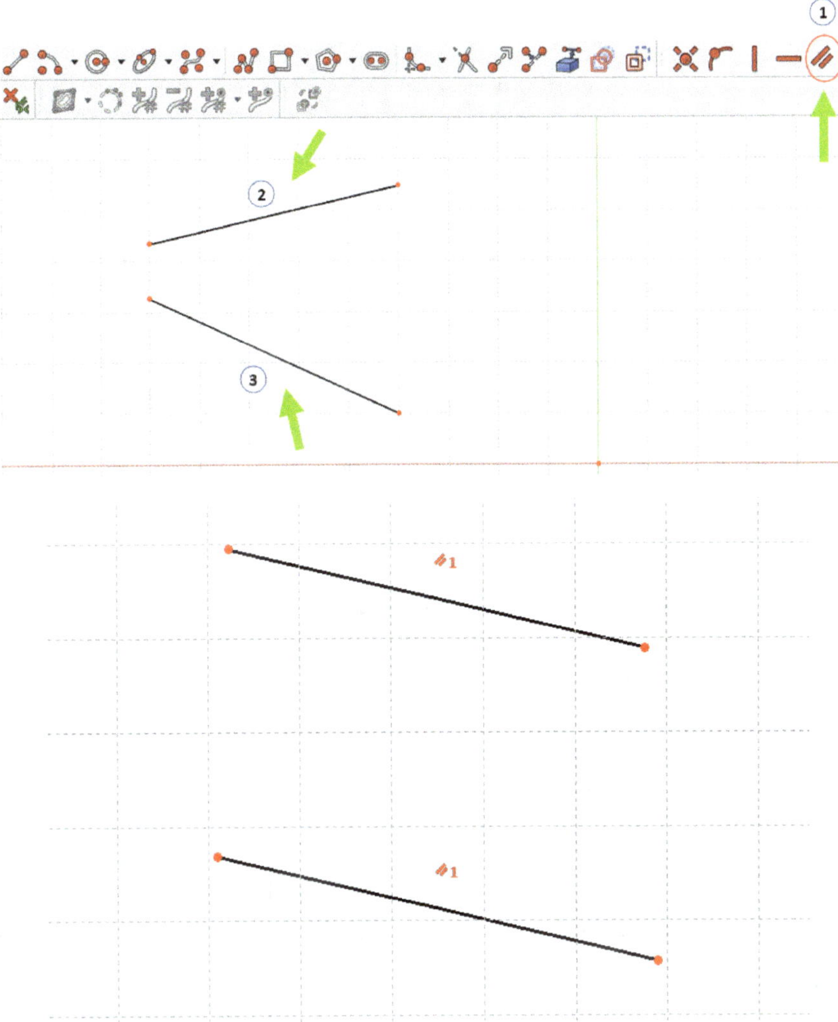

Il vincolo "Constrain perpendicular":

Questo comando si usa per impostare una linea perpendicolare a un'altra linea. Ad esempio, disegniamo una linea orizzontale e una diagonale. Per il vincolo selezioniamo il comando "Constrain Perpendicular" e poi clicchiamo su entrambe le linee una dopo l'altra.

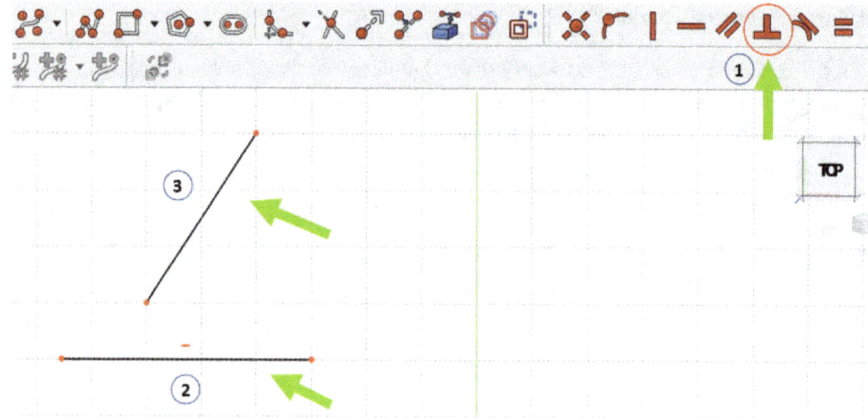

Il vincolo "Constrain tangent":

Ad esempio, se vuoi disegnare una linea tangente a una forma circolare, usa il comando "Constrain tangent". Disegniamo un cerchio e una linea (all'esterno del cerchio). Quindi selezioniamo il comando e clicchiamo sulla linea e poi sul bordo del cerchio.

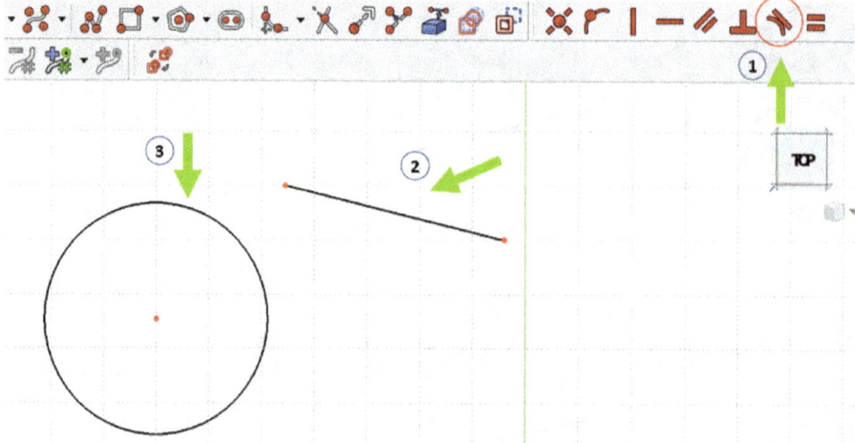

La linea è ora fissata tangenzialmente al cerchio. Questo diventa più chiaro quando cerchi di spostare la linea.

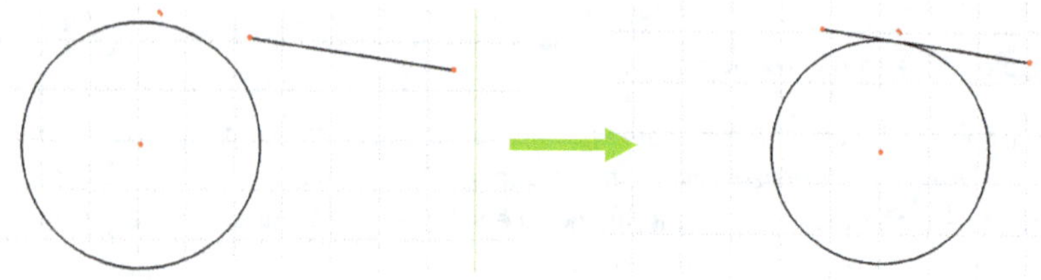

Il vincolo "Constrain equal":

Con questo comando puoi rendere identici due elementi di dimensioni diverse (ad esempio: linee o anche cerchi). Possiamo provare con due cerchi di dimensioni diverse e due linee di lunghezza diversa. Selezioniamo il comando e poi clicchiamo prima su uno dei due cerchi e poi sull'altro.

In questo caso, l'esecuzione della condizione dipende dall'elemento su cui clicchiamo per primo. Se clicchiamo prima sul cerchio più piccolo e poi su quello più grande, otterremo due cerchi piccoli. Se invece selezioniamo prima il cerchio più grande e poi quello più piccolo, otterremo due cerchi grandi. La procedura è identica per le linee.

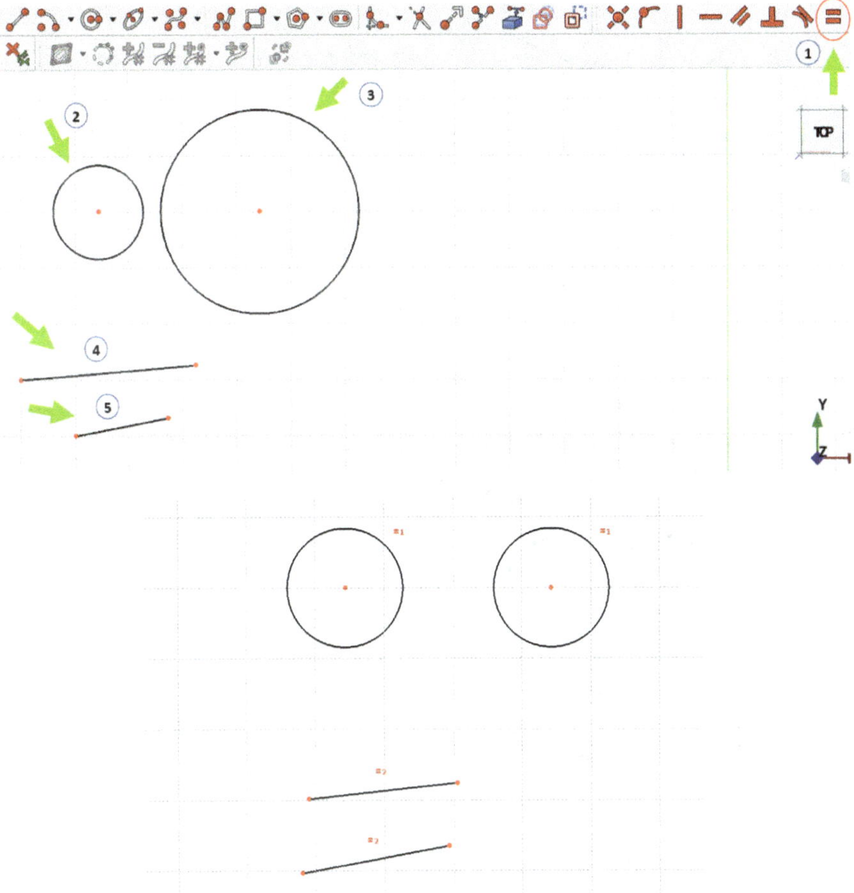

Il vincolo "Constrain symmetrical":

Questo comando viene utilizzato per allineare simmetricamente due punti di un elemento secondo una linea di riferimento. Ad esempio, disegniamo tre linee. La linea centrale è la nostra linea di riferimento, vogliamo impostare i due punti d'angolo superiori delle linee esterne simmetricamente a questa linea. Per fare ciò, selezioniamo prima il comando "Constrain symmetrical" e poi clicchiamo successivamente sui due punti d'angolo superiori delle linee esterne e poi sulla linea di riferimento centrale.

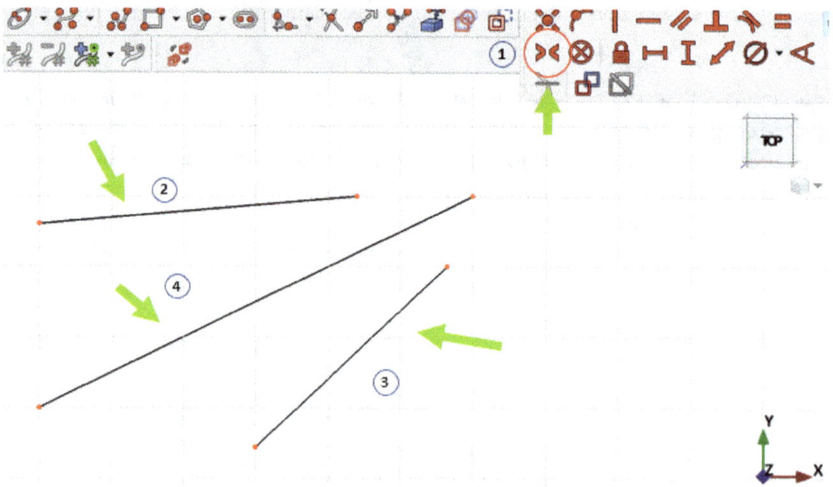

I punti d'angolo vengono quindi fissati alla stessa distanza e sulla perpendicolare alla linea di riferimento. Possiamo anche trasformare la linea di riferimento in una geometria di costruzione, una sorta di linea ausiliaria. Facendo clic sulla linea e selezionando "Toggle construction geometry" la linea si colora di blu. Questo può essere annullato con lo stesso comando. Questa procedura migliora la chiarezza di una costruzione. In modalità 3D, queste geometrie vengono ignorate dal programma.

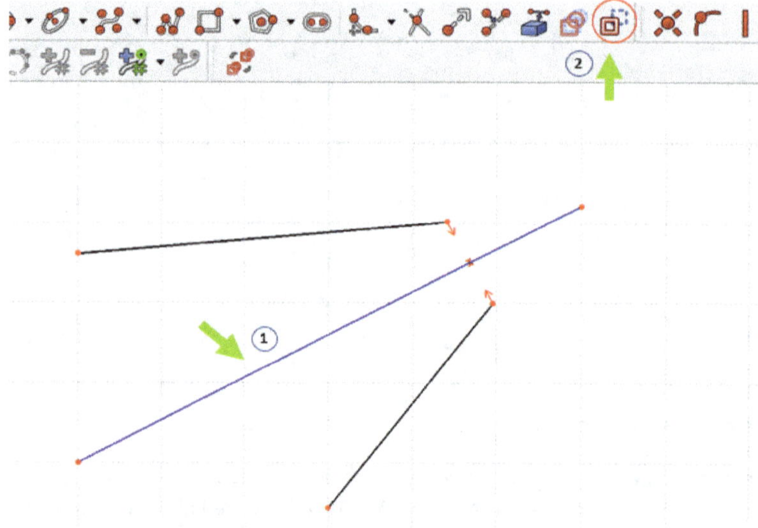

Il vincolo "Constrain angle":

Con il comando "Constrain angle" possiamo definire l'angolo tra due elementi. Questo comando è importante se vogliamo dimensionare una geometria. Oltre a una dimensione di lunghezza pura, possiamo anche definire una geometria con l'aiuto di angoli.

Ad esempio, disegniamo un triangolo utilizzando il comando "Create Polyline". Ora possiamo definire i tre angoli interni del triangolo con il vincolo "Constrain angle".

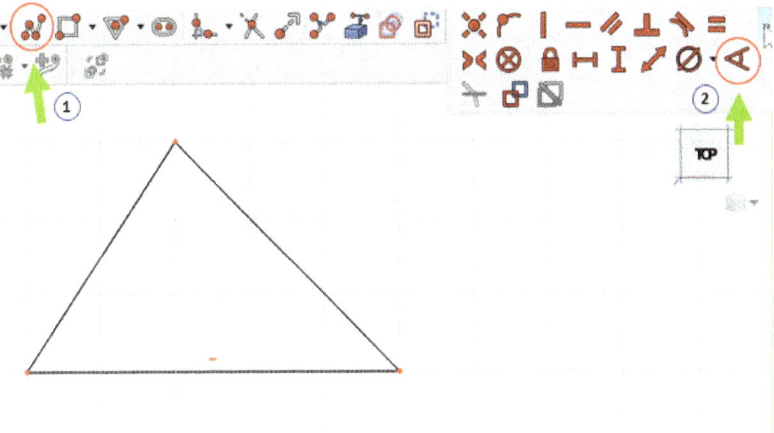

Poi clicchiamo sempre su due linee adiacenti e inseriamo l'angolo desiderato, ad esempio 60° ciascuno. Dobbiamo farlo esattamente due volte, il programma calcola il terzo angolo automaticamente dagli altri due e dalla somma degli angoli interni di un triangolo (180°). Non possiamo definire ulteriormente questo angolo, altrimenti lo schizzo sarebbe sovradeterminato. Sovradeterminato significa che sono stati fissati troppi vincoli che interferiscono tra loro, si escludono a vicenda o sono ridondanti, cioè superflui.

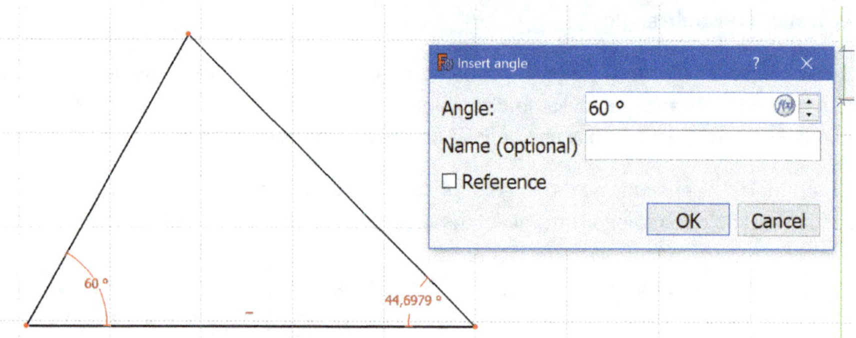

Ora conosciamo i vincoli e gli elementi geometrici più importanti per disegnare il nostro primo schizzo 2D, che potremo poi trasformare in un oggetto 3D nell'area di lavoro "Part Design".

Ad esempio, disegniamo un rettangolo che deve essere centrato sull'origine delle coordinate. Per farlo, utilizziamo il comando "Centered rectangle" e selezioniamo l'origine delle coordinate come punto di partenza. Poi allunghiamo il rettangolo con un movimento del mouse del nostro PC.

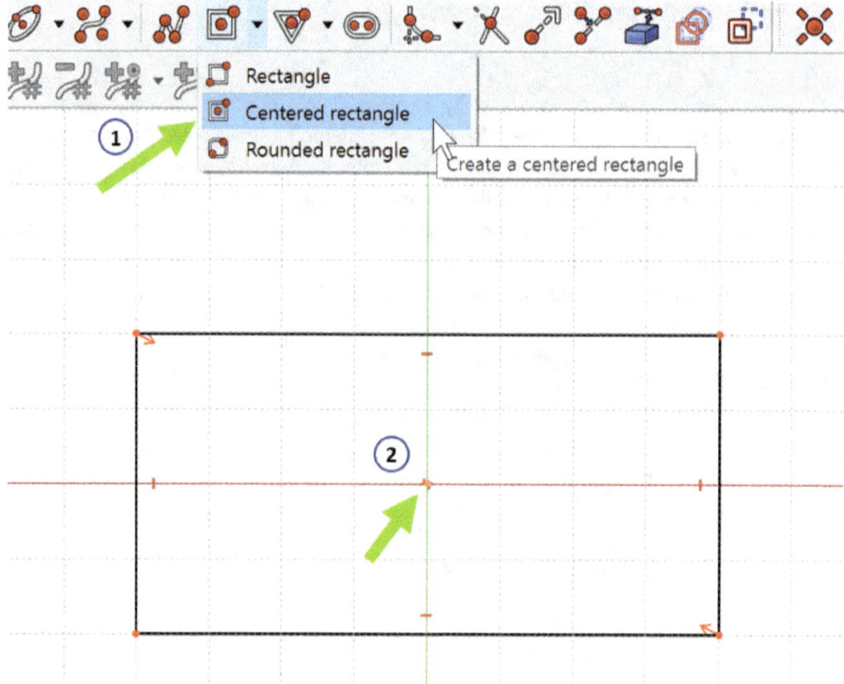

Affinché lo schizzo sia completamente definito, abbiamo ancora bisogno di due dimensioni per il rettangolo. Per questo utilizziamo i due vincoli "Constrain horizontal distance" e

"Constrain vertical distance", come abbiamo imparato in precedenza. Ad esempio, possiamo assegnare le due dimensioni 40 mm e 80 mm.

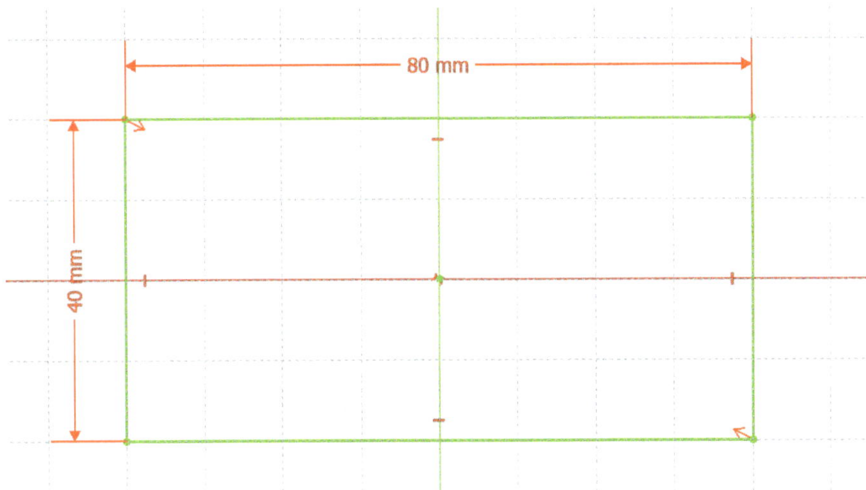

Poiché abbiamo già collegato il centro del rettangolo all'origine delle coordinate quando lo abbiamo disegnato, non abbiamo bisogno di ulteriori vincoli perché la posizione nel piano è già stata fissata in questo modo. Lo possiamo vedere ancora una volta nel colore verde della nostra geometria, che ci indica che lo schizzo è completamente definito.

Per creare un oggetto 3D da questo schizzo 2D, passiamo all'area di lavoro "Part Design". Per farlo, clicca sul simbolo "Leave sketch" dalla barra degli strumenti in alto a sinistra, oppure clicca sul pulsante "Close" nella vista combinata.

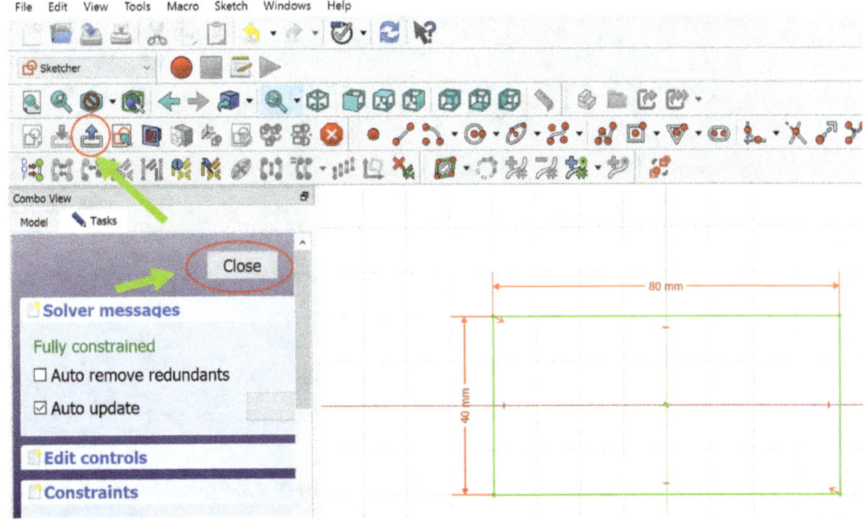

Dopo aver chiuso lo schizzo, ci troviamo nell'area di lavoro "Part Design" e vediamo lo schizzo nella vista combinata nella scheda "Model" della struttura ad albero.

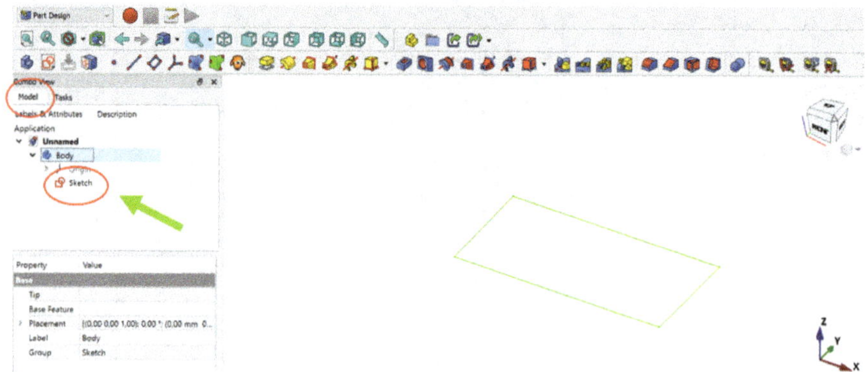

Facendo doppio clic su di esso, possiamo modificare nuovamente lo schizzo e tornare all'area di lavoro "Sketcher".

Cliccando con il tasto destro del mouse, possiamo modificare lo schizzo e anche copiarlo, cancellarlo, effettuare impostazioni di visualizzazione e molto altro ancora!

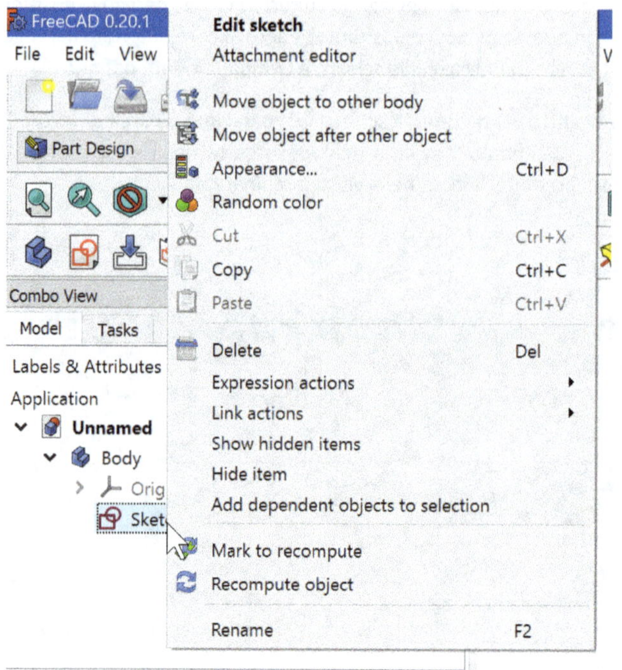

Ora pensa brevemente a quale oggetto 3D potremmo creare a partire da questo schizzo rettangolare in 2D.

3.4 L'area di lavoro "Part Design" - Parte 2: Modellazione 3D

Ora che abbiamo creato uno schizzo 2D su un piano del sistema di coordinate, possiamo creare un oggetto 3D a partire da esso. Creiamo un semplice cuboide dal nostro schizzo rettangolare.

Per creare un oggetto 3D da uno schizzo 2D, ci sono alcuni strumenti di modellazione nel software CAD che possono essere divisi in due gruppi. Con l'aiuto dei comandi del primo gruppo, gli strumenti additivi, puoi aggiungere materiale a uno schizzo o a un oggetto 3D esistente. Puoi considerarla come una stampante 3D o una ceramica. Con l'aiuto dei comandi del secondo gruppo, gli strumenti sottrattivi, puoi rimuovere il materiale da un oggetto 3D. Puoi immaginarlo come se stessi lavorando un componente, ad esempio utilizzando processi meccanici come la tornitura, la fresatura o la foratura.

3.4.1 Strumenti additivi

Lo strumento "Pad":

Uno degli strumenti additivi più importanti è lo strumento "Pad". Questo strumento è paragonabile allo strumento "Extrude" o "Extrusion", conosciuto in altri programmi CAD. Con questo comando puoi estrudere uno schizzo 2D in modo lineare, cioè aggiungere materiale sotto forma di geometria dello schizzo nella direzione dell'asse. Per questo motivo, questo comando viene talvolta chiamato "Extrude Linear".

Utilizziamo questo comando per creare un cuboide dal nostro schizzo 2D. A tal fine, lo schizzo deve essere selezionato nella struttura ad albero. A questo punto possiamo passare all'area "Tasks", dove vengono visualizzati direttamente gli strumenti disponibili, oppure selezionare il pulsante "Pad" nella barra degli strumenti.

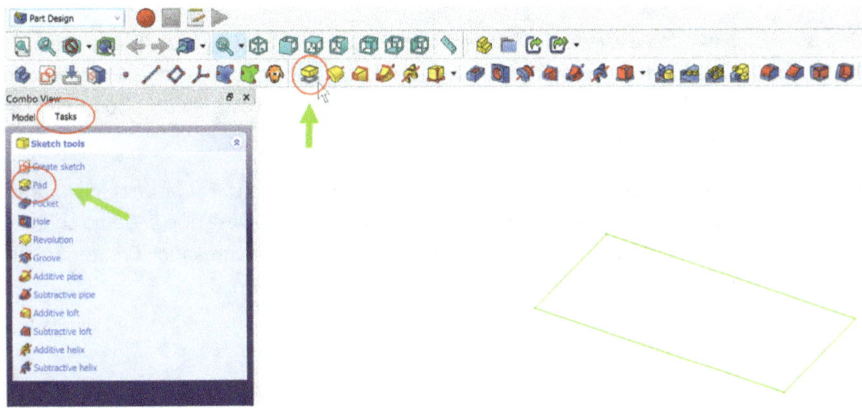

Non appena abbiamo selezionato il comando, viene creata l'anteprima del riquadro. Nella sezione "Tasks" della vista combinata troviamo le impostazioni per il comando "Pad". Queste impostazioni sono specifiche per ogni strumento di modellazione e sono quindi diverse. Per lo strumento "Pad" possiamo inserire la dimensione desiderata in direzione dell'estrusione in "Length", ad esempio 10 mm.

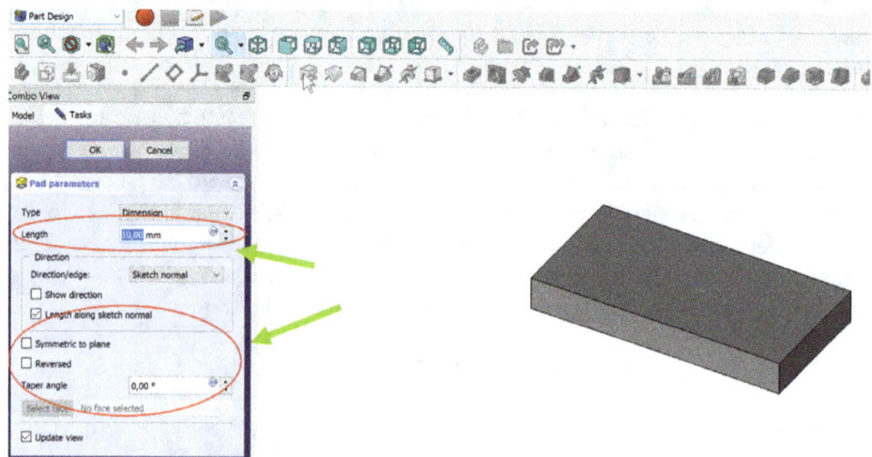

Inoltre, possiamo cambiare la direzione di estrusione nell'area inferiore. Con l'opzione "Symmetric to plane" l'origine dell'oggetto 3D verrebbe posizionata direttamente sul piano dello schizzo. Ciò significa che l'estrusione verrà creata 5 mm in alto e 5 mm in basso per una dimensione di 10 mm. Senza questa impostazione, il materiale viene aggiunto di 10 mm verso l'alto. Con l'opzione "Reversed" puoi invertire la direzione dell'estrusione, cioè aggiungere 10 mm di materiale verso il basso invece che verso l'alto. Prova entrambe le opzioni e capirai meglio. Con l'opzione "Taper angle" possiamo anche creare una forma conica, puoi provare anche tu.

Lo strumento "Revolution":

Con questo comando possiamo trasformare uno schizzo 2D in un oggetto 3D aggiungendo materiale con un movimento rotatorio intorno a un asse. Pensa come se stessi preparando dello zucchero filato. Tieni un bastoncino di legno (simbolo dell'asse) in un dispositivo e lo zucchero filato viene avvolto.

Per questo comando dobbiamo creare nuovamente uno schizzo 2D. Per farlo, chiudi o salva il file con il cuboide. Quindi creiamo un nuovo documento "Part Design" e creiamo come al solito con il comando "Create body" prima un corpo e poi con il comando "Create sketch" uno schizzo. Per il disegno selezioniamo nuovamente il piano x-y.

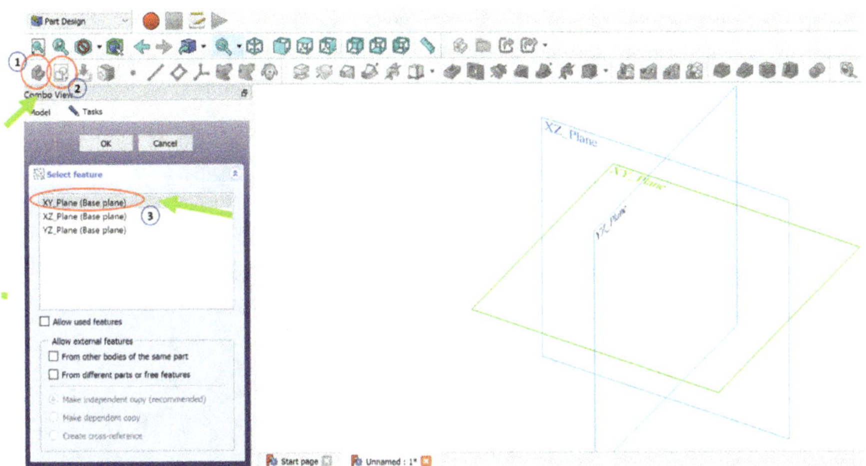

Su questo piano dobbiamo ora disegnare la metà della sezione trasversale del nostro oggetto 3D desiderato. Ad esempio, vogliamo creare lo spazio vuoto di una vite M10. Per farlo, consideriamo innanzitutto l'aspetto della sezione trasversale dell'oggetto finito. Per supportare la tua immaginazione spaziale, puoi dare un'occhiata alla seguente illustrazione.

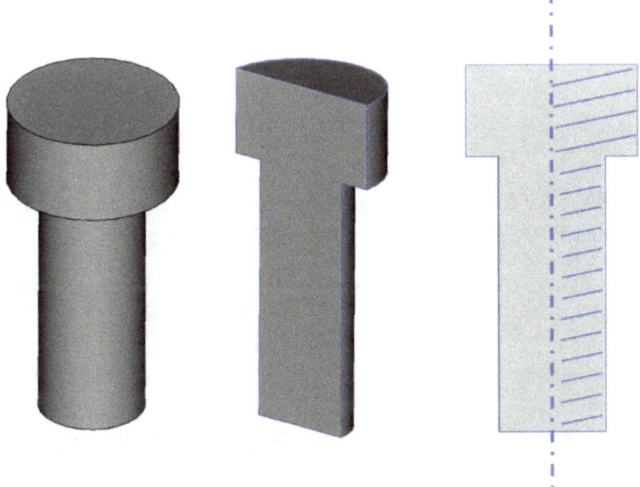

Come puoi vedere, la sezione trasversale della vite rappresenta uno schizzo 2D composto da due elementi rettangolari. Tuttavia, per poter creare la vite con la funzione "Revolution", abbiamo bisogno solo di una metà (area tratteggiata) della sezione trasversale. In seguito, rispecchieremo questo aspetto sull'asse (linea del punto e virgola).

Ciò significa che dobbiamo disegnare l'area tratteggiata sul nostro piano x-y. Lo facciamo con il comando "Create polyline".

Iniziamo la prima riga esattamente dall'origine delle coordinate e poi aggiungiamo le righe successive come mostrato. Infine aggiungiamo le dimensioni orizzontali e verticali con i due comandi "Constrain horizontal distance" e "Constrain vertical distance".

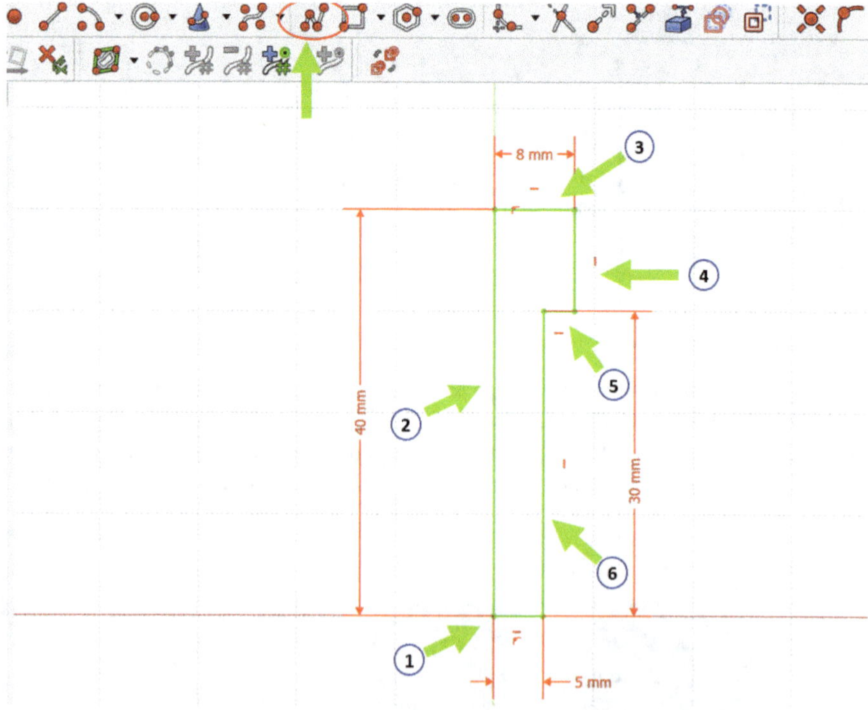

Ora il nostro schizzo 2D è terminato e possiamo tornare all'area 3D (area "Part Design") chiudendo lo schizzo ("Close" nella vista combinata).

Poi seleziona il comando "Revolution". Lo schizzo deve essere selezionato nella struttura ad albero.

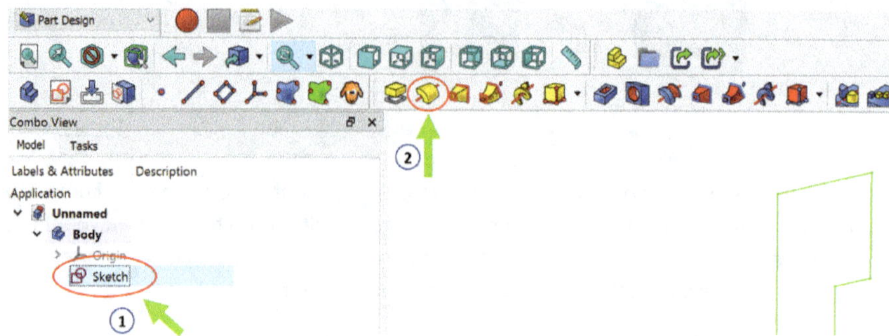

Il programma seleziona automaticamente l'asse di rotazione e crea il corpo 3D desiderato.

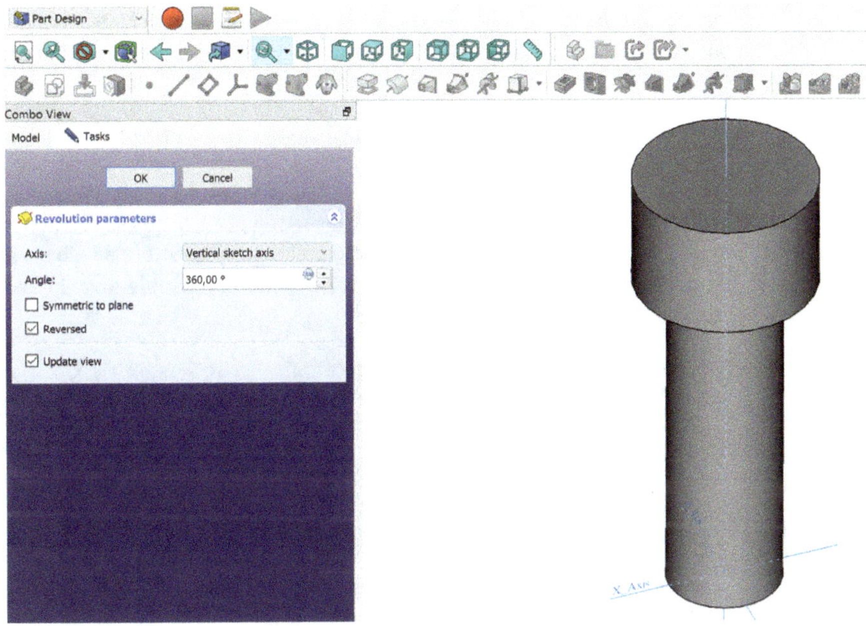

Se non abbiamo bisogno di una rotazione completa di 360°, ma solo di un'area parziale, possiamo specificare l'angolo di rotazione nella vista combinata nell'area "Tasks".

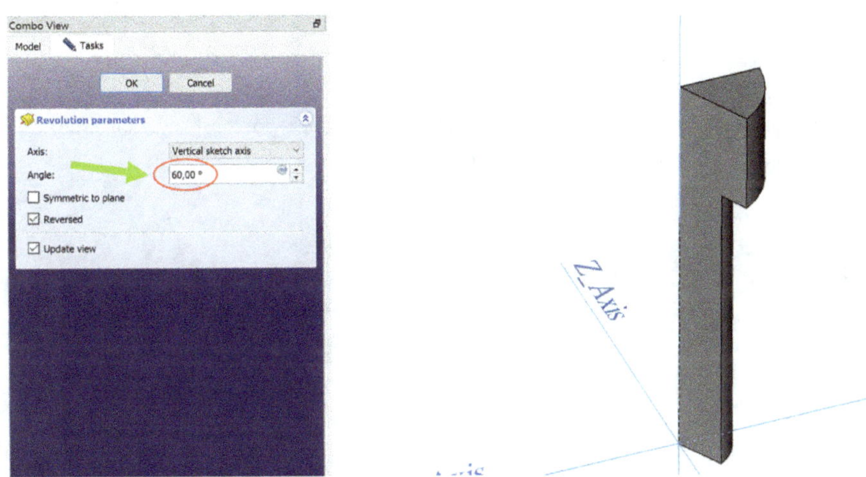

Inoltre, possiamo anche selezionare l'asse di rotazione manualmente - con l'opzione "Axis". Nel nostro caso abbiamo bisogno dell'asse delle y perché abbiamo disegnato sul piano delle x. A proposito, questo asse è lo stesso della selezione "Vertical sketch axis".

Lo strumento "Additive loft":

Con questo comando puoi creare un solido collegando almeno due schizzi su piani paralleli. Per farlo, creiamo un nuovo documento "Part Design" e un corpo con la funzione "Create body".

Per poter creare schizzi su piani diversi, dobbiamo prima creare un altro piano. Lo facciamo con la funzione "Datum plane".

Prima di poter utilizzare la funzione "Datum plane" per creare un piano di offset, dobbiamo visualizzare tutti i piani selezionando l'origine del corpo creato nella struttura ad albero e premendo la barra spaziatrice sulla tastiera. Questo ci permette di mostrare i piani dello spazio tridimensionale o di nasconderli successivamente.

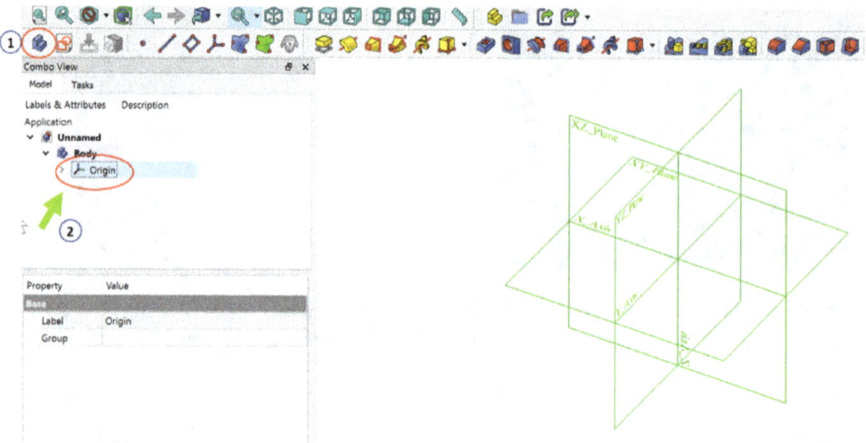

Ora selezioniamo il corpo ("Body") nella struttura ad albero e poi clicchiamo sulla funzione "Datum plane" nella barra degli strumenti.

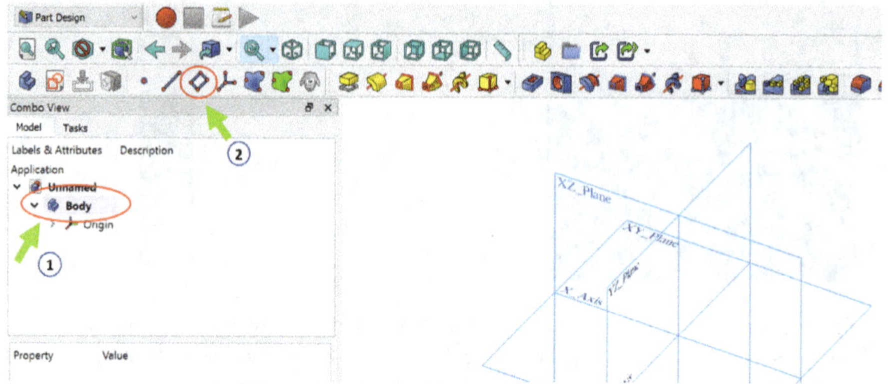

Nella vista combinata appare una finestra in cui è possibile effettuare le impostazioni per il nuovo livello. Nella prima fase selezioniamo uno dei tre piani standard che servirà da riferimento per il nostro nuovo piano. Ad esempio, selezioniamo il piano x-y facendo clic su di esso.

Poi possiamo selezionare l'offset del nuovo piano rispetto al piano di riferimento nell'area inferiore della vista combinata. Dobbiamo inserire l'offset in direzione x, y e z. Dato che vogliamo un offset solo nella direzione z, inseriamo qui, ad esempio, 50 mm. Il nuovo piano viene quindi visualizzato 50 mm sopra il piano x-y.

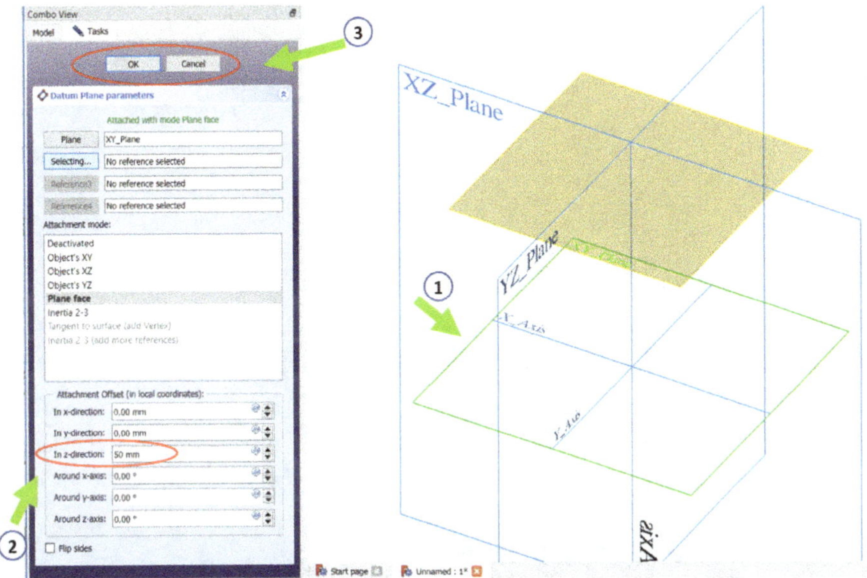

Con "OK" possiamo creare il livello, con "Cancel" possiamo annullare il processo.

Di seguito creeremo uno schizzo sul piano x-y e sul nuovo piano. Iniziamo con lo schizzo sul piano x-y. Ad esempio, disegniamo un rettangolo il cui centro si trova nell'origine delle coordinate e lo dimensioniamo con 50 mm di larghezza e 30 mm di altezza.

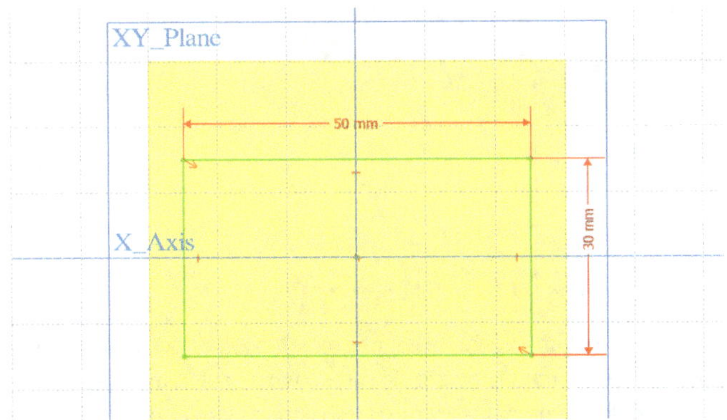

Poi chiudiamo lo schizzo e iniziamo un nuovo schizzo sul livello di offset precedentemente creato, cliccando su di esso e selezionando il comando "Create Sketch".

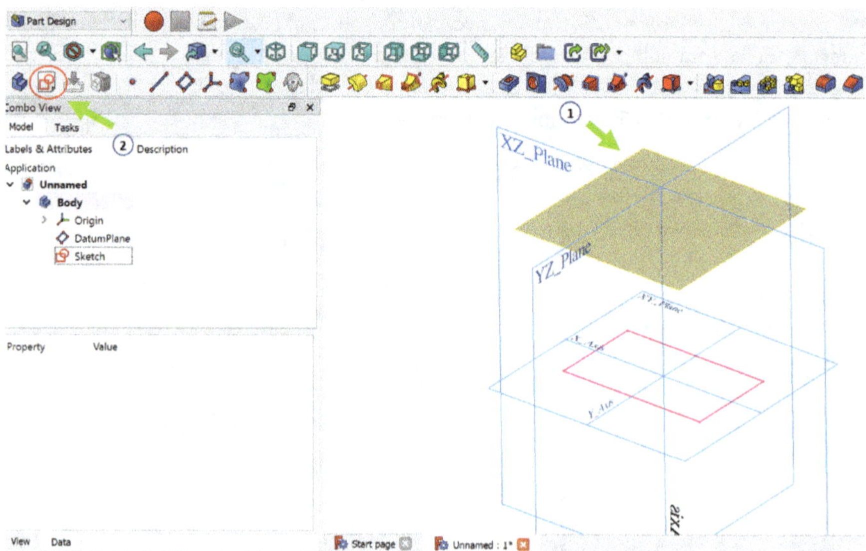

Su questo livello creiamo un rettangolo simile a quello precedente, solo che le due dimensioni devono essere invertite, cioè il rettangolo deve essere largo 30 mm e alto 50 mm.

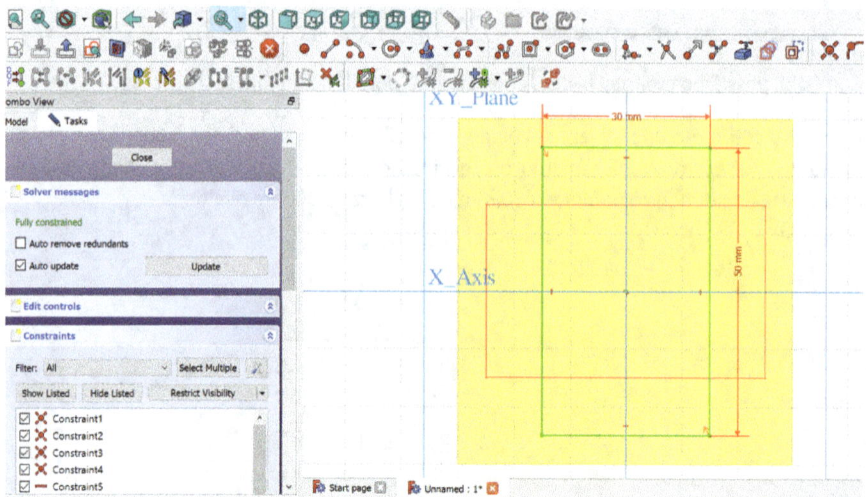

Non confonderti con il rettangolo già esistente mostrato in rosso. Si tratta semplicemente del rettangolo che abbiamo disegnato in precedenza sul piano x-y. Ora che stiamo osservando la vista del disegno dall'alto, possiamo vederla risplendere. Questo è molto utile quando vuoi costruire due geometrie interdipendenti.

Dopo aver chiuso lo schizzo, possiamo nascondere nuovamente i livelli con la barra spaziatrice (1). Vediamo anche i due rettangoli abbozzati che fluttuano uno sopra l'altro nell'area di disegno. Ora possiamo utilizzare il comando "Additive loft". Per farlo, selezioniamo prima i due schizzi nella struttura ad albero uno dopo l'altro tenendo premuto il tasto CTRL (2) e poi il comando nella barra degli strumenti (3).

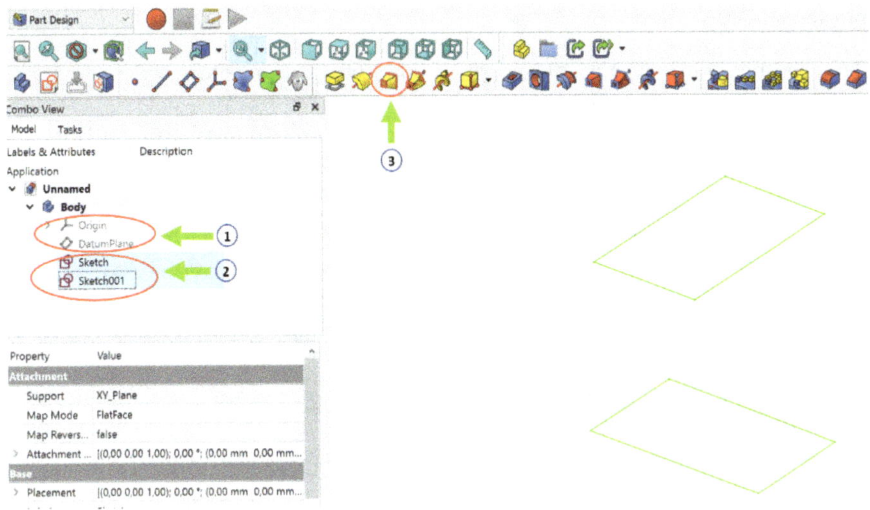

Il programma genera quindi automaticamente l'anteprima del corpo desiderato, che rappresenta un collegamento dei due schizzi 2D. Conferma con "OK" in modo che venga creato anche il corpo.

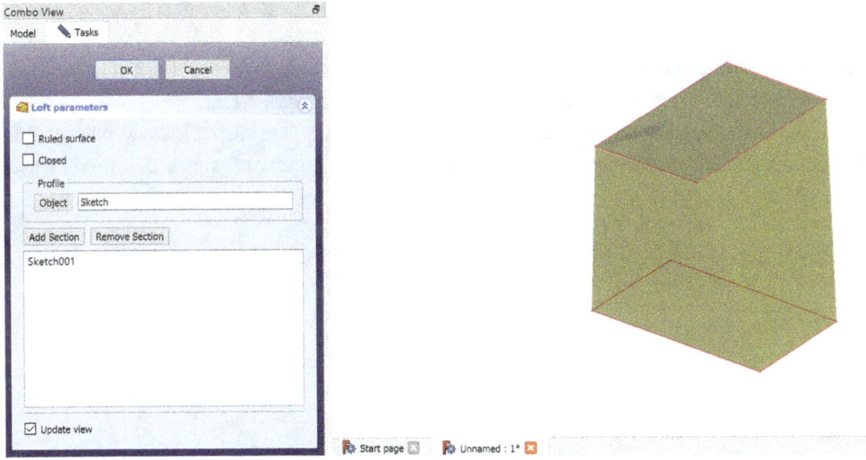

Lo strumento "Additive pipe":

Questo comando si usa per collegare almeno due sezioni trasversali lungo un percorso. Il percorso non deve essere necessariamente rettilineo, ma può anche essere curvo. Le sezioni trasversali da collegare possono anche avere una forma diversa (ad esempio rettangolo e cerchio). Questo strumento è paragonabile al comando "Sweep", conosciuto in altri programmi CAD.

Per utilizzare il comando, abbiamo bisogno di due schizzi e di un percorso. Per prima cosa creiamo i due schizzi. Questi schizzi possono essere su piani sfalsati o sullo stesso piano. Creiamo i due schizzi sullo stesso piano, sempre sul piano x-y. Tuttavia, assicurati di creare due schizzi separati e di non disegnare tutto in un unico schizzo.

Disegniamo un cerchio di 20 mm di diametro sull'asse x, che dimensioniamo a 60 mm di distanza dall'origine delle coordinate.

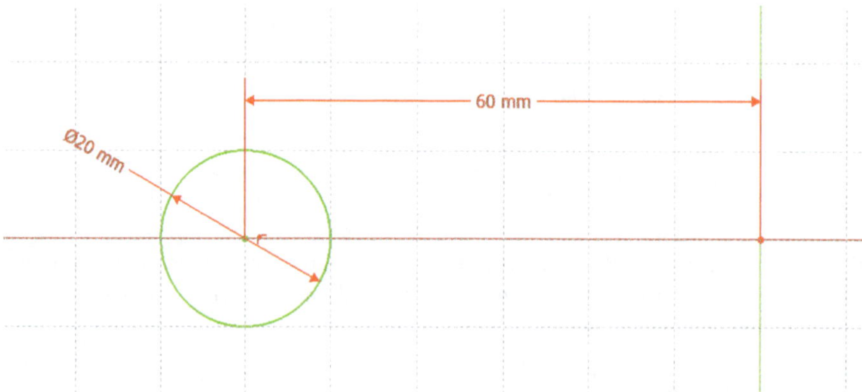

Quindi chiudiamo questo primo schizzo e creiamo un nuovo schizzo, sempre sul piano x-y. In questo schizzo creiamo anche un cerchio con un diametro di 20 mm, ma posizionandolo sul lato destro. Non lasciarti confondere dal cerchio rosso sulla sinistra: è solo un'immagine del primo schizzo. Puoi scoprirlo facilmente provando a cliccarci sopra o a modificarlo. Questo non è possibile.

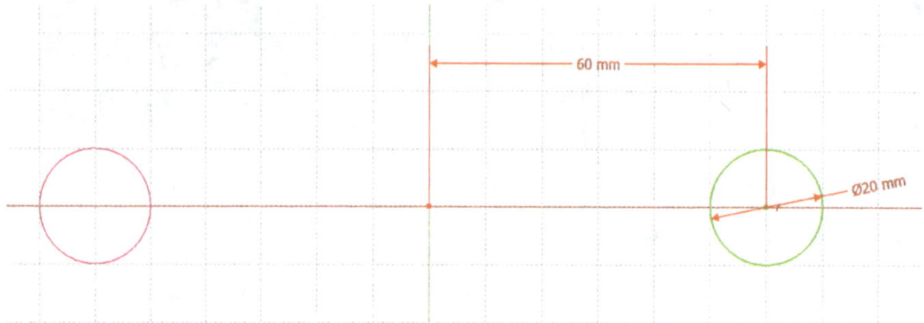

Quindi chiudiamo questo secondo schizzo e otteniamo la seguente rappresentazione.

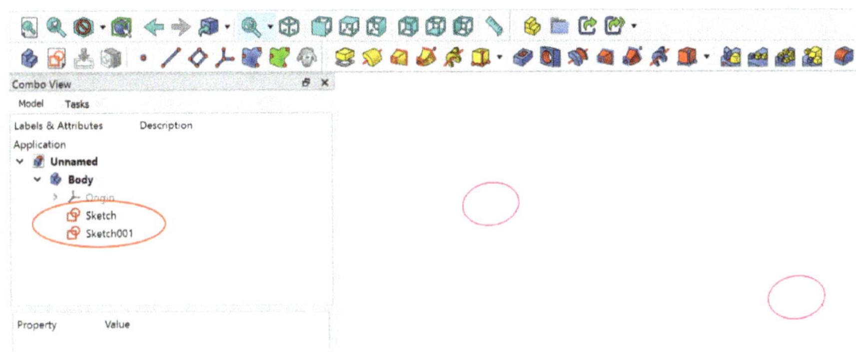

Per poter utilizzare il comando "Additive Pipe", abbiamo ancora bisogno di un percorso. Vogliamo creare una maniglia che assomigli a questa.

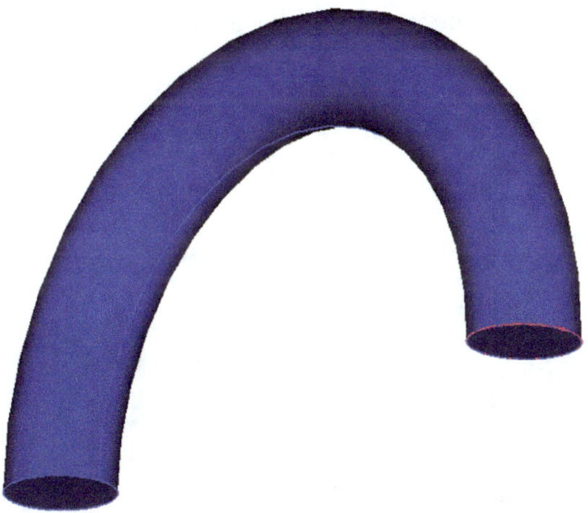

Per questo abbiamo bisogno di un percorso che colleghi i centri dei due cerchi nel piano x-z. Considerala come una struttura metallica a cui aggiungere materiale in un secondo momento.

Creiamo quindi un nuovo schizzo sul piano x-z e disegniamo una semicirconferenza con la funzione "Center and end points". Il centro dell'arco deve trovarsi sull'origine delle coordinate. Il punto iniziale e il punto finale dell'arco devono trovarsi ciascuno al centro dei due cerchi disegnati in precedenza. Poiché ci troviamo nel piano x-z, vediamo, per così dire, la vista laterale dei due cerchi. In altre parole, vediamo solo due brevi linee rosse che giacciono sull'asse x, anch'esso rosso, rendendo un po' difficile vedere i due centri. In alternativa, possiamo semplicemente assegnare un diametro di 120 mm all'arco e collegare i due punti finali all'asse x con il vincolo "Constrain point onto object" in ogni caso.

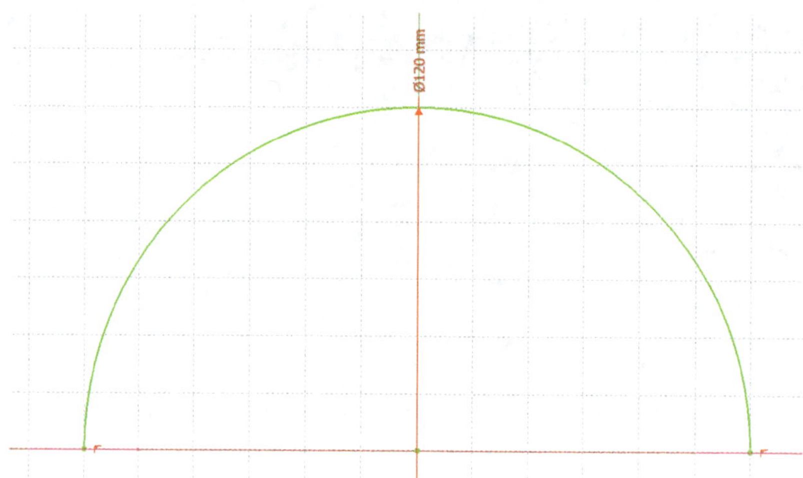

Quindi chiudiamo lo schizzo e otteniamo la seguente geometria.

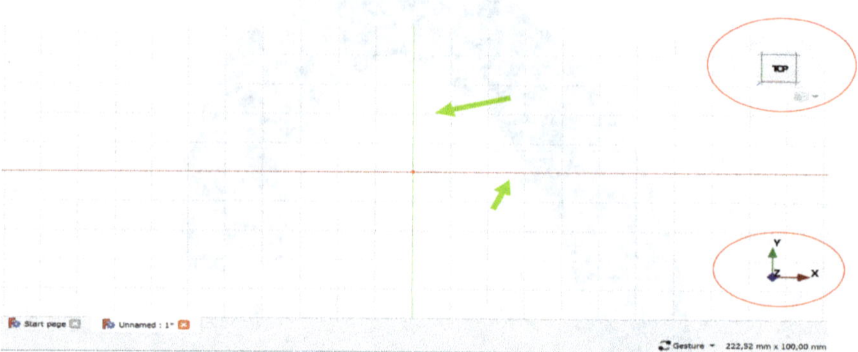

Ora applichiamo il comando "Additive Pipe" selezionando prima il primo schizzo come geometria della sezione trasversale e poi il comando nella barra degli strumenti.

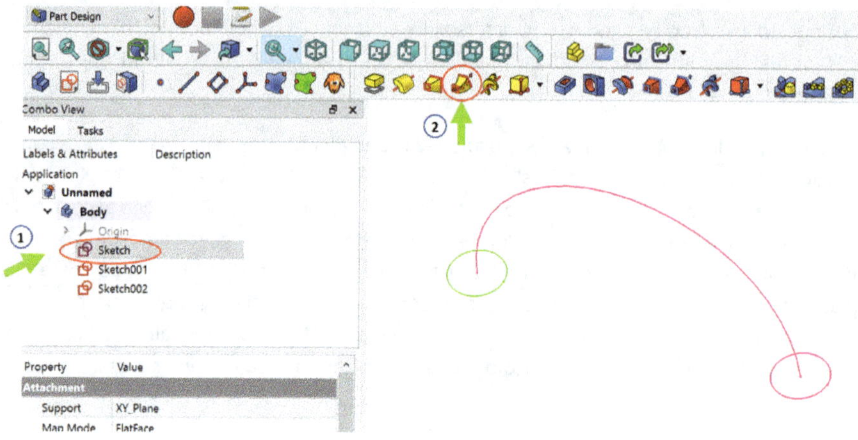

Se nella barra inferiore compare un errore, puoi ignorarlo o fare clic su di esso. Nel passo successivo verifichiamo se nell'area "Tasks" della vista combinata nella voce di menu "Orientation mode" è selezionata l'opzione "Standard" e se nella voce di menu "Transform mode" è selezionata l'opzione "Constant". Dopodiché possiamo cliccare sul pulsante "Object" nell'area "Path to sweep along" e selezionare il nostro arco come percorso per l'operazione (basta cliccare sul piano di disegno).

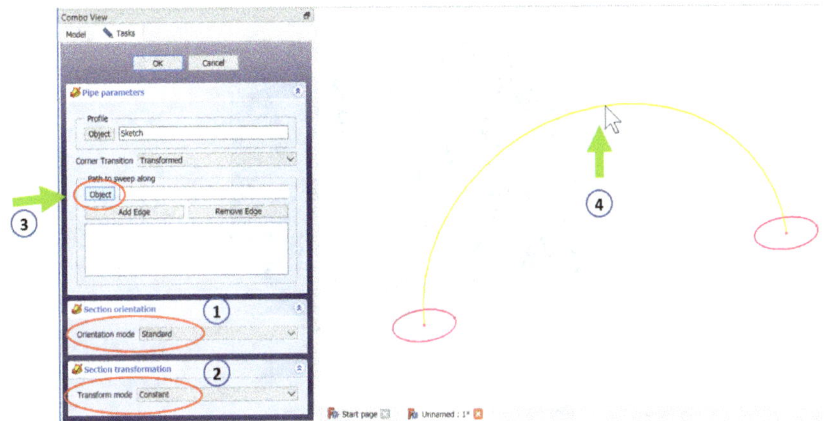

Il programma crea quindi l'anteprima della forma 3D desiderata.

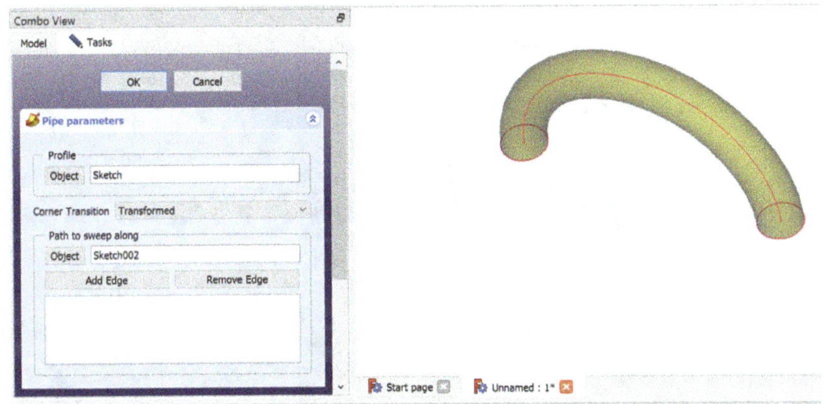

Infine, prova le altre opzioni di "Orientation mode" e "Transform mode" per vedere cosa fanno. Con "OK" crei il corpo e concludi il comando.

Questi erano gli strumenti di modellazione additiva più importanti. Ora veniamo agli strumenti sottrattivi. Come esercizio, crea da solo un cuboide che abbia come base un rettangolo di 80 mm di lunghezza e 60 mm di larghezza. L'altezza del cuboide dovrebbe essere, ad esempio, di 50 mm. Per farlo, usa i comandi "Create body", "Create sketch" e "Pad". Assicurati di definire completamente lo schizzo (colore verde).

3.4.2 Strumenti sottrattivi

Per esaminare nel dettaglio gli strumenti sottrattivi, iniziamo con questo cuboide, perché abbiamo bisogno di un materiale di partenza. Si può pensare che sia come la produzione di macchine. Se vuoi utilizzare una fresa CNC per lavorare un componente, devi prima bloccare un semilavorato (materiale di partenza/materia prima) nella macchina.

Lo strumento "Pocket":

Uno dei più importanti strumenti di sottrazione è lo strumento "Pocket". Questo strumento è la controparte dello strumento "Pad". Utilizziamo questo comando per effettuare un taglio, cioè per rimuovere il materiale dall'oggetto 3D. Ad esempio, potremmo fare un ritaglio rettangolare nell'area centrale della scatola. Per farlo, creiamo uno schizzo sul lato superiore della scatola. Questa volta non selezioniamo un piano del sistema di coordinate per lo schizzo, ma direttamente una faccia del cuboide.

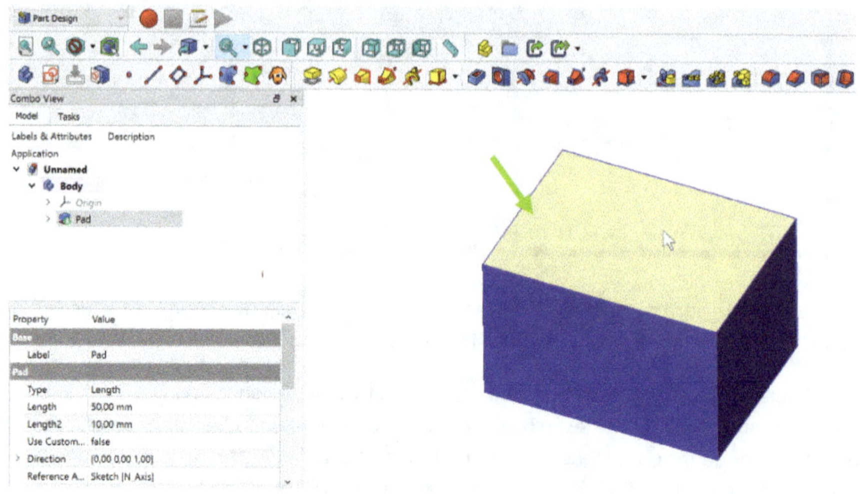

Poi, come al solito, raggiungiamo automaticamente l'area "Sketcher". Qui possiamo disegnare un rettangolo sulla superficie superiore della scatola. Posizioniamo il rettangolo al centro del sistema di coordinate e lo dimensioniamo con 40 mm ciascuno, in modo da creare un quadrato. Poi possiamo chiudere lo schizzo con "Close".

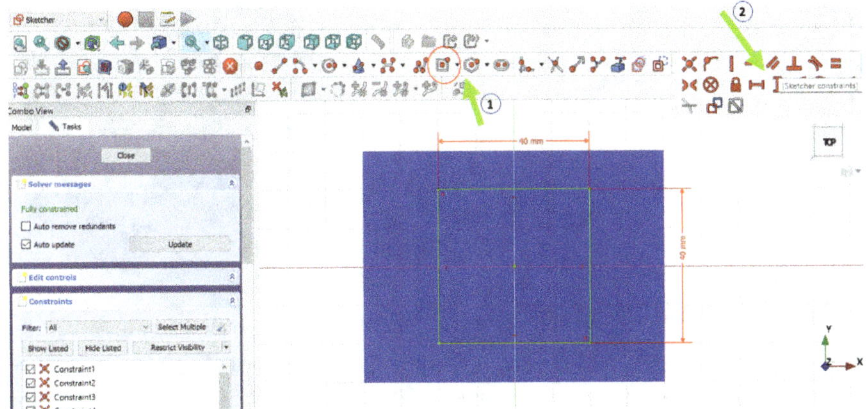

Poi, in modalità 3D ("Part Design"), assicuriamoci che lo schizzo sia selezionato nella struttura ad albero (scheda "Model" nella vista combinata). Poi possiamo selezionare il comando "Pocket" dall'area degli strumenti di sottrazione.

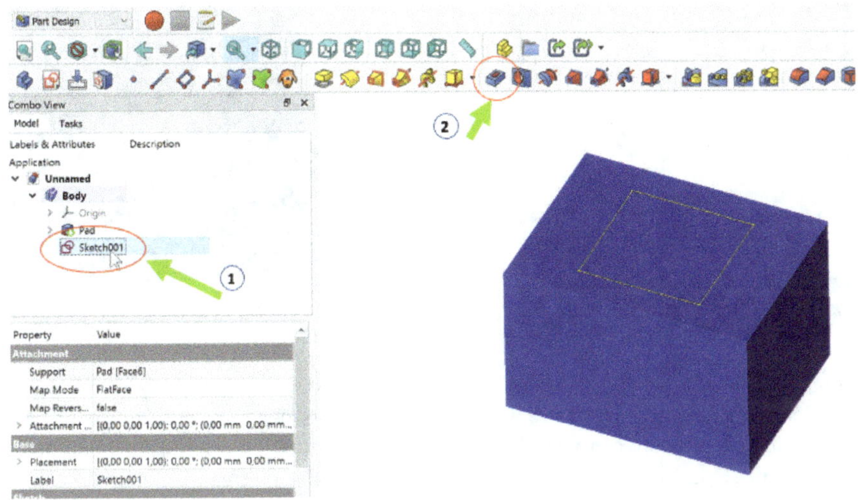

Dopo aver eseguito il comando, appare automaticamente l'anteprima del ritaglio con le impostazioni predefinite. Nel nostro caso, l'impostazione "Type" ha l'opzione "Dimension" selezionata di default e l'impostazione "Length" ha una dimensione di 5 mm.

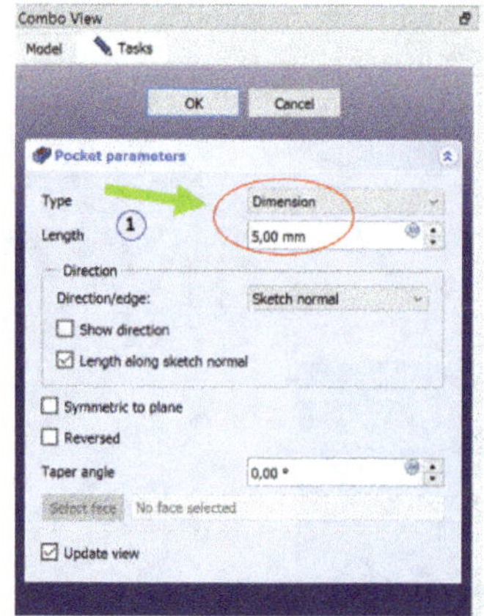

Tuttavia, vorremmo che il taglio attraversasse tutto il pezzo. Da un lato, potremmo ottenere questo risultato inserendo semplicemente l'altezza della scatola. D'altra parte, possiamo anche selezionare semplicemente l'opzione "Through all" nell'impostazione "Dimension".

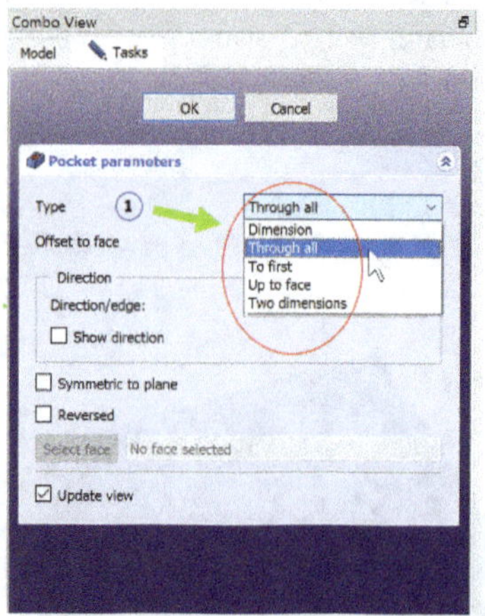

Con l'opzione "Up to face" possiamo ritagliare fino a una determinata faccia, con l'opzione "To first" fino alla faccia successiva e con l'opzione "Two dimensions" possiamo definire un ritaglio in due direzioni con due dimensioni diverse. Tuttavia, queste opzioni non hanno senso in questo esempio. Conferma con "OK" e la sezione viene creata.

Lo strumento "Hole":

Passiamo ora allo strumento successivo. Con il comando "Hole" puoi creare dei fori. In linea di principio, puoi creare un foro anche con il comando "Pocket" (cerchio come schizzo 2D), ma il comando "Hole" è più adatto a questo scopo per quanto riguarda le sue impostazioni. Con questo comando puoi anche creare e visualizzare i thread.

Per creare un foro, abbiamo bisogno di uno schizzo 2D con il quale indichiamo al programma in quale posizione deve essere creato il foro. Possiamo farlo con un cerchio. Ad esempio, vogliamo creare quattro fori filettati M6 e disegnare quattro cerchi, ciascuno con un diametro di 6 mm, sulla superficie superiore del nostro oggetto 3D. Una volta realizzato uno schizzo sulla superficie superiore dell'oggetto 3D, disegniamo prima i quattro cerchi e poi dimensioniamo uno di essi con un diametro di 6 mm. Rendiamo gli altri cerchi identici al cerchio quotato con il vincolo "Constrain equal", così risparmiamo altre tre dimensioni.

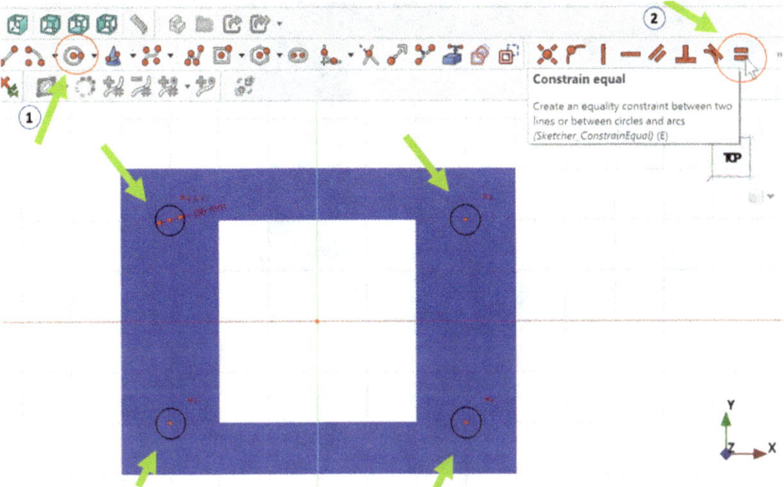

Ora dobbiamo determinare le posizioni dei nostri cerchi in modo che lo schizzo sia completamente definito. Per farlo, inseriamo prima tutte le dimensioni orizzontali (selezionando un centro del cerchio e l'origine delle coordinate) con 30 mm ciascuna.

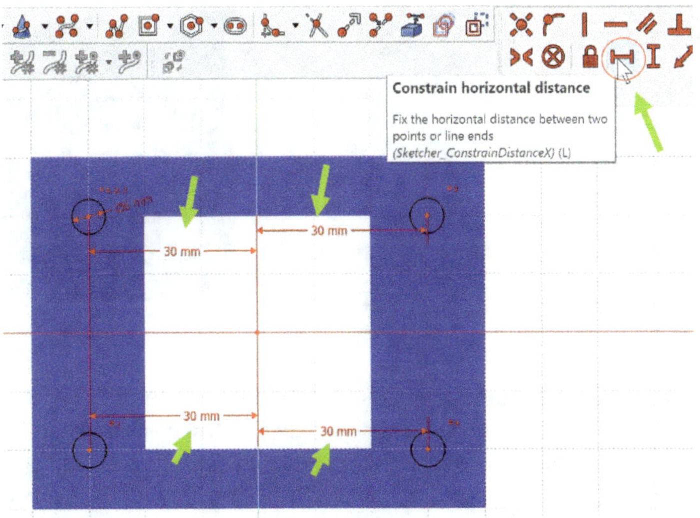

Poi aggiungiamo 20 mm a tutte le dimensioni verticali.

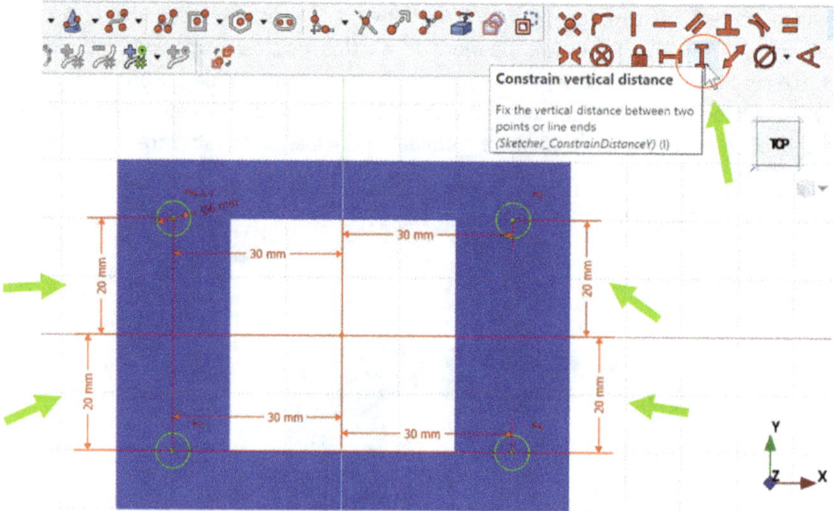

A questo punto tutte le dimensioni sono state create e possiamo chiudere lo schizzo.

Quindi assicuriamoci che lo schizzo 2D appena creato sia selezionato nell'albero delle strutture e possiamo avviare il comando "Hole".

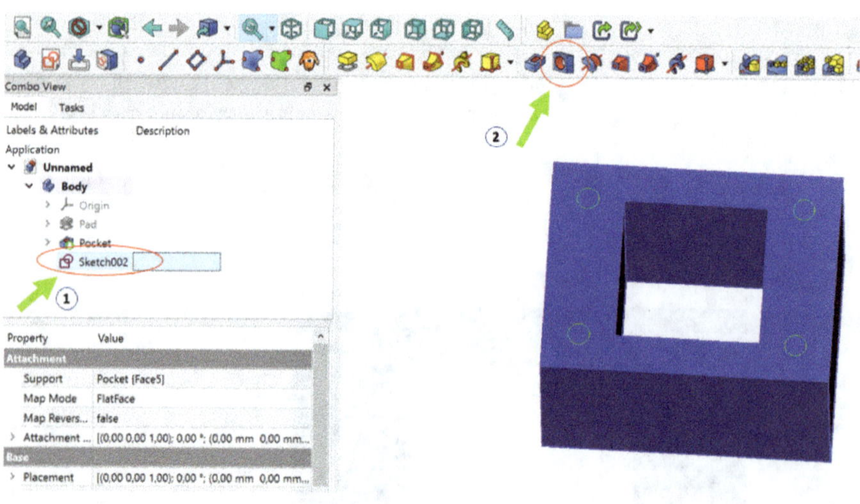

Anche in questo caso, il programma crea automaticamente un'anteprima delle perforazioni. Nella vista combinata sul lato sinistro nella scheda "Tasks" possiamo effettuare le impostazioni per i fori. Poiché vogliamo creare dei fori filettati, selezioniamo l'opzione "ISO metric regular profile" nell'impostazione "Profile" e attiviamo le opzioni "Threaded", "Model Thread" e "Update View" in modo che la filettatura venga visualizzata in modo modellato (1). A seconda delle prestazioni del tuo PC, questa operazione potrebbe richiedere un po' di tempo.

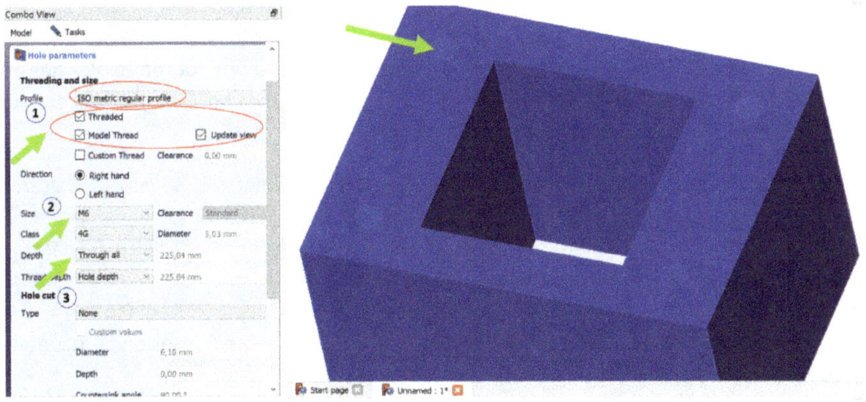

Poi impostiamo la dimensione del filo (2). Per l'impostazione "Size" scegliamo "M6" e per l'impostazione "Depth" scegliamo "Through all", perché vogliamo un foro che attraversi tutto il componente (3). Se vogliamo una lunghezza specifica, possiamo impostarla qui. Allora sceglieremo l'opzione "Dimension" invece di "Through all".

Nella sezione inferiore sono presenti altre impostazioni, ma non sono necessarie in questa sede. Ad esempio, potremmo selezionare anche l'angolo del foro (2) o il tipo di foro (1) (ad esempio, il controforo). Se facciamo uno zoom vicino a uno dei fori, possiamo vedere il filo modellato.

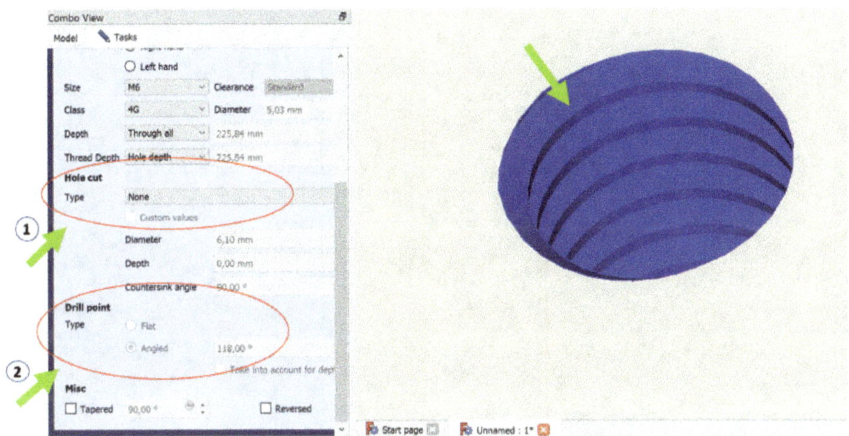

Confermiamo con "OK" in modo che vengano creati anche i fori. Anche in questo caso può essere necessario un po' di tempo, dato che stiamo modellando i fori.

In genere si consiglia di disattivare la rappresentazione modellata per ottenere prestazioni migliori durante la progettazione. Tuttavia, quando si progetta per la stampa 3D, è necessario che i fili siano modellati.

Lo strumento "Groove":

Con lo strumento "Groove" puoi creare una sezione utilizzando una rotazione. Per questa funzione abbiamo bisogno di una parte di rotazione, cioè salviamo il nostro precedente oggetto 3D e creiamo un nuovo documento.

Creiamo quindi un semplice componente cilindrico con un diametro di 30 mm e un'altezza di 100 mm. Puoi creare questo componente cilindrico in due modi. Ti ricordi come? Pensa agli strumenti additivi. Da un lato possiamo utilizzare la funzione "Pad", dall'altro la funzione "Revolution". Poiché stiamo costruendo una parte rotante, utilizziamo semplicemente la funzione "Revolution". Ad esempio, disegniamo un rettangolo sul piano x-z e lo dimensioniamo come segue. Nota: abbiamo bisogno di 15 mm come dimensione orizzontale perché stiamo disegnando solo la metà.

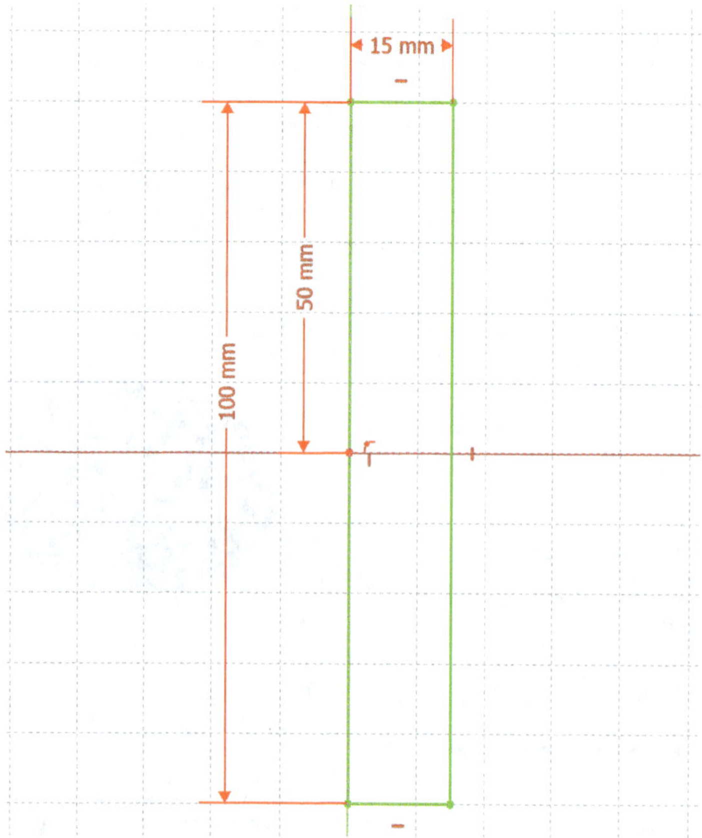

A proposito, possiamo impostare un angolo del rettangolo sull'origine delle coordinate oppure, come in questo caso, impostare una distanza di 50 mm dall'origine delle coordinate. Per definire completamente lo schizzo, impostiamo anche la linea verticale sinistra sull'origine delle coordinate con il vincolo "Constrain point onto object".

Poi chiudiamo lo schizzo 2D e creiamo il corpo 3D cliccando sul comando "Revolution". Conferma con "OK".

Per la funzione "Groove" abbiamo bisogno di un altro schizzo 2D che specifichi la geometria della sezione ruotata. Per il disegno possiamo scegliere il piano x-z o il piano y-z del corpo.

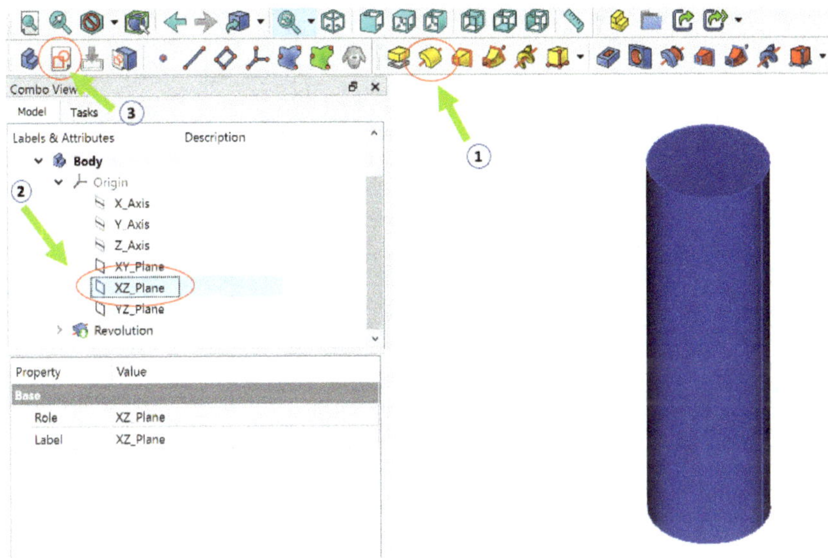

Vogliamo fare due tagli rettangolari nel corpo, che devono sporgere nel corpo in modo da poter rimuovere il materiale in seguito. Per farlo, nascondiamo il corpo in modo da avere una visione migliore del nostro schizzo. Per fare ciò, passa alla scheda "Model" nella vista combinata dello schizzo e clicca con il tasto destro del mouse sul corpo. Selezioniamo "Toggle visibility" e il corpo scompare. In alternativa, possiamo semplicemente premere la barra spaziatrice.

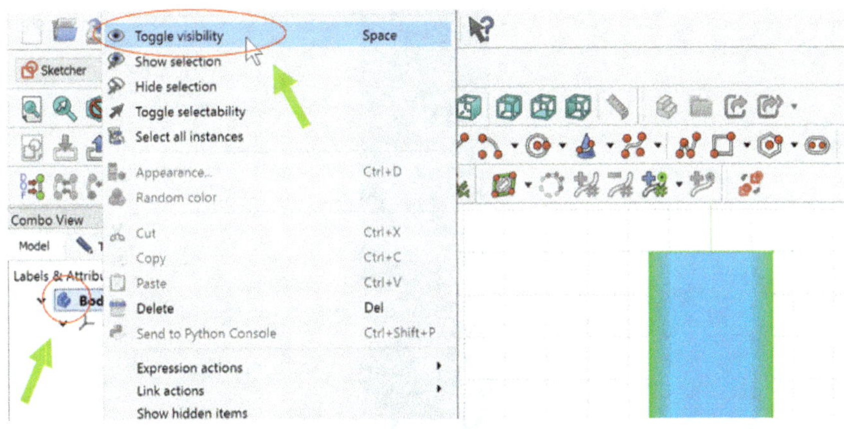

Poi disegniamo due rettangoli, che dimensioniamo con bordi di 5 mm ciascuno, in modo da creare dei quadrati. Vogliamo anche che i due bordi esterni dei quadrati si trovino sul bordo esterno del cilindro, quindi abbiamo bisogno di 15 mm. Infine, aggiungiamo 30 mm ciascuno per il dimensionamento verticale.

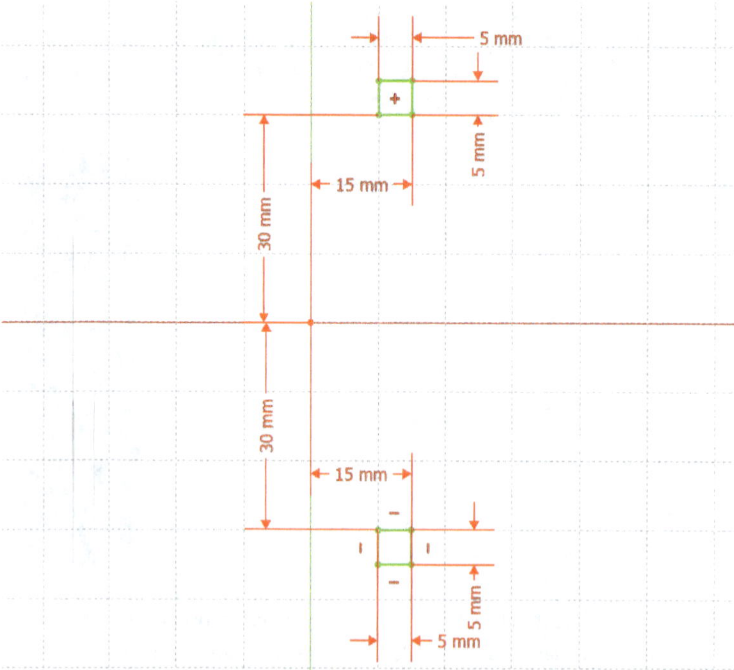

In seguito possiamo mostrare nuovamente il corpo in modo identico con l'opzione "Toggle visibility". Poi possiamo chiudere lo schizzo.

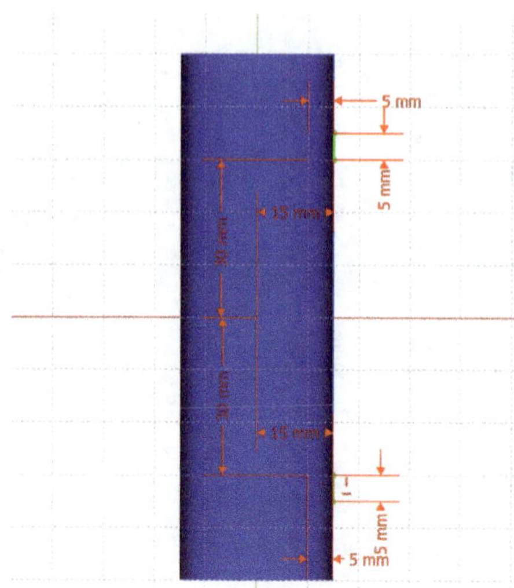

Dopo esserci assicurati che lo schizzo sia selezionato nella struttura ad albero, possiamo eseguire il comando "Groove".

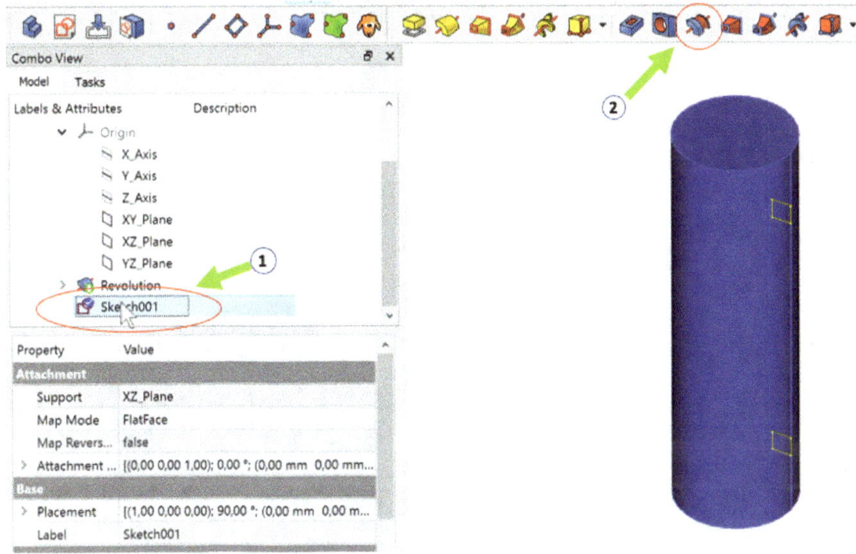

Il programma crea l'anteprima delle due sezioni rettangolari e possiamo crearle cliccando su "OK".

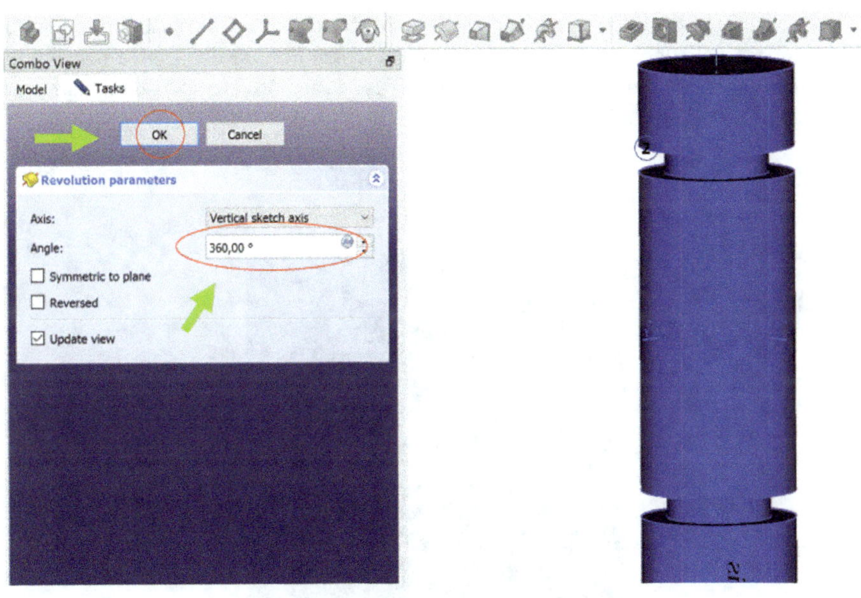

Gli strumenti "Subtractive Loft" e "Subtractive Pipe":

Questi due strumenti funzionano come le loro controparti additive ("Additive Loft" e "Additive Pipe"), ma in modo sottrattivo. Rifletti un attimo e considera di cosa potremmo aver bisogno per i due strumenti.

Per "Subtractive Loft" abbiamo bisogno di due schizzi su piani diversi. In questo caso, questi piani possono essere, ad esempio, le superfici superiore e inferiore di un corpo semplice. Creiamo un cubo con una lunghezza dei bordi di 50 mm ciascuno, in modo da avere un oggetto da cui rimuovere il materiale.

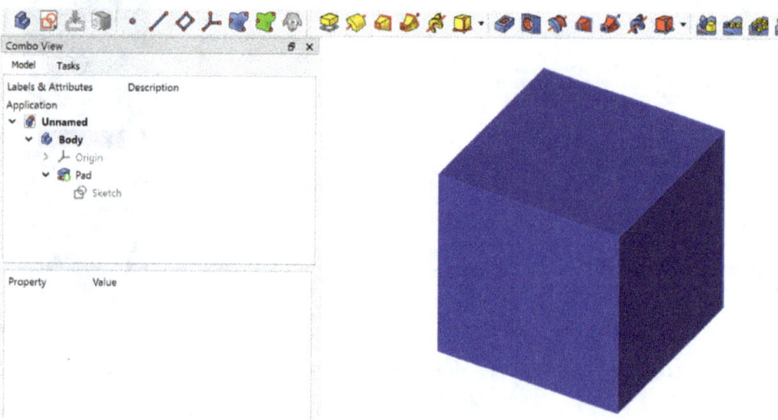

Allora abbiamo bisogno di due schizzi. Disegniamo uno schizzo sul lato superiore e uno sul lato inferiore del cubo, come già annunciato. Gli schizzi non devono essere congruenti. Iniziamo con lo schizzo della faccia superiore del cubo. Ad esempio, disegniamo un rettangolo largo 20 mm e alto 15 mm.

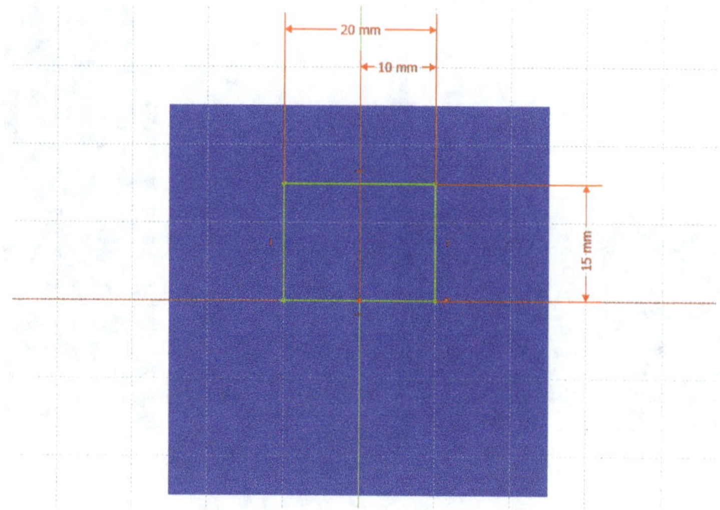

Dopo che lo schizzo è stato completamente definito, possiamo chiuderlo. Poi iniziamo un nuovo schizzo sulla faccia inferiore del cubo. Ad esempio, disegniamo un rettangolo largo 20 mm e alto 10 mm. Definiamo anche questo schizzo completamente e poi chiudiamolo.

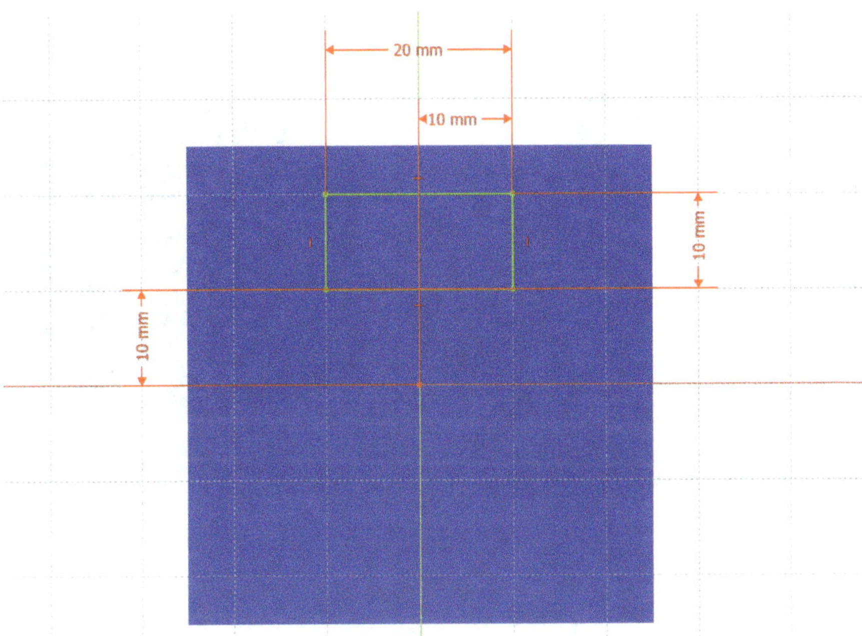

Ora possiamo eseguire il comando "Subtractive Loft" selezionando i due schizzi nella struttura ad albero (tasto CTRL premuto).

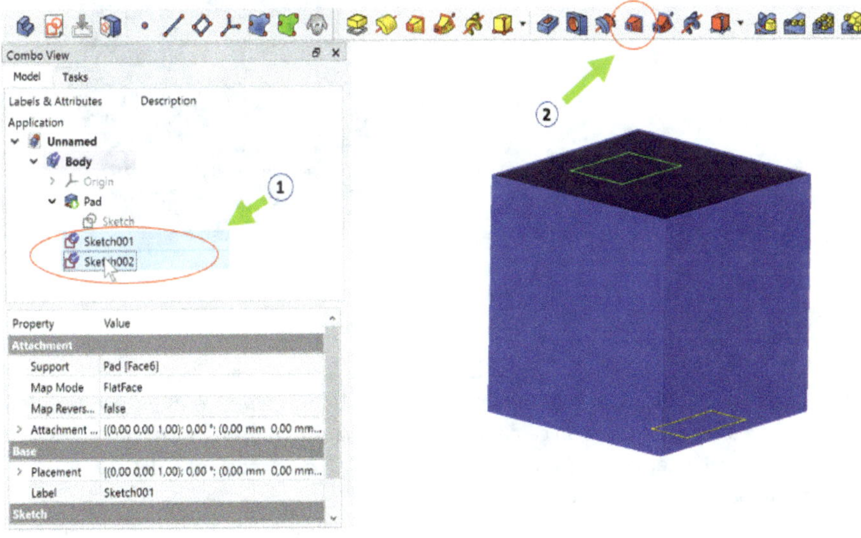

Purtroppo in questo caso non viene visualizzata un'anteprima, ma possiamo semplicemente cliccare su "OK" e vedere il risultato desiderato. Le due superfici sono state collegate con un taglio.

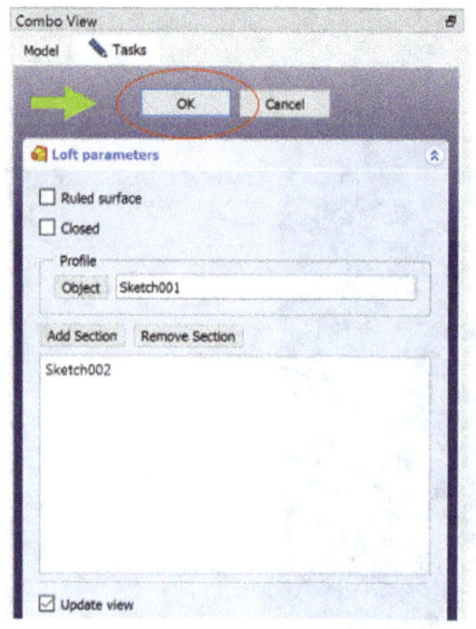

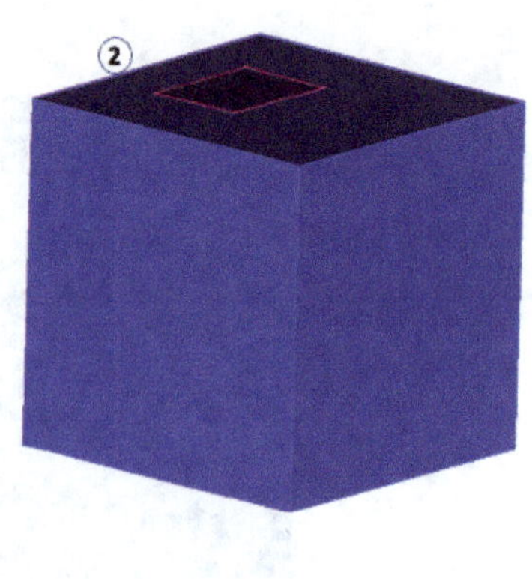

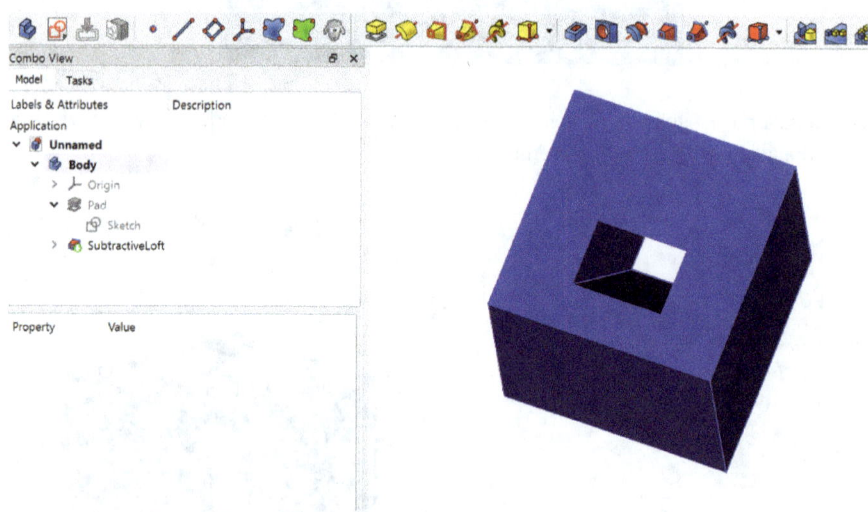

Per il comando "Subtractive Pipe" abbiamo bisogno di due schizzi e di un percorso. Ad esempio, possiamo disegnare un cerchio di qualsiasi diametro sul lato superiore e inferiore del cubo. Probabilmente sei già in grado di farlo da solo. La posizione dei cerchi non è importante per questo esempio.

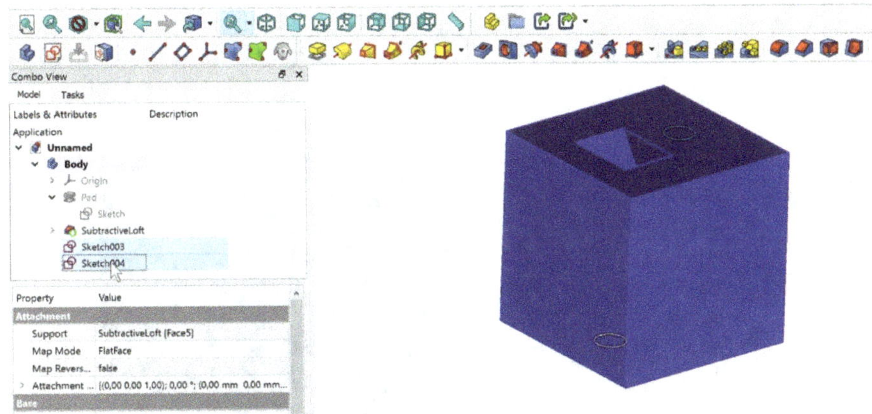

Quindi abbiamo bisogno di un percorso, che disegniamo ad esempio sul piano y-z. Per una migliore rappresentazione, nascondiamo il cubo per lo schizzo cliccando sul corpo nella struttura ad albero e utilizzando la barra spaziatrice. Il percorso può essere, ad esempio, una linea diagonale che va dalla faccia superiore a quella inferiore. Chiudiamo quindi lo schizzo.

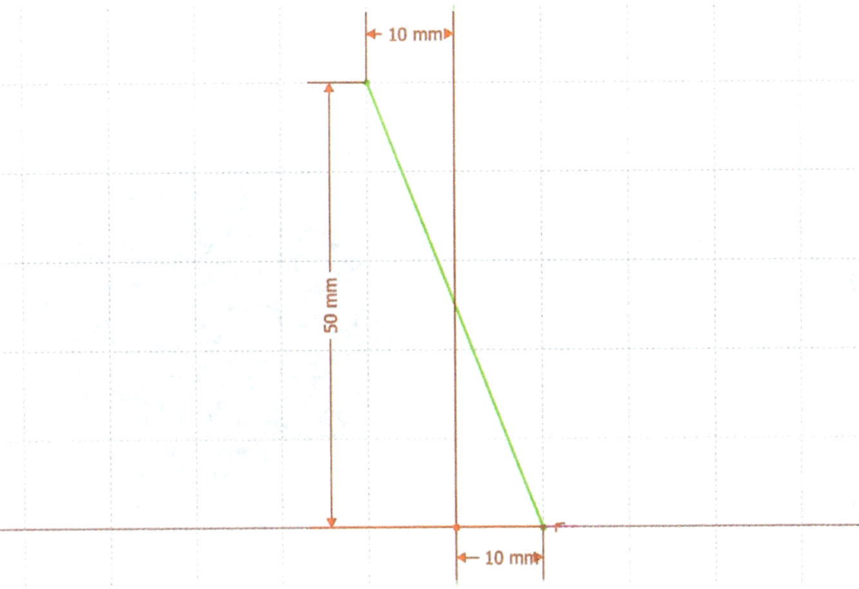

Quindi selezioniamo - proprio come con la funzione "Additive Pipe" - prima lo schizzo e poi il comando "Subtractive Pipe".

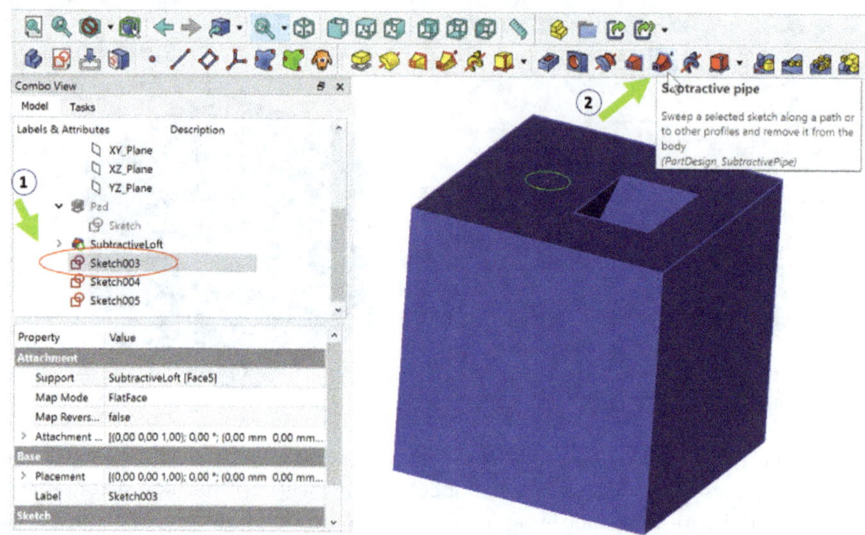

Nella vista combinata, possiamo premere il pulsante "Object" nell'area "Path" e selezionare il percorso nell'area del cubo. Il programma genera quindi l'anteprima della funzione.

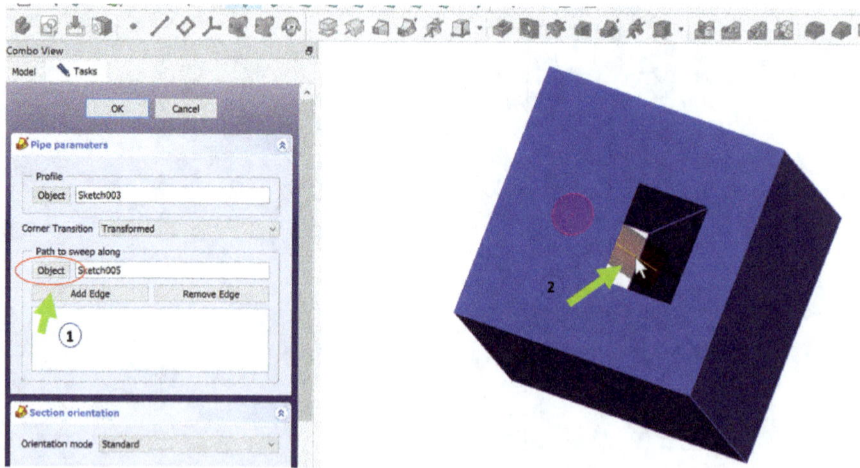

Confermiamo con "OK" e il comando di sottrazione viene eseguito.

Se spostiamo il mouse del PC sugli elementi creati nella struttura ad albero, possiamo vedere meglio il risultato dei due strumenti "Subtractive Loft" e "Subtractive Pipe".

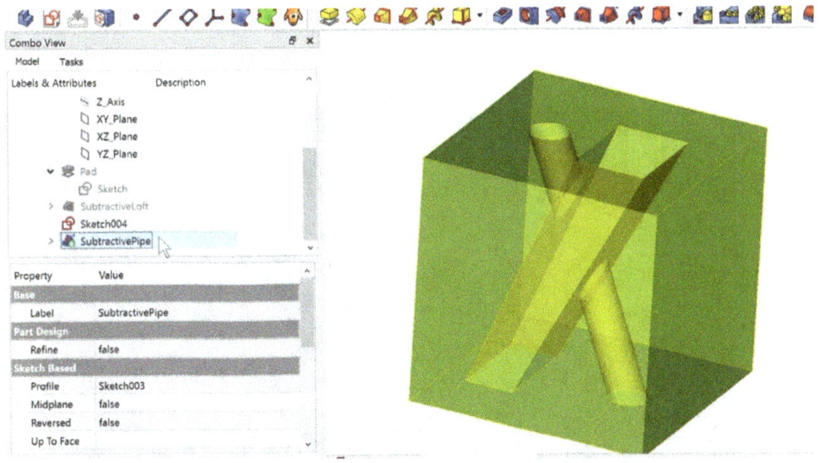

Eccellente! Ora conosci anche i comandi sottrattivi più importanti. È bello che siamo arrivati così lontano. Ora ci occuperemo di alcuni altri strumenti prima di passare ai progetti di costruzione. Rimani sintonizzato, ne varrà la pena!

3.4.3 Strumenti per il mirroring e la creazione di modelli

I due strumenti seguenti sono molto utili se vuoi ridurre il tempo e lo sforzo di progettazione. Con le funzioni "Mirrored" e "Linear Pattern" puoi specchiare le geometrie e creare modelli.

Lo strumento "Mirrored":

Puoi utilizzare questo strumento se vuoi duplicare uno o più oggetti di un componente specchiandoli su un piano. Diamo un'occhiata più da vicino. Ad esempio, creiamo un cuboide con una base di 30 mm x 60 mm e un'altezza di 10 mm.

L'oggetto che vogliamo specchiare dovrebbe essere un semplice foro. Per questo foro realizziamo uno schizzo sulla superficie superiore del cuboide. Ad esempio, il foro deve avere un diametro di 6 mm ed essere posizionato a 22 mm o 7 mm dall'origine.

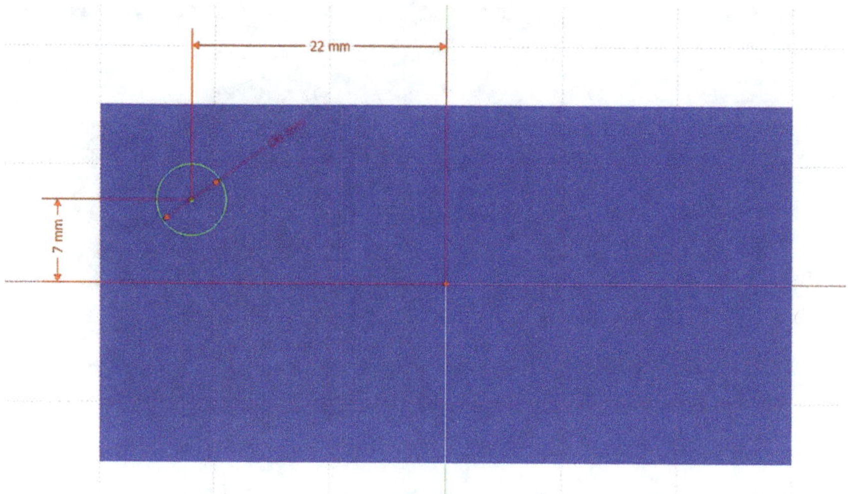

Una volta terminato lo schizzo, creiamo il foro con il comando "Hole".

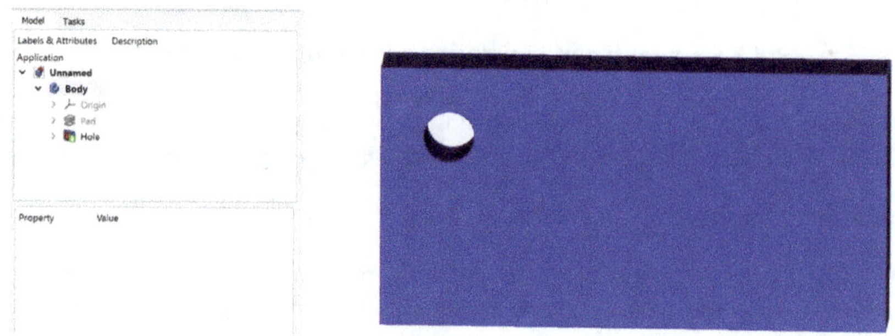

Per il comando "Mirrored" selezioniamo prima il foro ("Hole") nella struttura ad albero e poi clicchiamo sul comando nella barra degli strumenti. Il programma crea quindi un'anteprima dell'oggetto specchiato.

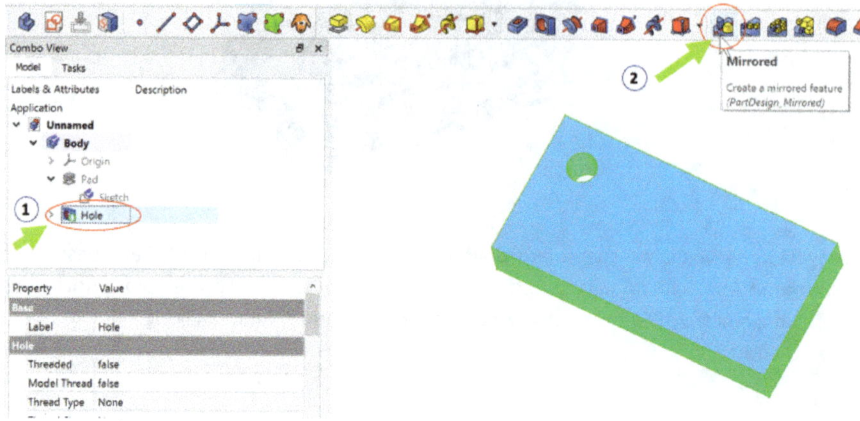

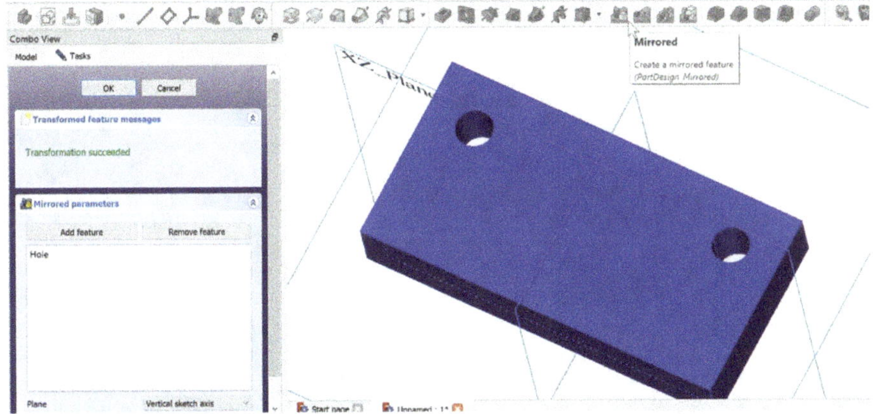

Come possiamo vedere, il foro è stato specchiato utilizzando il piano y-z. Se abbiamo bisogno di una specchiatura basata su un altro piano, ad esempio il piano x-z, possiamo farlo nella vista combinata con l'impostazione "Plane".

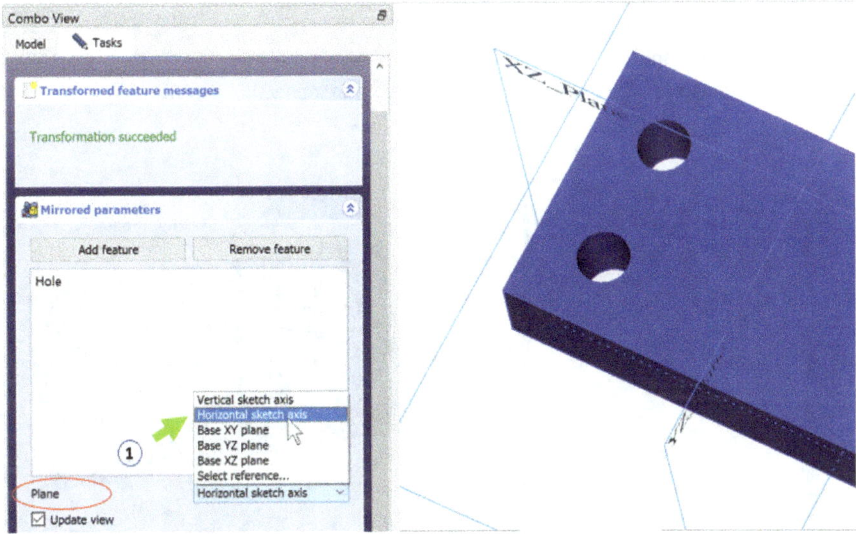

Se vogliamo specchiare più oggetti, ad esempio due o tre fori, basta selezionarli tenendo premuto il tasto CTRL prima di avviare il comando "Mirrored". Possiamo anche selezionare prima il comando "Mirrored" e poi aggiungere tutti gli oggetti desiderati con "Add feature" (vista combinata).

Lo strumento "Linear Pattern":

Con questo strumento possiamo creare un modello lineare, cioè possiamo moltiplicare gli oggetti con una distanza definita. Vediamo come funziona. Applichiamo questa funzione al cuboide appena creato. Per farlo, elimina il foro speculare selezionandolo nella struttura ad albero e premendo il tasto Rimuovi.

Quindi selezioniamo il primo foro nella struttura ad albero e clicchiamo sul comando "Linear Pattern".

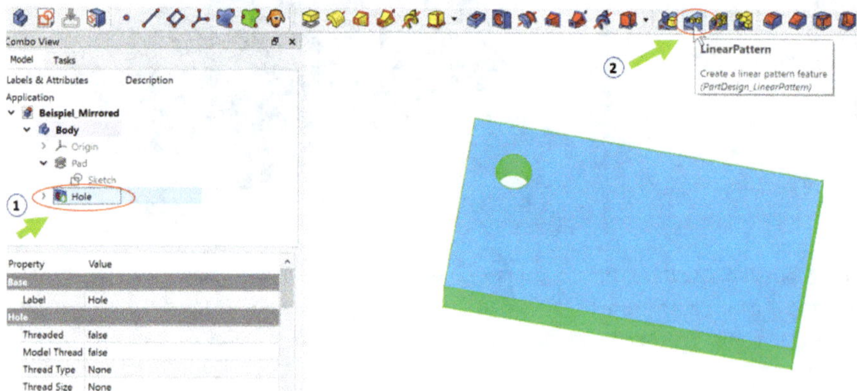

Ora dobbiamo riempire le impostazioni "Direction", "Length" e "Occurrences", che si trovano nella parte inferiore della vista di combinazione, con valori sensati.

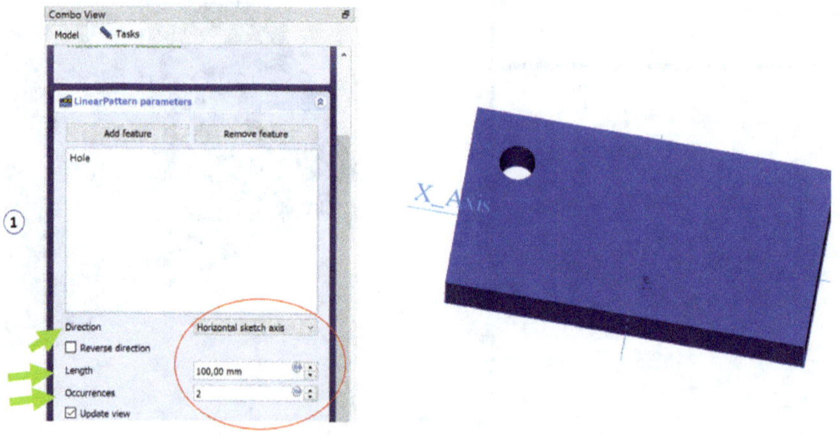

Con l'impostazione "Direction" puoi selezionare la geometria di riferimento a cui è orientato il modello lineare. Ad esempio, se selezioniamo l'asse x, il modello verrà creato lungo questo asse.

In "Length" inseriamo la distanza che vogliamo avere tra i singoli fori del modello, ad esempio 43 mm. E in "Occurrences" inseriamo il numero di fori che desideriamo, ad esempio quattro. A proposito: se è selezionata l'opzione "Update view", le modifiche vengono mostrate in anteprima. Questo è un ottimo aiuto per la scelta della distanza e del numero.

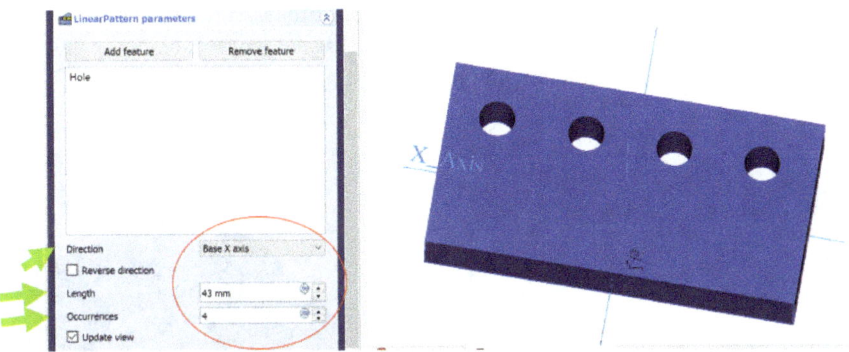

Analogamente allo strumento "Mirrored", anche qui possiamo cambiare la direzione del disegno. Per farlo, basta inserire un asse diverso, ad esempio l'asse y, in "Direction". Naturalmente, dovrai modificare anche la distanza tra i fori e il numero di fori.

3.4.4 Strumenti per la modellazione 3D avanzata

Per gli ultimi tre importanti strumenti dell'area di lavoro "Part Design" creiamo nuovamente un cubo i cui bordi hanno una lunghezza di 50 mm ciascuno.

Lo strumento "Fillet":

Potresti ricordare la funzione "Fillet" dell'area 2D. Proprio come in uno schizzo 2D, puoi anche limare i bordi dell'oggetto 3D. Per farlo, basta selezionare il bordo desiderato o più bordi desiderati. Ad esempio, selezioniamo tutti gli spigoli della faccia superiore del cubo (tieni premuto il tasto CTRL per una selezione multipla) e poi clicca sul comando "Fillet" nella barra degli strumenti.

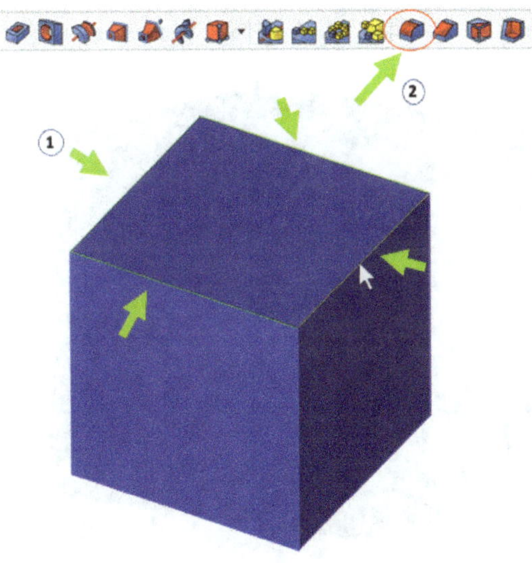

Nella vista combinata, puoi quindi impostare il raggio di raccordo desiderato nell'area inferiore, ad esempio 5 mm. Nell'area superiore puoi aggiungere altri bordi con il pulsante "Add" se necessario. Con "OK" vengono creati i filetti.

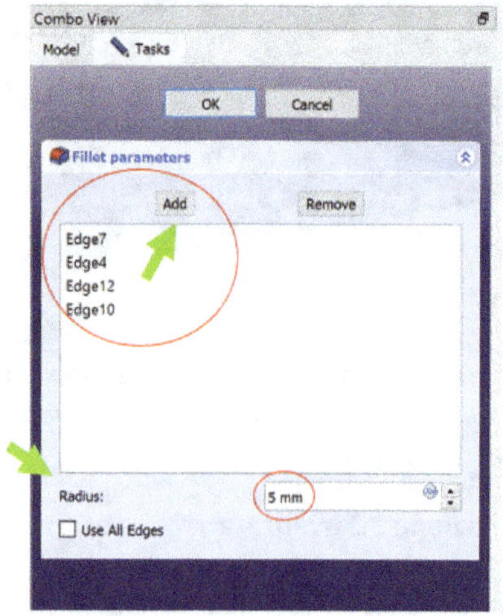

Lo strumento "Chamfer":

Con questo strumento puoi smussare un bordo invece di arrotondarlo. Ma questa è l'unica differenza rispetto allo strumento "Fillet". La procedura è identica. Seleziona lo spigolo desiderato, ad esempio uno spigolo della superficie inferiore del cubo, e poi clicca sul comando "Chamfer" nella barra degli strumenti.

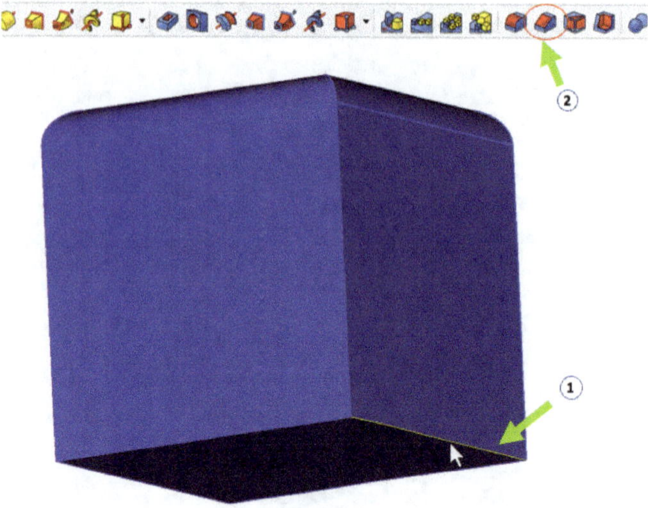

Nella vista combinata, puoi quindi effettuare le impostazioni desiderate.

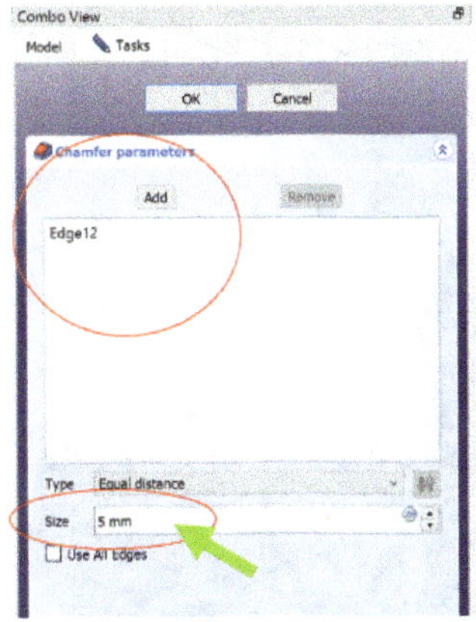

Lo strumento "Thickness":

Questo strumento è ideale se vuoi creare un corpo 3D scavato in modo rapido. In altri programmi CAD questo comando è spesso chiamato anche "Shell" o muro.

Per prima cosa cancelliamo le due caratteristiche "Fillet" e "Chamfer", in modo da avere di nuovo il nostro cubo come oggetto iniziale. In alternativa, possiamo semplicemente crearne uno nuovo.

Per eseguire il comando, clicca prima sulla faccia del cubo e poi seleziona lo strumento "Thickness" dalla barra degli strumenti.

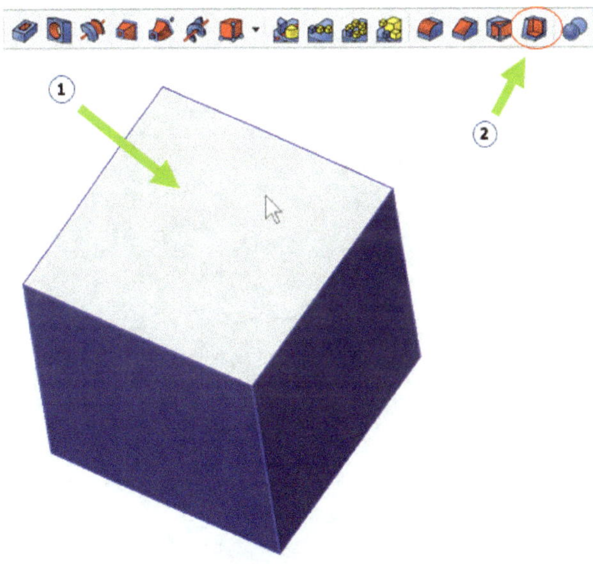

Poi ci viene mostrata un'anteprima. Nella vista combinata possiamo effettuare le impostazioni desiderate, ad esempio cambiare l'opzione "Thickness" in 5 mm e selezionare l'impostazione "Skin" per l'opzione "Mode". Inoltre, selezioniamo l'opzione "Join Type" e l'impostazione "Intersection".

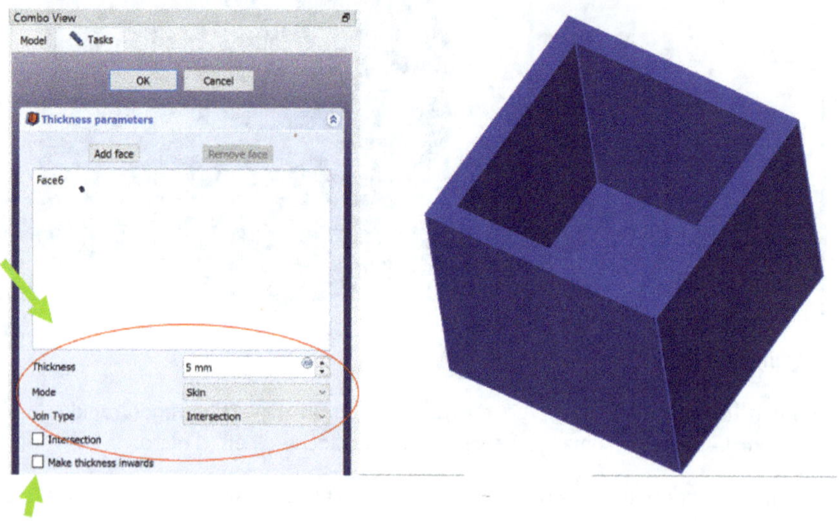

A proposito: se attivi l'opzione "Make thickness inwards" - che si trova nell'area inferiore - il muro non verrà aggiunto all'esterno ma all'interno. Provalo e vedrai la differenza.

4 Progetti di costruzione

4.1 Primo progetto: componente di fissaggio

Il primo oggetto da costruzione è un semplice componente di fissaggio. Può essere fissato con l'aiuto di due viti e viene utilizzato, ad esempio, per sostenere un asse. La seguente illustrazione mostra il modello 3D finale da diverse prospettive. Puoi vedere la parte anteriore del pezzo (in alto a sinistra), la vista dall'alto (in basso a sinistra), la vista laterale (in alto a destra) e la vista isometrica (in basso a destra).

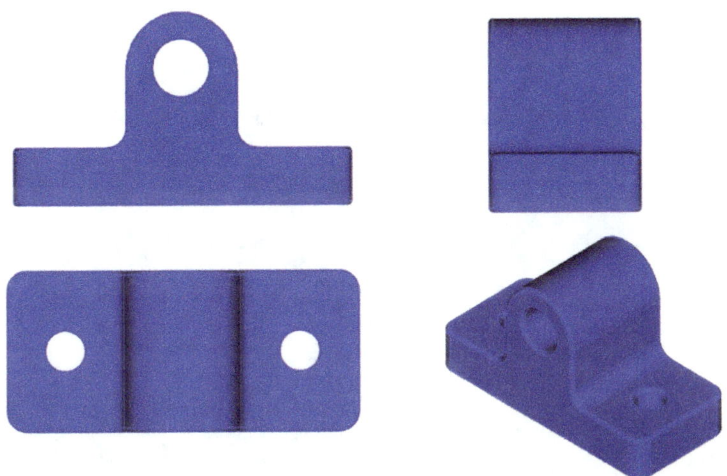

Per farlo, iniziamo un nuovo documento e passiamo all'area di lavoro "Part Design", come abbiamo imparato. Quindi, dopo aver creato un corpo con "Body", iniziamo uno schizzo su uno dei tre piani. Ad esempio, scegliamo il piano x-z. Perché il piano x-z? Perché su questo piano disegneremo la parte anteriore dell'oggetto come uno schizzo 2D, in modo che la vista "Front" del programma corrisponda anche a questa parte anteriore.

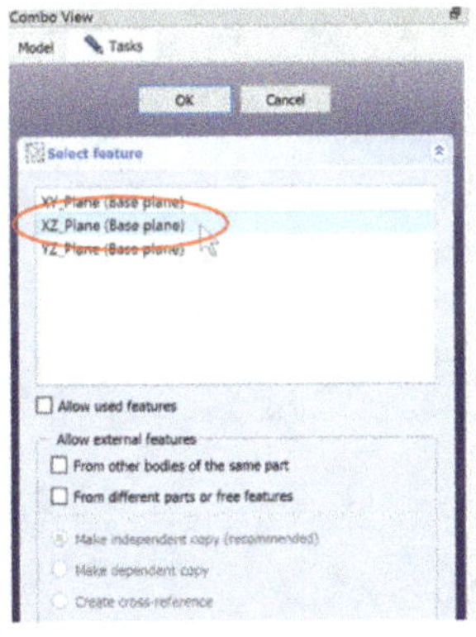

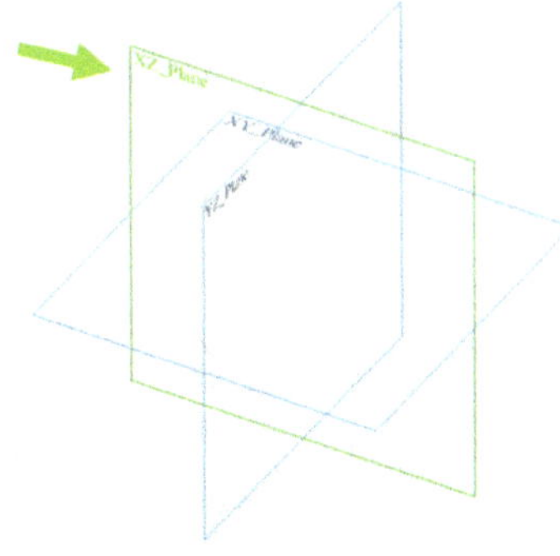

Ora disegniamo semplicemente come uno schizzo 2D la geometria che vediamo quando guardiamo l'oggetto dal davanti. Possiamo poi estrudere il tutto in tre dimensioni. Possiamo costruire la geometria 2D blocco per blocco.

Per prima cosa disegniamo un rettangolo ("Centered Rectangle") con una larghezza di 90 mm e un'altezza di 15 mm, il cui centro deve trovarsi nell'origine delle coordinate. Puoi anche aggiungere le dimensioni qui ("Constrain vertical distance" e "Constrain horizontal distance"). Poi rimuoviamo la linea superiore del rettangolo, poiché non ci serve. In alternativa, avremmo potuto semplicemente disegnare tre linee individuali.

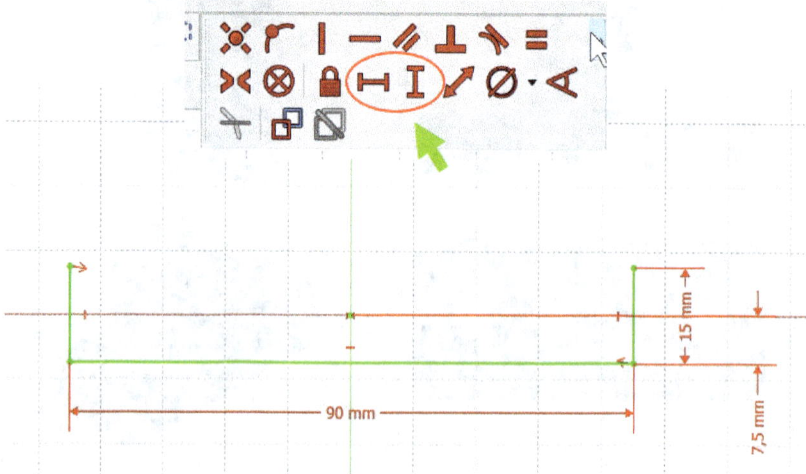

Poi aggiungiamo altre due linee orizzontali e due verticali. Dimensioniamo le linee orizzontali con 30 mm e le linee verticali con 20 mm.

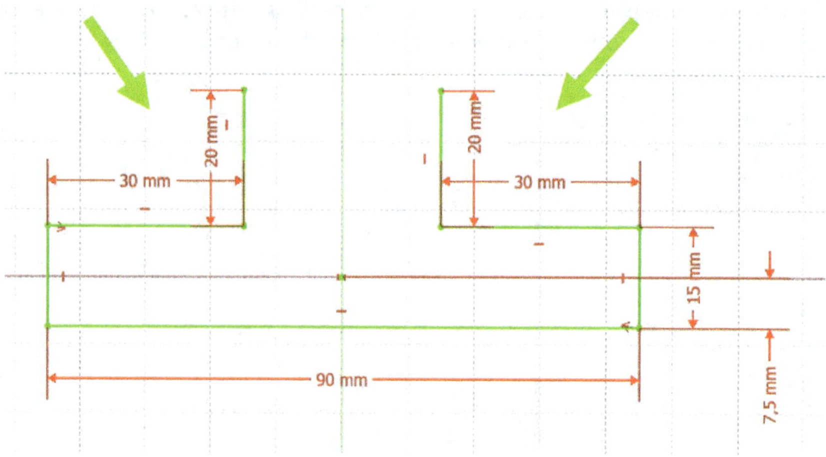

L'ultimo segmento della base è costituito da un semicerchio. Per questo selezioniamo un arco con il comando "End points and rim point". Selezioniamo uno dopo l'altro entrambi i punti d'angolo delle linee verticali e infine un punto qualsiasi dell'area superiore in modo da creare l'arco. Poi assegniamo un diametro di 30 mm al cerchio con "Constrain arc or circle".

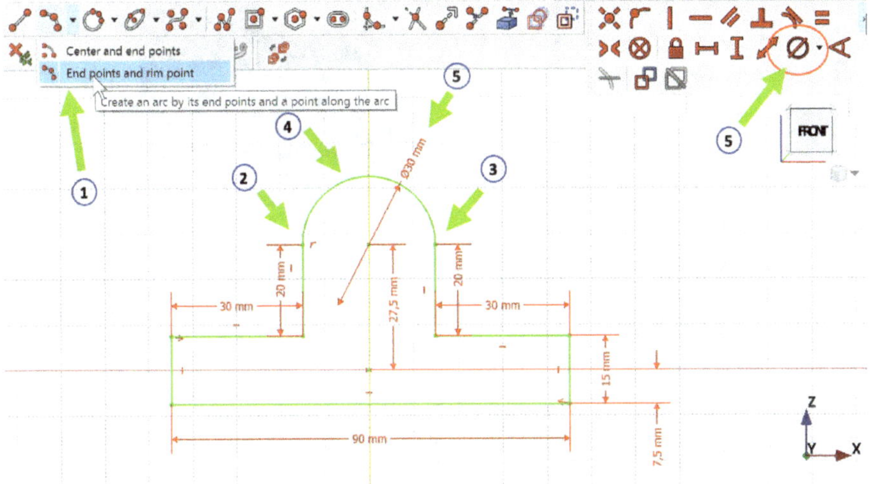

Affinché lo schizzo sia completamente definito, dobbiamo anche dimensionare la distanza dal centro dell'arco all'origine delle coordinate. La distanza deve essere di 27,5 mm, che può essere calcolata in base alle dimensioni esistenti.

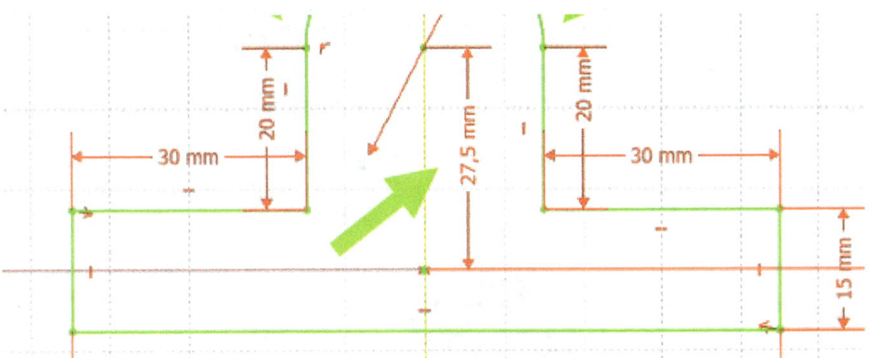

Nota: per un'estrusione tridimensionale è sempre necessaria una superficie singola e continua come schizzo 2D. Questo è ciò che abbiamo creato qui. Avremmo anche potuto costruire lo schizzo partendo da due rettangoli e un semicerchio - pensa ai mattoncini - ma in questo caso avremmo avuto due linee che dividevano la superficie in tre segmenti.

Ora possiamo chiudere lo schizzo e creare il componente 3D utilizzando la funzione "Pad". Abbiamo bisogno di una dimensione di 40 mm, ad esempio. Con l'impostazione "Type" possiamo lasciare "Dimension", quindi il componente viene estruso verso la parte anteriore. Il piano x-z si trova quindi sul retro del componente.

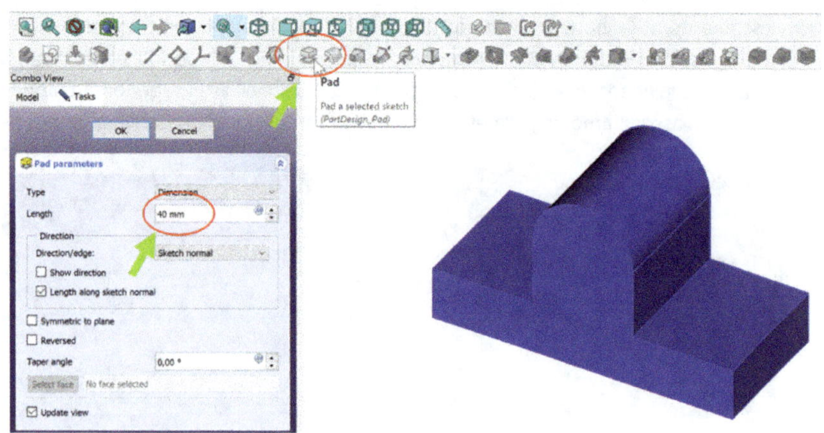

In alternativa, possiamo anche selezionare l'opzione "Two dimensions" e inserire 20 mm per lato, in questo modo il piano x-z si troverà esattamente al centro del componente.

Il passo successivo consiste nel creare il foro nella parte superiore del componente. Per farlo, dobbiamo iniziare un nuovo schizzo 2D sulla parte anteriore o posteriore del componente. Quindi crea un cerchio con un diametro di 15 mm il cui centro deve trovarsi sull'asse z (linea verticale). Per una definizione completa abbiamo bisogno di una dimensione nella direzione z, ad esempio 28 mm dal centro del cerchio all'origine delle coordinate.

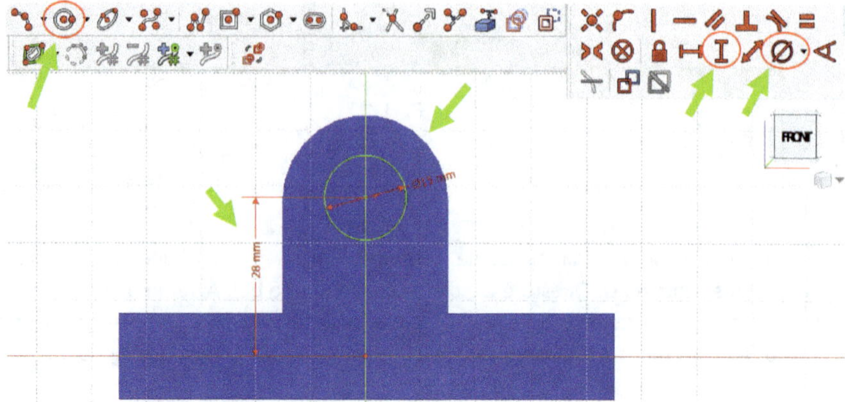

Potresti notare che avremmo potuto integrare questo passaggio direttamente nel primo schizzo 2D. Questo è corretto e ci avrebbe fatto risparmiare un po' di tempo.

Dopo aver chiuso lo schizzo, possiamo eseguire il foro con il comando "Pocket" o anche con il comando "Hole". In questo caso, entrambe le funzioni hanno lo stesso effetto. Se decidiamo di utilizzare il comando "Hole", dobbiamo inserire il diametro di 15 mm nell'impostazione "Diameter" e selezionare l'opzione "Through all" nell'impostazione "Depth".

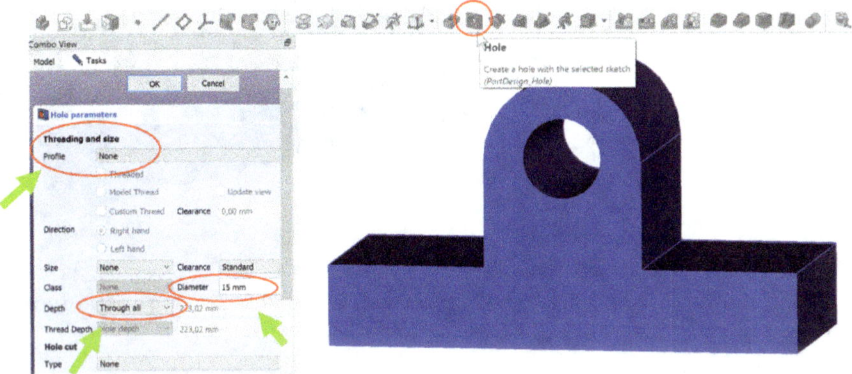

Per i due fori di fissaggio iniziamo uno schizzo sul lato inferiore dell'oggetto. Qui disegniamo due cerchi, ciascuno di 10 mm di diametro, i cui centri devono trovarsi sull'asse x (orizzontale). Dimensioniamo anche questi due cerchi con una distanza di 30 mm ciascuno dall'origine delle coordinate.

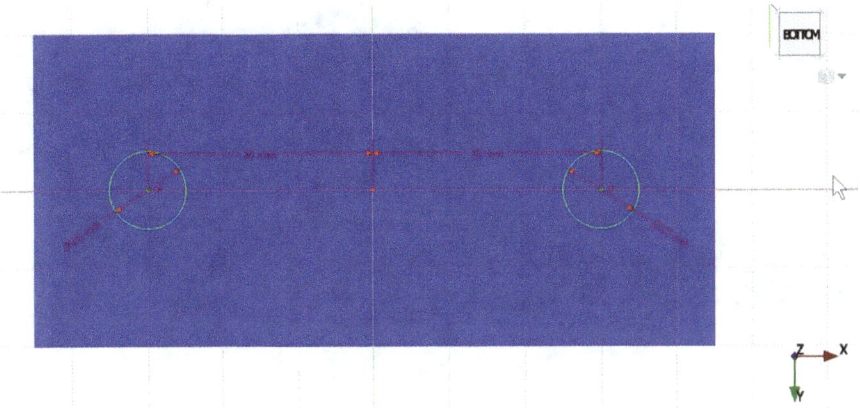

Dopo aver chiuso lo schizzo, utilizziamo nuovamente il comando "Hole". Dobbiamo selezionare le opzioni come mostrato.

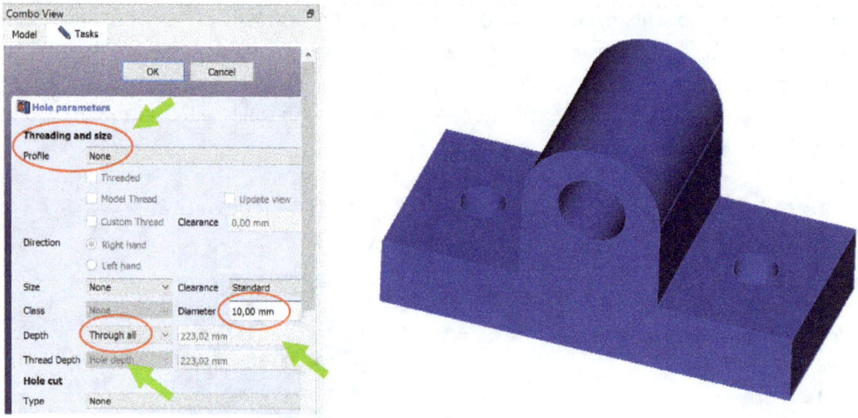

Nel frattempo, il nostro primo oggetto 3D è praticamente finito. Infine, possiamo arrotondare alcuni bordi con l'aiuto della funzione "Fillet". Sei libero di farlo da solo, secondo i tuoi desideri.

Ad esempio, possiamo arrotondare i seguenti bordi di 5 mm ciascuno.

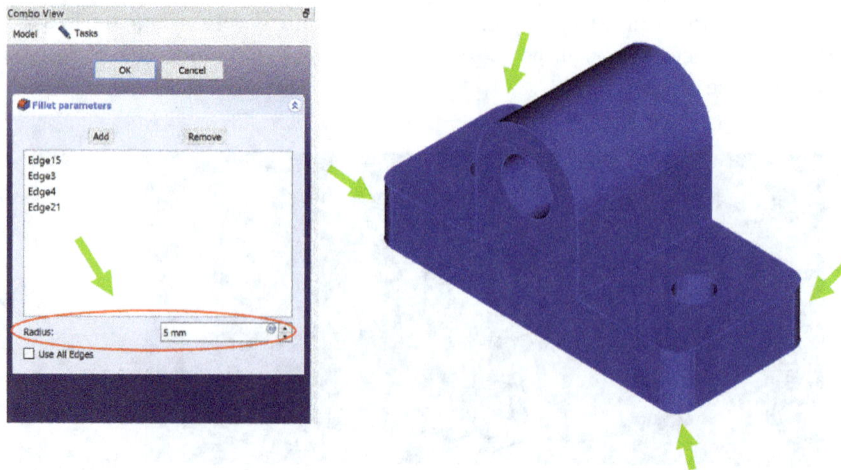

Possiamo anche arrotondare tutti gli altri bordi di 1 mm ciascuno. Per farlo, clicchiamo sulla faccia anteriore del pezzo, selezioniamo il comando "Fillet" e poi attiviamo l'opzione "Select all Edges".

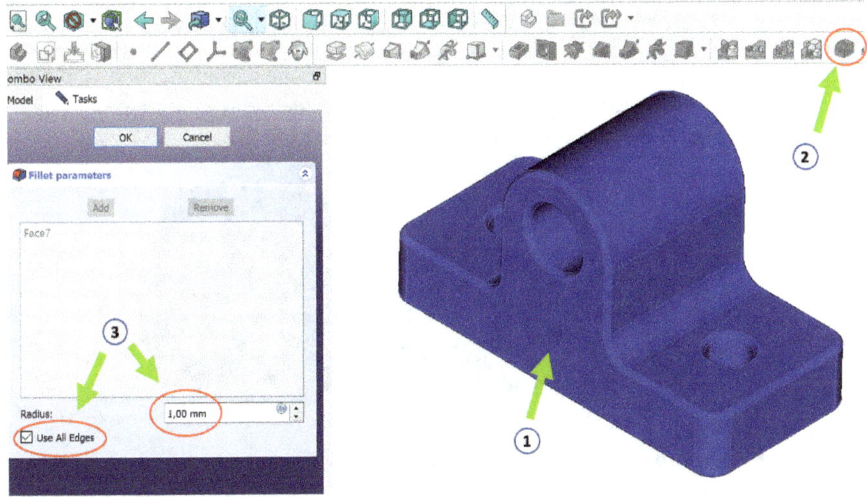

Se ora diamo un'occhiata finale alla struttura ad albero, troveremo tutti gli schizzi e i comandi di cui abbiamo bisogno o che abbiamo creato per questo oggetto. Cliccando con il tasto destro del mouse (o con un doppio clic) su di esso e selezionando "Edit" possiamo modificare nuovamente ogni elemento. Per una migliore visione d'insieme, possiamo anche cambiare le denominazioni, il che ha senso soprattutto per le costruzioni più complesse.

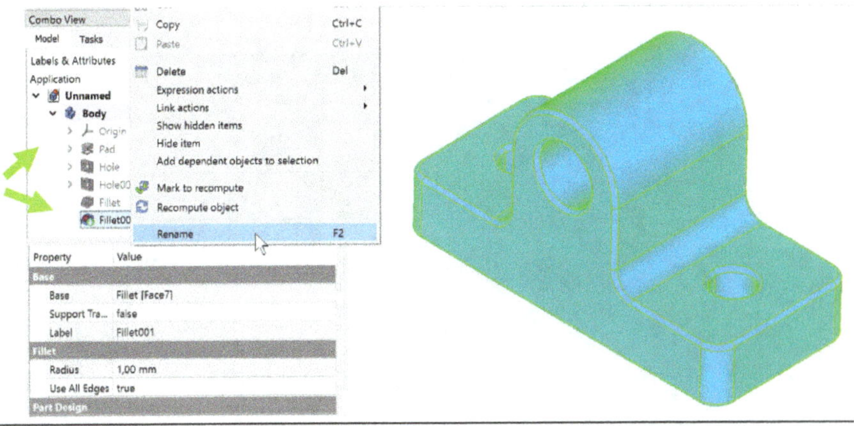

Importante: assicurati di salvare il pezzo, perché ci servirà di nuovo in seguito. Per farlo, basta cliccare su "Save as..." nella barra dei menu in corrispondenza di "File".

4.2 Secondo progetto: vite ad esagono cavo

In questo secondo progetto di design vogliamo progettare una vite ad esagono cavo M8 x 30 con filettatura a tutta lunghezza. Possiamo trovare le dimensioni su internet, su un libro di ingegneria meccanica o su un catalogo di ricambi standard.

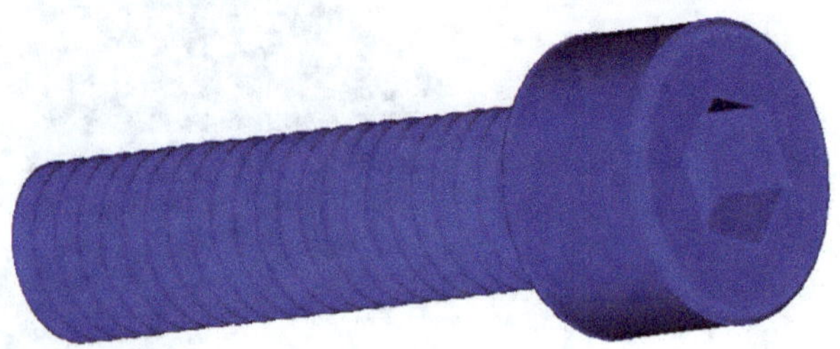

Possiamo costruire questa vite in due modi. In primo luogo, con l'aiuto di una o più estrusioni e, in secondo luogo, come parte tornita con l'aiuto della funzione "Revolution". Utilizzeremo quest'ultimo metodo perché è più veloce. Per farlo, abbiamo bisogno di una metà della sezione trasversale della vite. Puoi immaginare di tagliare la vite al centro. Dobbiamo disegnare una metà del profilo, che poi si vedrà. Per farlo, creiamo prima un nuovo documento, creiamo un corpo e poi uno schizzo sul piano x-z.

Su questo piano tracciamo una linea orizzontale lunga 3,23 mm il cui punto di partenza deve essere l'origine delle coordinate. Colleghiamo ad essa una linea verticale lunga 30 mm.

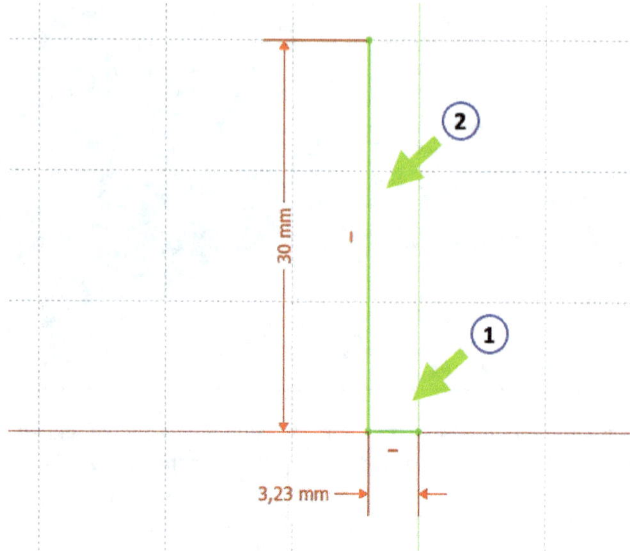

Per la testa abbiamo bisogno di una linea orizzontale di 3,267 mm, una linea verticale di 8 mm e un'altra linea orizzontale di 6,5 mm. Infine, colleghiamo il punto superiore a quello inferiore con una linea verticale in modo che il profilo sia completamente chiuso.

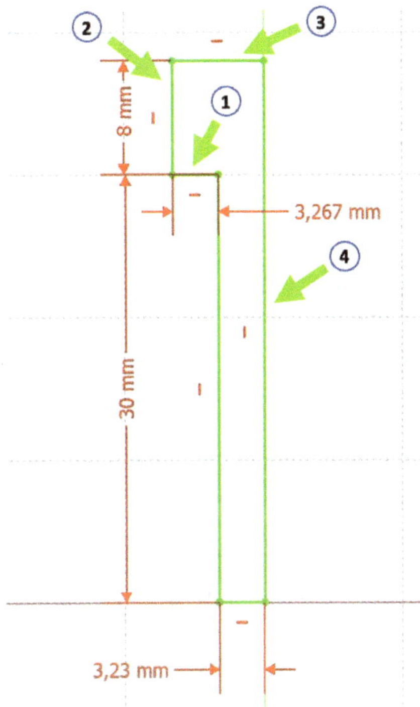

Come puoi vedere dal colore verde, anche il profilo è completamente definito. Presta sempre attenzione a questo aspetto. Questo profilo è ora la metà della sezione trasversale della vite. Dopo aver completato lo schizzo, possiamo ruotare il profilo intorno a un asse in modalità 3D e creare così il corpo di base.

Per farlo, assicurati che lo schizzo sia selezionato nella struttura ad albero e poi clicca sulla funzione "Revolution".

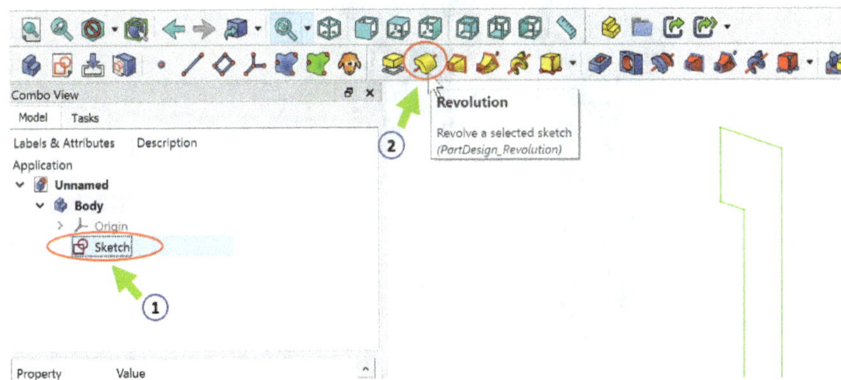

Il programma seleziona automaticamente l'asse di rotazione e crea un'anteprima dell'oggetto 3D.

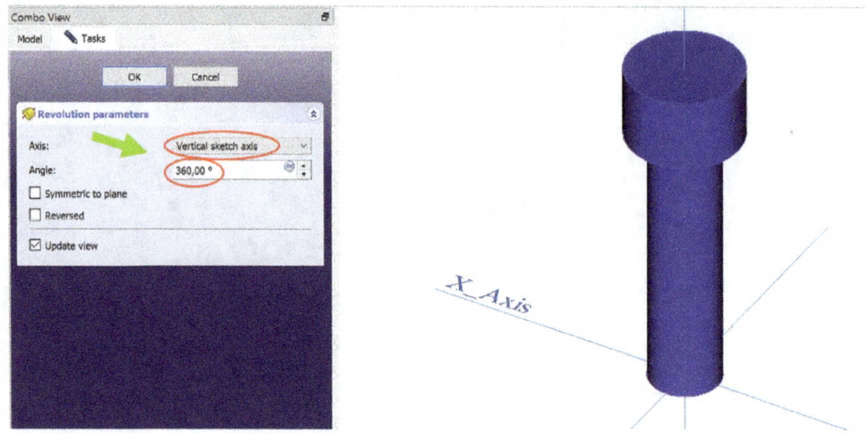

Sembra buono! Possiamo lasciare "Vertical sketch axis" come asse di rotazione. In alternativa, possiamo anche selezionare l'asse z.

Nel frattempo è stato creato il corpo base della vite. Il thread non è ancora disponibile.

Prima di creare il filo, aggiungiamo i filetti ("Fillet"). Arrotondiamo i bordi della testa con 0,5 mm ciascuno. Per farlo, basta selezionare le superfici superiore e inferiore della testa (tieni premuto il tasto CTRL per una selezione multipla) e poi clicca sulla funzione "Fillet".

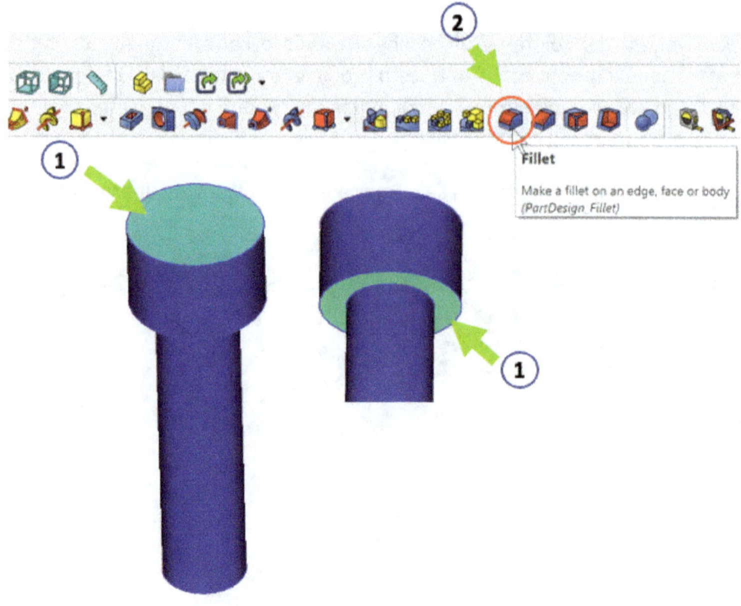

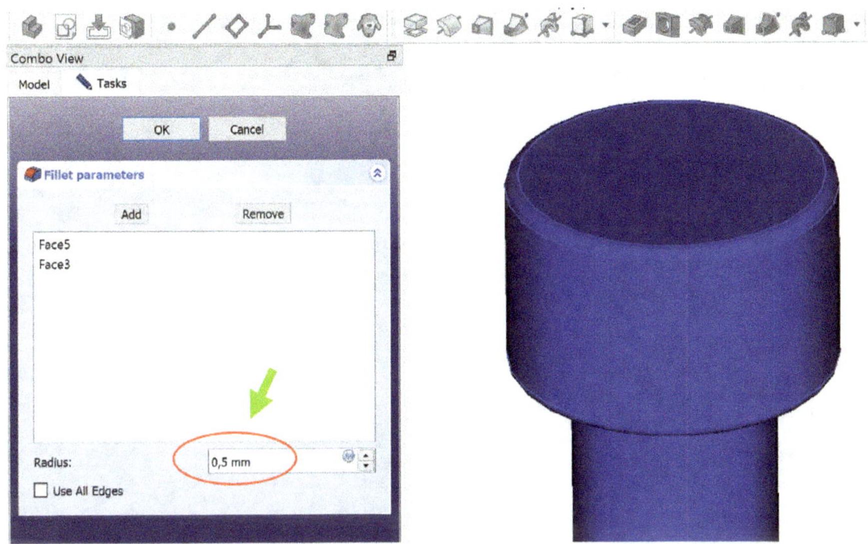

Nella fase successiva ci dedichiamo al filo. Per non dover disegnare da soli il profilo del filo, installiamo un componente aggiuntivo chiamato "ThreadProfile". Per installarlo, dobbiamo cliccare su "Addon Manager" nel menu "Tools". Possiamo fare clic sulla finestra successiva con "OK".

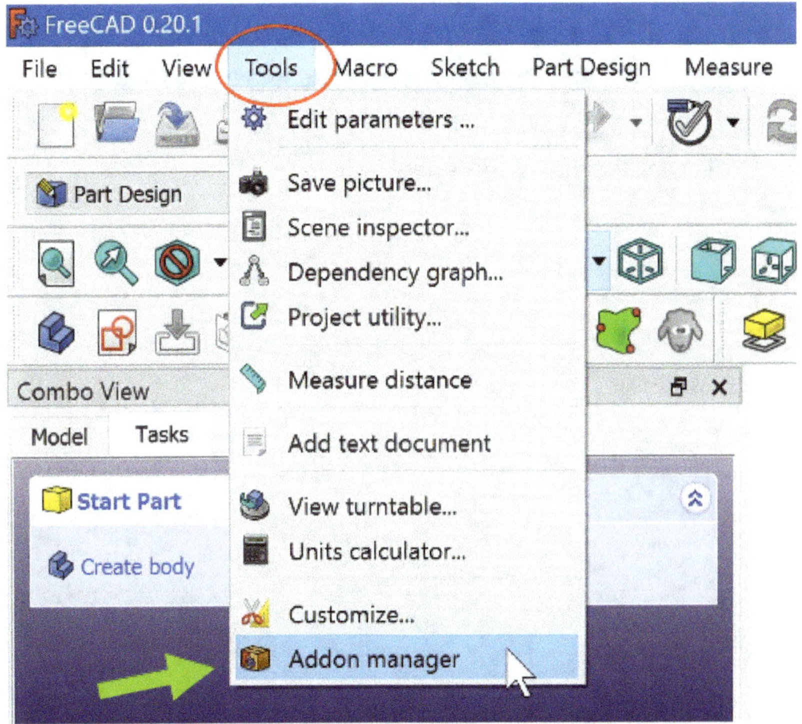

Ci troviamo quindi in "Addon Manager", in cui cerchiamo "ThreadProfile".

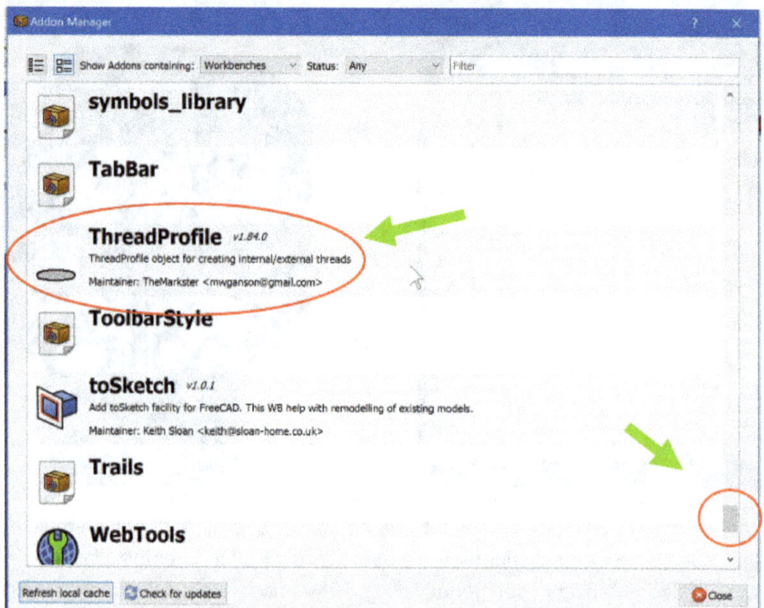

Dopo aver cliccato sul componente aggiuntivo, possiamo installarlo nella finestra successiva cliccando su "Install".

Successivamente possiamo chiudere nuovamente "Addon Manager". Il componente aggiuntivo installato si trova nel menu a discesa degli spazi di lavoro. Selezioniamo "ThreadProfile".

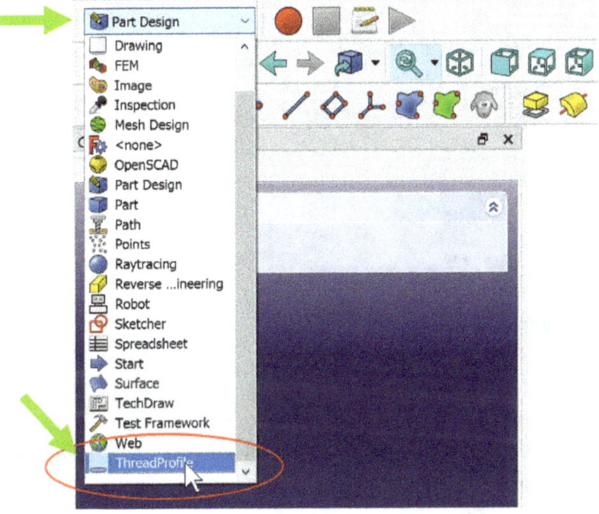

Poi le funzioni del componente aggiuntivo appariranno nella barra degli strumenti. Per creare la filettatura, selezioniamo innanzitutto il comando "Create V thread profile".

Nell'area inferiore della vista combinata appaiono le opzioni di impostazione. Qui possiamo selezionare la filettatura desiderata, ad esempio una normale filettatura M8 con passo 1,25 ("M8 coarse 1.25") con l'impostazione "Presets". Assicurati di <u>non</u> selezionare una filettatura fine (è necessario "coarse" invece di "fine").

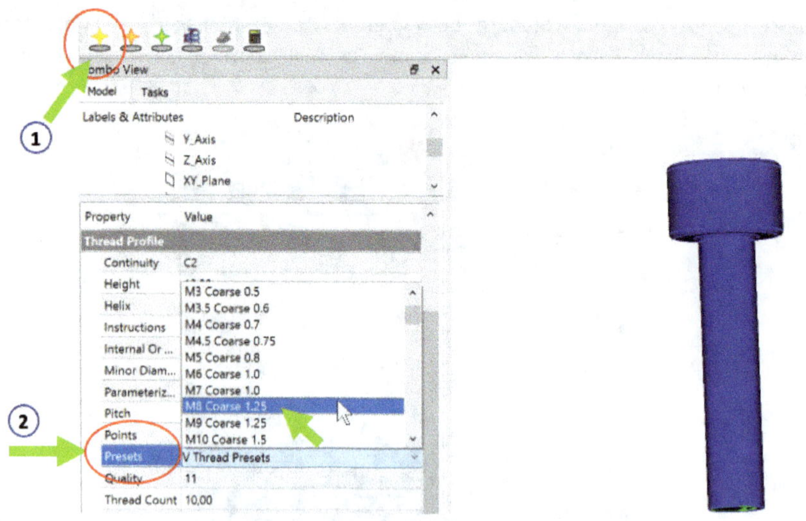

Tutti i valori richiesti sono stati aggiunti automaticamente da questo componente aggiuntivo. L'unico valore che dobbiamo ancora modificare è la lunghezza del filo. Lo facciamo con l'impostazione "Height". Abbiamo bisogno di 30 mm.

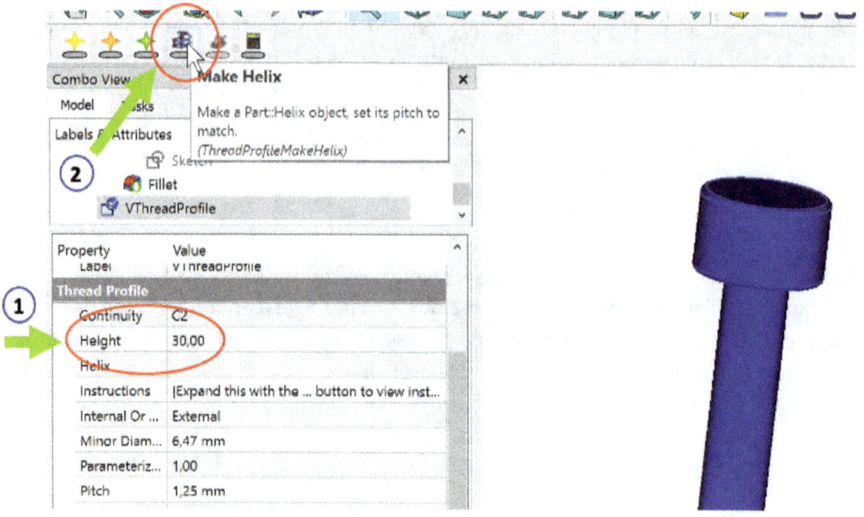

Ora possiamo creare il filo cliccando su "Make Helix" per creare il percorso a spirale del filo.

Quindi selezioniamo il profilo "VThreadProfile" e la spirale "Helix" nella struttura ad albero (tasto CTRL) e poi clicchiamo su "Do Sweep".

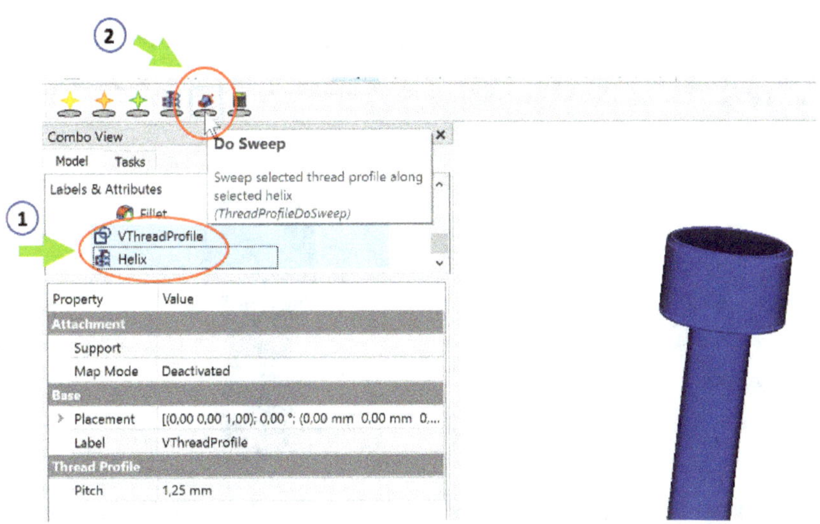

Poi ci vuole un po' di tempo e alla fine il thread viene creato. Perfetto!

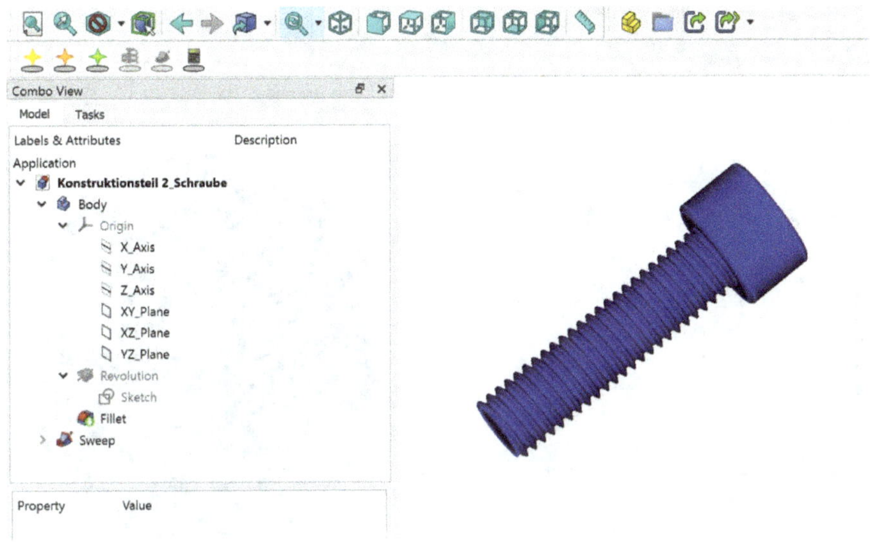

Ora la vite è quasi pronta! L'unica cosa che manca è il profilo dell'esagono incassato, che ci serve per tenere l'utensile. Per farlo, dobbiamo prima tornare all'area di lavoro "Part Design".

Poi creiamo un foro sulla superficie superiore della testa della vite selezionando la superficie superiore e il comando "Hole". In questo caso, non è necessario fare uno schizzo 2D perché il foro deve essere esattamente al centro. Il programma può farlo automaticamente.

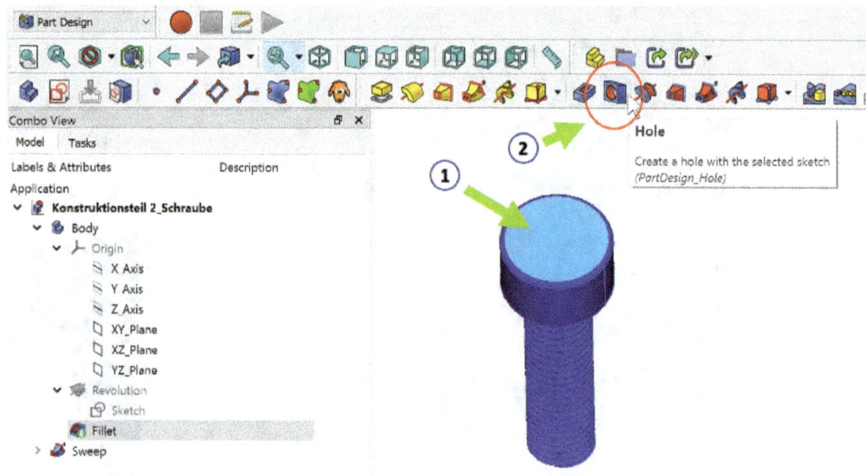

Il foro deve essere profondo 4 mm e avere un diametro di 6 mm. Dopo aver inserito questi valori nelle impostazioni, confermiamo con "OK".

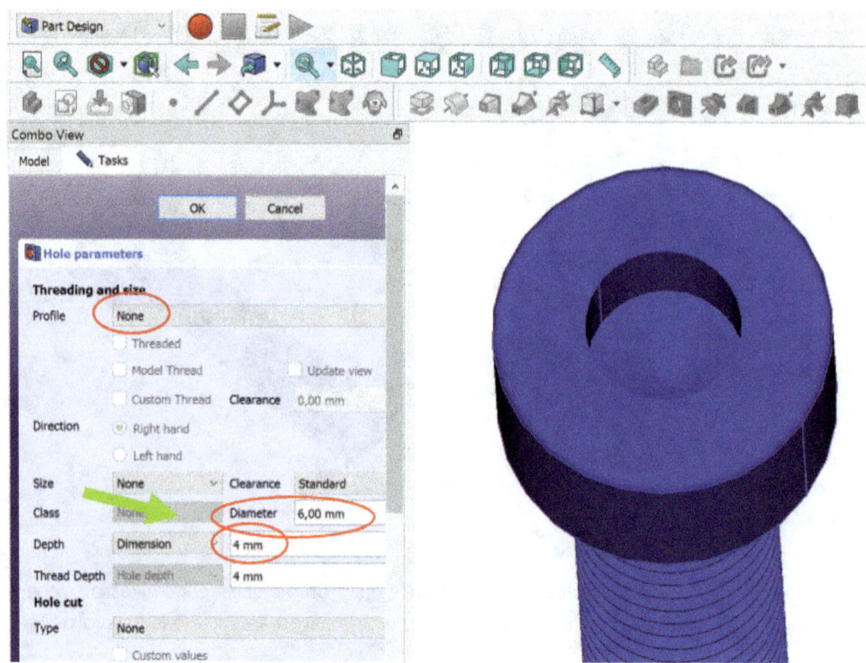

Nella fase successiva creiamo il profilo dell'esagono incassato. Per farlo, facciamo uno schizzo sulla superficie superiore della testa della vite. Per il profilo disegniamo un poligono. Abbiamo bisogno di sei lati perché vogliamo disegnare un esagono.

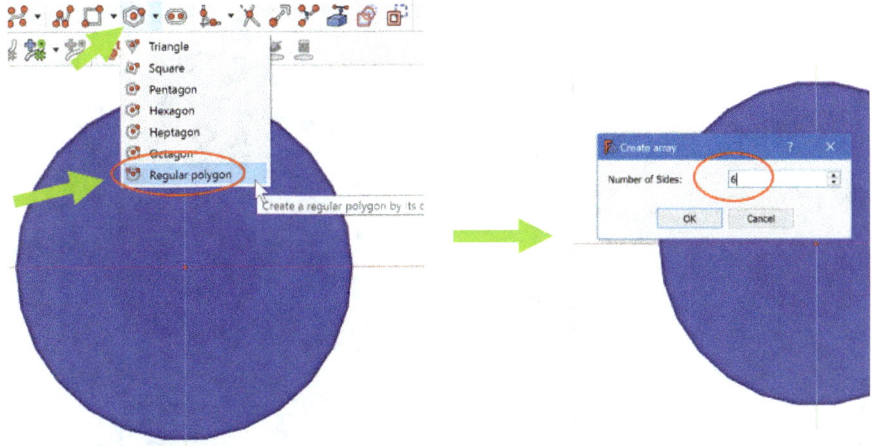

Impostiamo il centro del poligono sull'origine delle coordinate. Poi dobbiamo cliccare ancora una volta sul piano e il poligono verrà creato.

Nel passo successivo dimensioniamo il cerchio esterno del poligono con un diametro di 6,93 mm e posizioniamo un punto d'angolo dell'esagono sull'asse x orizzontale con il comando "Constrain point onto object". A questo punto il profilo è completamente definito e possiamo chiudere lo schizzo.

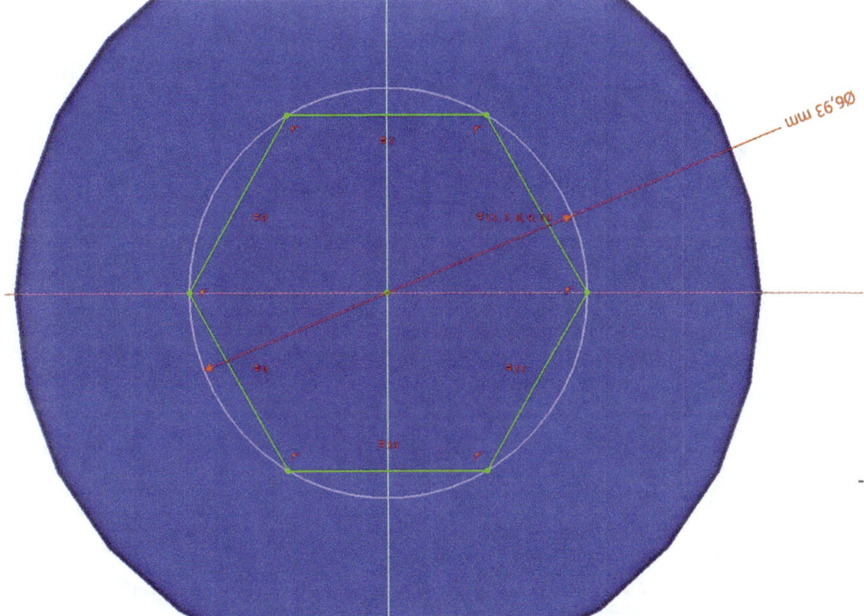

Quindi selezioniamo la funzione "Pocket" dall'area dei comandi sottrattivi e creiamo un taglio di 4 mm di lunghezza.

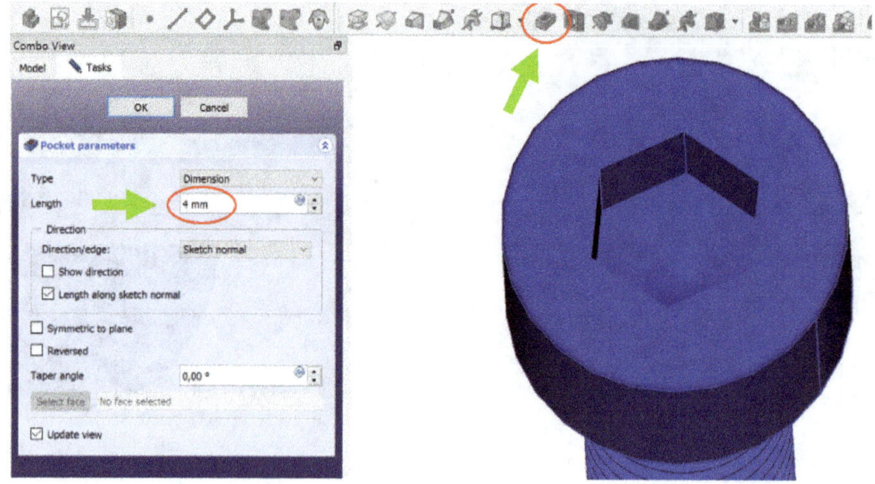

Perfettamente realizzato! Ora la vite a brugola è pronta! **Assicurati di salvarlo, perché ci servirà di nuovo in seguito.** È fantastico che tu sia già arrivato a questo punto. Passeremo subito al progetto successivo.

4.3 Terzo progetto: Tazza con maniglia

In questo capitolo vogliamo costruire una tazza comprensiva di manico. Costruiremo prima la forma di base, cioè la tazza senza manico, e poi aggiungeremo il manico.

Per prima cosa iniziamo - in un nuovo documento - uno schizzo sul piano x-y e creiamo un cerchio. Il diametro del cerchio può essere, ad esempio, di 90 mm, il centro deve trovarsi sull'origine del sistema di coordinate in modo che lo schizzo sia completamente definito.

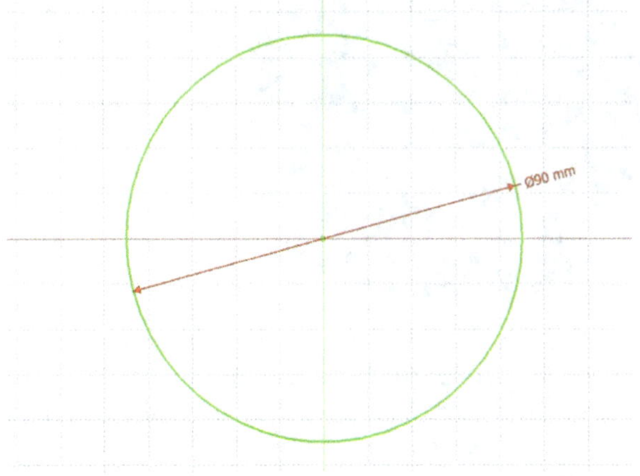

Dopo aver chiuso lo schizzo, possiamo creare un cilindro di 80 mm utilizzando la funzione "Pad".

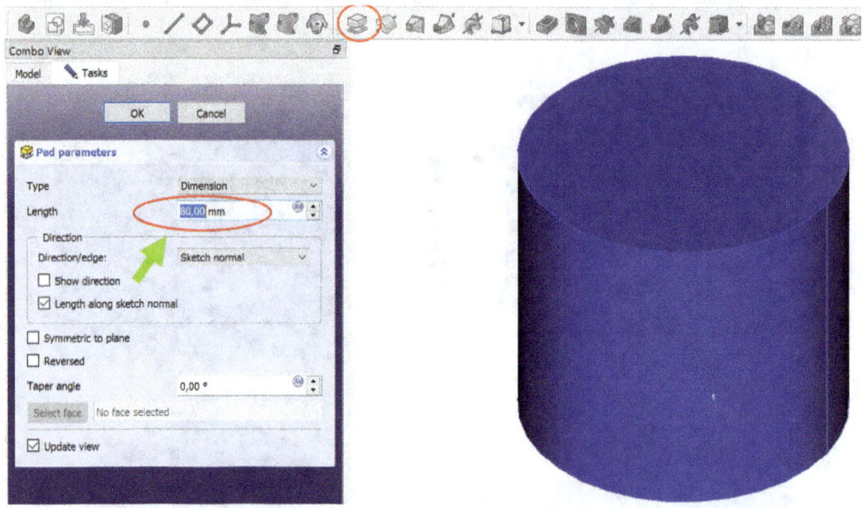

Per creare una tazza dal cilindro, utilizziamo la funzione "Thickness". Per farlo, clicca prima sulla superficie superiore del cilindro e poi sulla funzione nella barra degli strumenti.

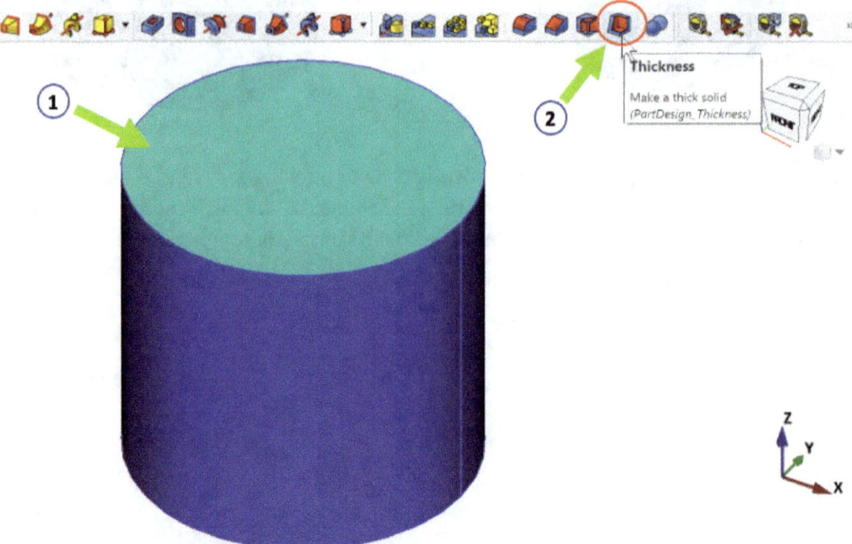

Nelle impostazioni della vista combinata determiniamo lo spessore della parete, ad esempio 5 mm. Cambiamo anche l'impostazione "Join Type" con l'opzione "Intersection" e attiviamo l'opzione "Make thickness inwards" in modo da non modificare il diametro della tazza. Se non attiviamo questa opzione, il muro verrà aggiunto all'esterno e la tazza diventerà più grande. Ma noi non vogliamo questo.

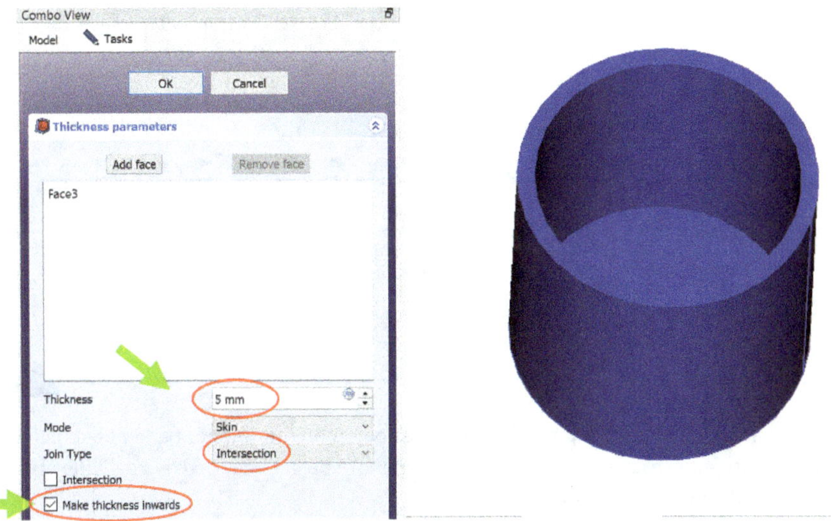

Inoltre, nell'albero della struttura (vista combinata e scheda "Model") possiamo vedere l'avanzamento della costruzione con le singole caratteristiche. Come possiamo vedere qui, abbiamo creato uno schizzo per il comando "Pad" e poi abbiamo applicato il comando. Il programma ha quindi spostato automaticamente lo schizzo sul comando "Pad". Questo è seguito dal comando "Thickness". Quando selezioniamo una caratteristica nella struttura ad albero, possiamo modificarla, rinominarla o eliminarla.

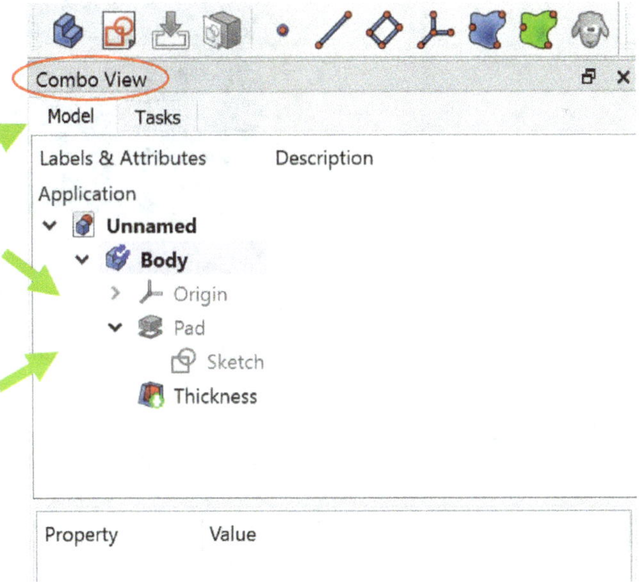

Ora abbiamo la forma di base della tazza. Per il manico abbiamo bisogno di un piano parallelo al bordo della tazza, in modo che il manico sia un po' più basso del bordo della tazza. Creiamo un nuovo piano con il comando "Create Datum Plane" dalla barra degli strumenti.

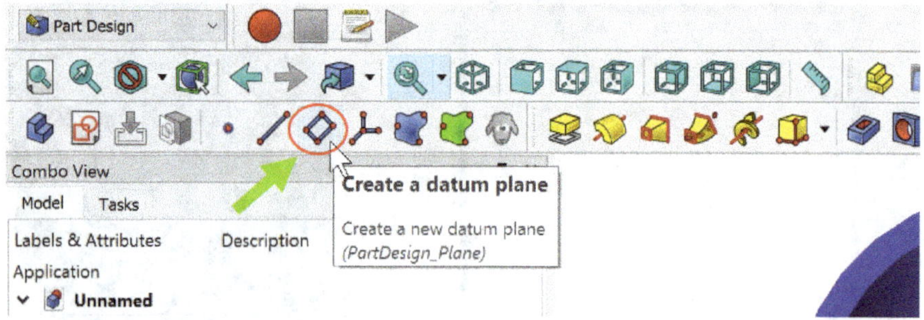

Clicchiamo sul comando e poi dobbiamo selezionare un riferimento per il nuovo piano. Nel nostro caso, questo riferimento è il bordo superiore della tazza, perché vogliamo creare un piano parallelo a questa superficie.

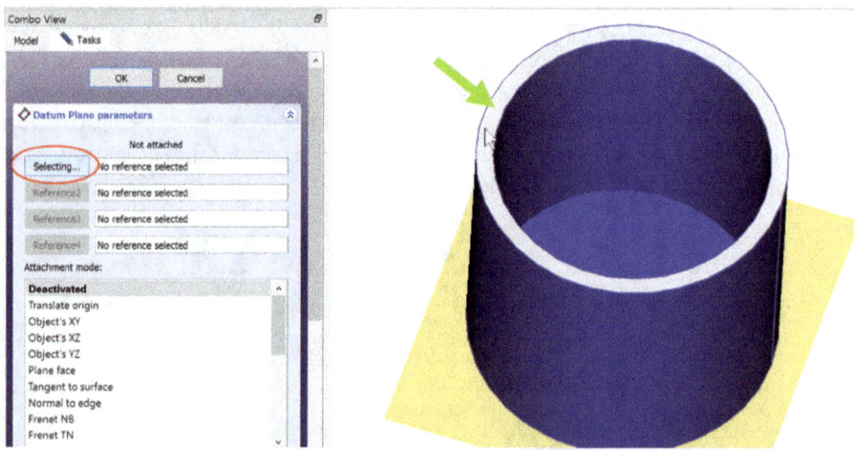

Nell'area inferiore delle impostazioni della vista combinata possiamo quindi inserire l'offset desiderato.

Abbiamo bisogno di -15 mm nella direzione z perché vogliamo creare il piano 15 mm sotto il bordo della tazza.

Per questo dobbiamo muoverci nella direzione negativa dell'asse z, da cui il segno meno. Confermiamo quindi con "OK" e troviamo il piano parallelo nell'albero della struttura.

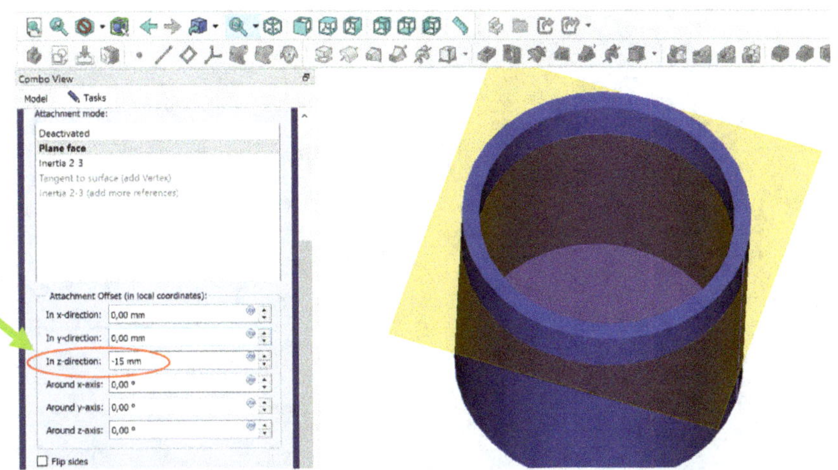

Quindi crea uno schizzo su questo livello selezionando il livello nella struttura ad albero e cliccando sul comando "Create Sketch" come di consueto.

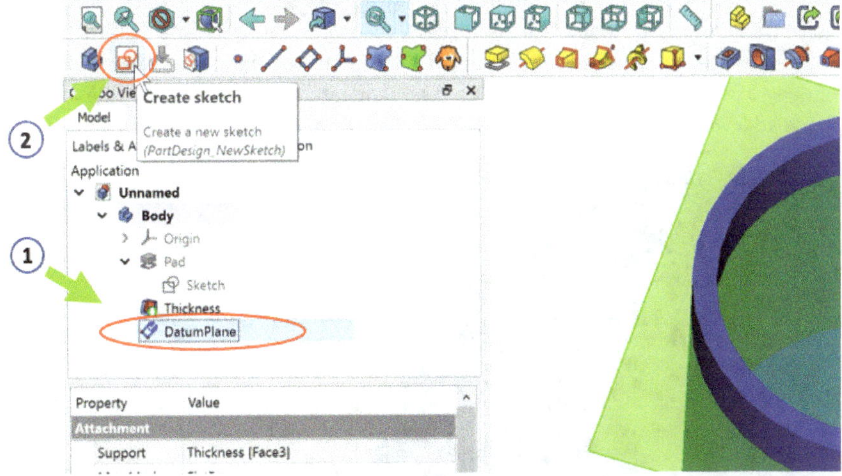

Su questo livello disegniamo ora lo schizzo della nostra maniglia. Per questo abbiamo bisogno di un rettangolo, che disegniamo a destra della tazza.

Il rettangolo deve avere le dimensioni di 20 mm x 30 mm e posizionarsi al centro dell'asse x, quindi dimensioniamo uno degli angoli superiori o inferiori del rettangolo con 10 mm rispetto all'origine delle coordinate.

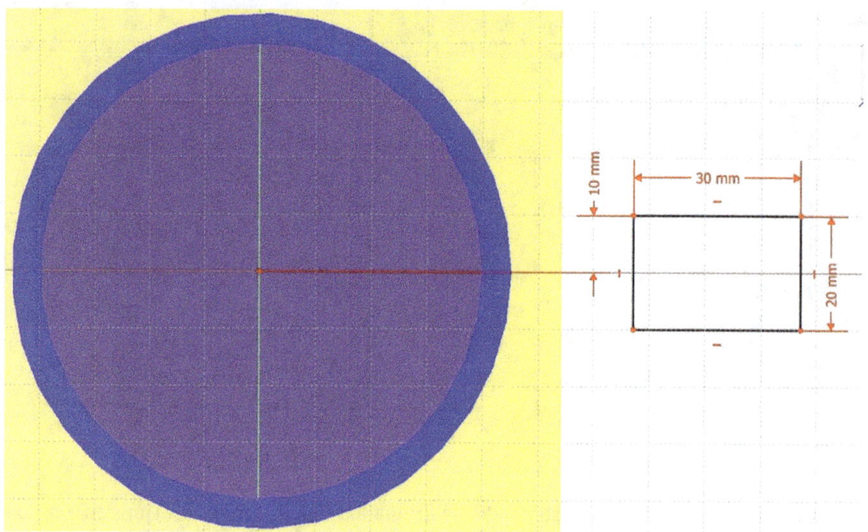

Per il corretto posizionamento della maniglia in direzione x, aggiungiamo infine una dimensione di 43,5 mm tra il rettangolo e l'origine delle coordinate. Abbiamo bisogno di questa dimensione in modo che il rettangolo si collochi un po' all'interno della tazza. Questo è necessario perché altrimenti i bordi del manico non si fonderanno con il bordo della tazza. In questo caso, l'elemento viene aggiunto all'elemento cilindrico di base, cioè la tazza, in modo additivo.

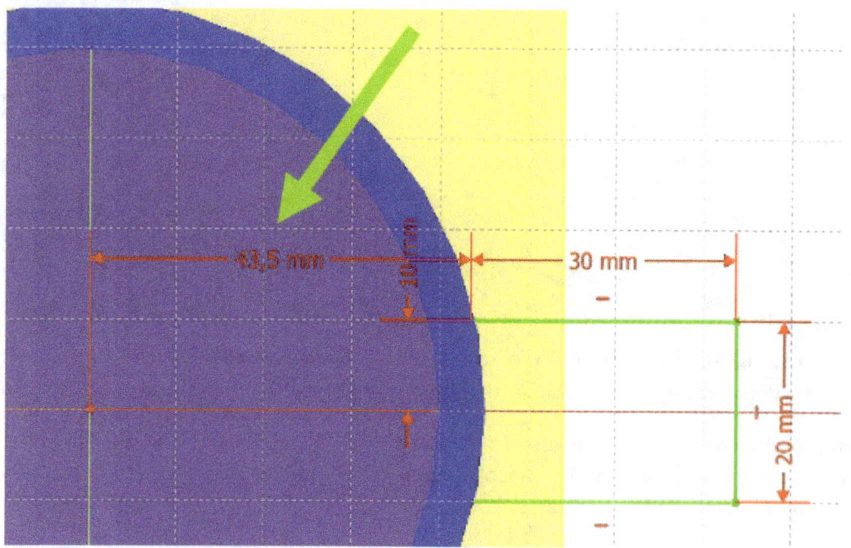

Ora possiamo chiudere lo schizzo e poi estrudere la maniglia utilizzando la funzione "Pad". È importante attivare l'opzione "Reversed" nelle impostazioni in modo che la maniglia venga estrusa verso il basso (direzione negativa dell'asse z). La dimensione può essere, ad esempio, di 50 mm.

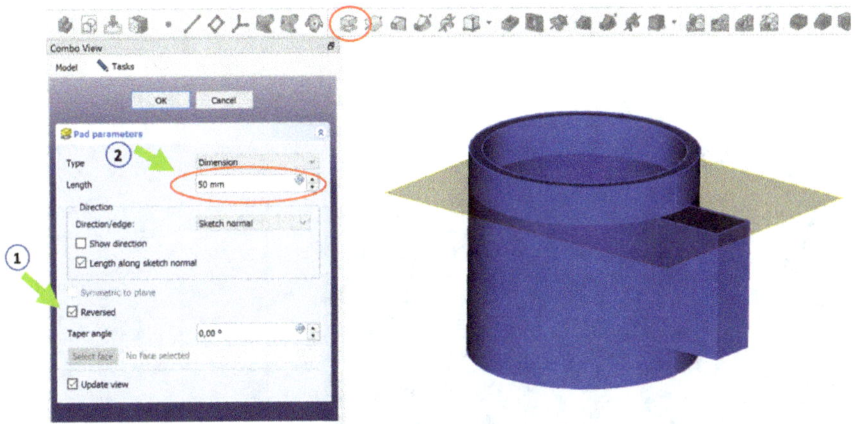

Ora abbiamo bisogno di un altro foro per la maniglia. Per farlo, iniziamo un nuovo schizzo sulla superficie anteriore della maniglia. Clicca sulla superficie e seleziona il comando "Create sketch".

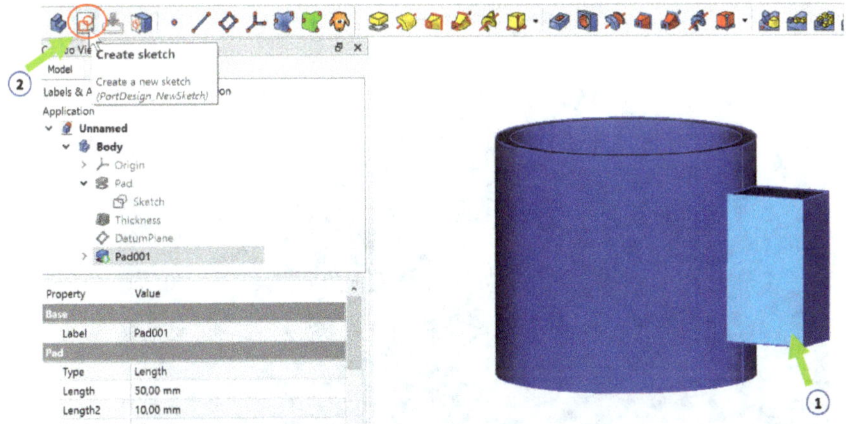

Disegna un rettangolo di 20 mm di larghezza e 40 mm di altezza da un punto centrale qui a destra della maniglia ("Centered Rectangle") e aggiungi una dimensione di 40 mm dal centro del rettangolo all'origine delle coordinate per definire la posizione verticale del rettangolo.

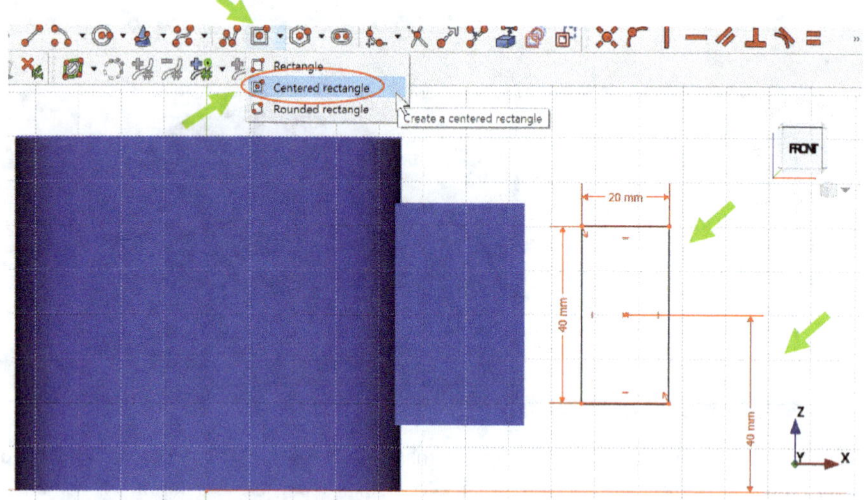

Quindi aggiungiamo una dimensione di 59 mm in direzione orizzontale per ottenere la posizione corretta del rettangolo in direzione x.

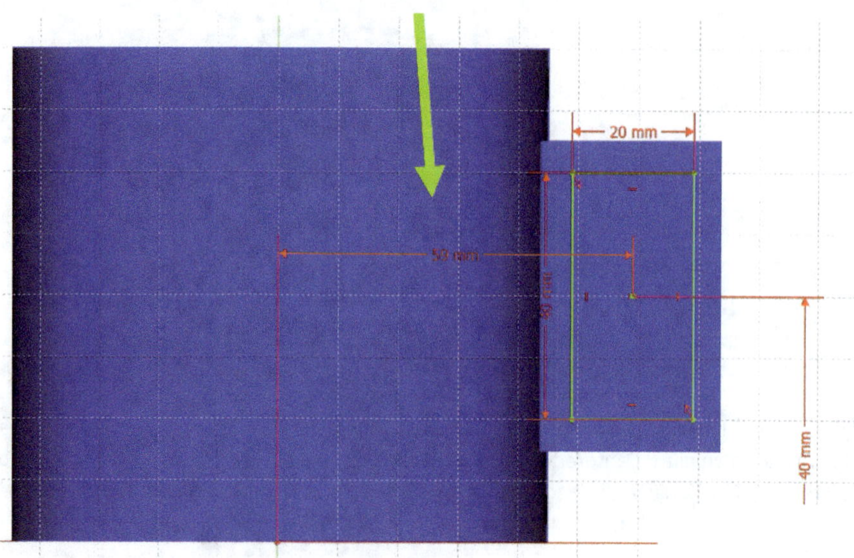

A proposito: se non sai perché uno schizzo non è ancora completamente definito (colore verde), puoi anche semplicemente tirare una volta sulla geometria abbozzata per vedere in quale direzione sono ancora possibili i movimenti.

Possiamo quindi chiudere lo schizzo. Poi possiamo creare una sezione in modalità 3D utilizzando la funzione "Pocket". Per una sezione che attraversa completamente il materiale, selezioniamo l'opzione "Through all" nella vista combinata con l'impostazione "Type".

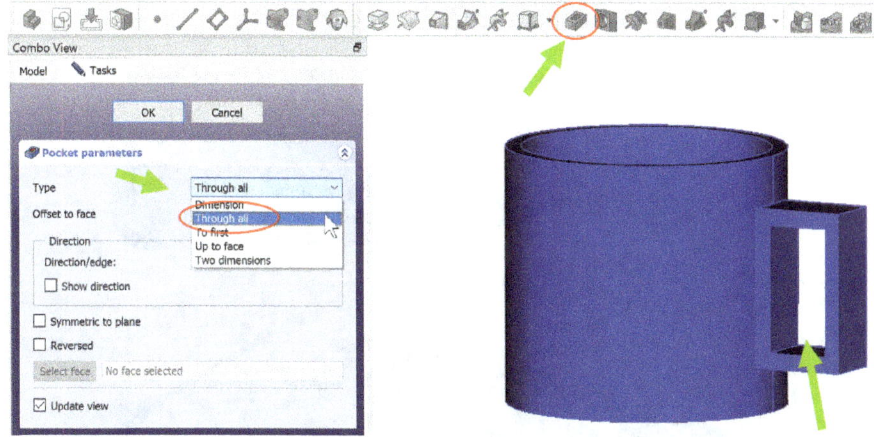

Infine, arrotondiamo alcuni bordi del manico e della tazza. Puoi provare a farlo secondo le tue idee. Fondamentalmente, serve solo per il design ed è una questione di gusti. Puoi anche selezionare una superficie anziché i singoli bordi: il programma prenderà in considerazione tutti i bordi di questa superficie.

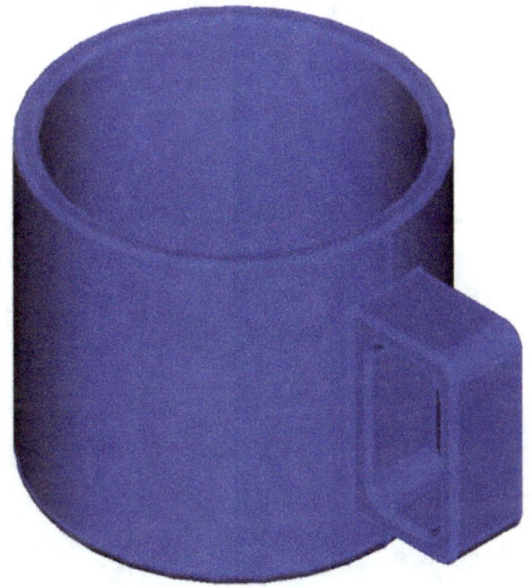

Come progetto finale di design, costruiremo un cacciavite. In seguito, ci occuperemo di altre aree di lavoro e funzioni del software "FreeCAD". Tra le altre cose, impareremo come assemblare virtualmente i singoli modelli 3D in un gruppo e come creare disegni tecnici. Non mollare e continua, ne varrà la pena!

4.4 Quarto progetto: cacciavite

In questa sezione costruiremo un cacciavite a taglio con impugnatura. La costruzione riuscirà più facilmente se partiamo dal manico del cacciavite e lo creiamo come parte rotante.

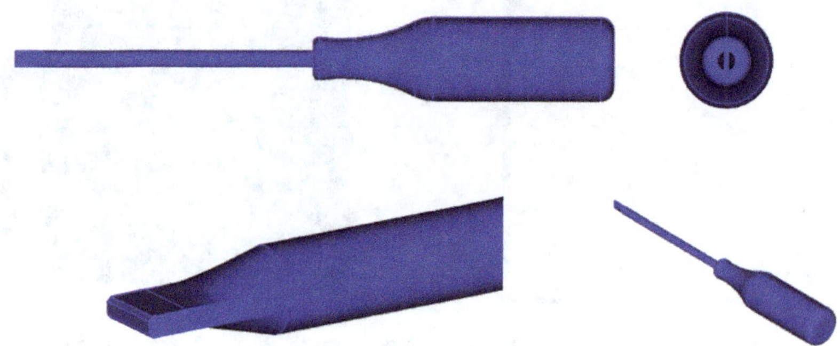

Come per qualsiasi modello 3D, creiamo di nuovo uno schizzo 2D, ad esempio sul piano x-z e disegniamo metà della sezione trasversale della maniglia. Per questo abbiamo bisogno, ad esempio, di una linea lunga 110 mm e orizzontale, che dimensioniamo con una distanza di 55 mm tra un punto finale della linea e l'origine delle coordinate.

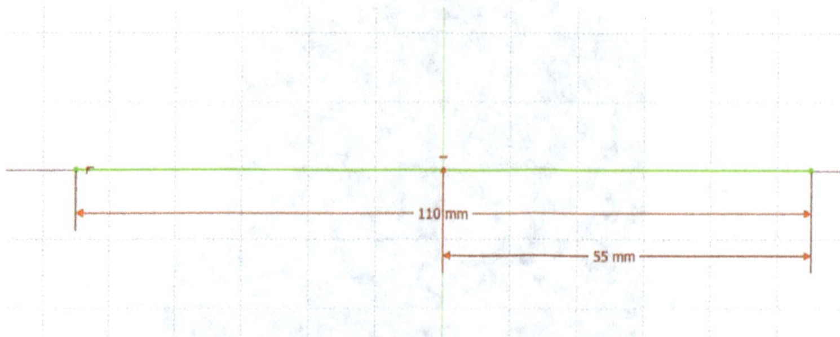

Tracciamo anche una linea verticale lunga 15 mm e una linea orizzontale di collegamento lunga 70 mm. Queste linee rappresentano la prima parte del manico del cacciavite.

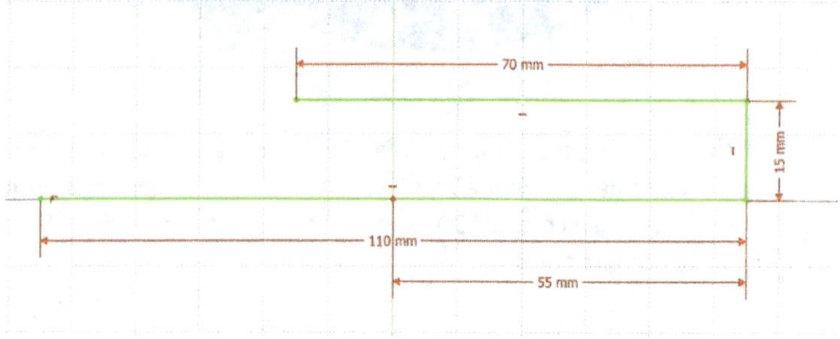

Per la seconda parte della maniglia abbiamo bisogno di una linea verticale lunga 8 mm e di un arco di 3 punti che colleghi il profilo precedente. Per l'arco, è meglio selezionare il comando "End points and rim point". Poi clicca prima sul punto finale della linea verticale, poi sul punto finale della linea orizzontale e infine ancora nell'area di disegno intermedia. Poi aggiungi il diametro. L'arco deve avere un diametro di 120 mm, ad esempio.

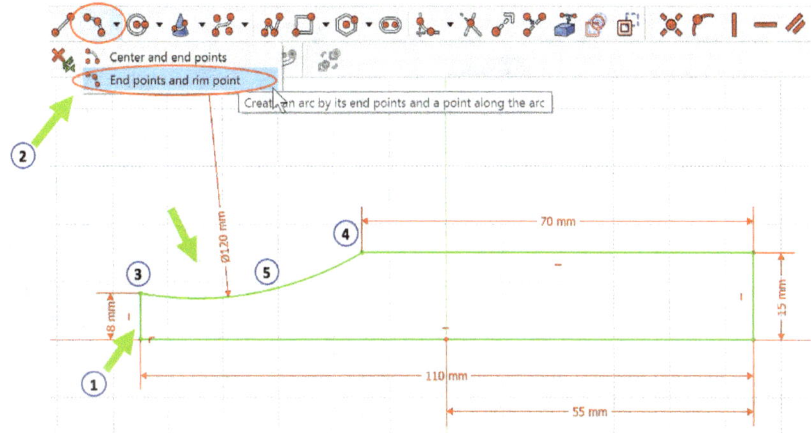

Ora il profilo per la rotazione è pronto. Il profilo rappresenta la metà della sezione trasversale della maniglia. In questo schizzo 2D non disegneremo la lama e la punta della lama o la punta. Se lo desideri, puoi aggiungere a questo schizzo anche la punta della lama (metà della sezione trasversale), ma noi la aggiungeremo subito come estrusione. Possiamo quindi chiudere lo schizzo.

Utilizzando la funzione "Revolute" possiamo creare il profilo con una rotazione di 360 gradi intorno all'asse x.

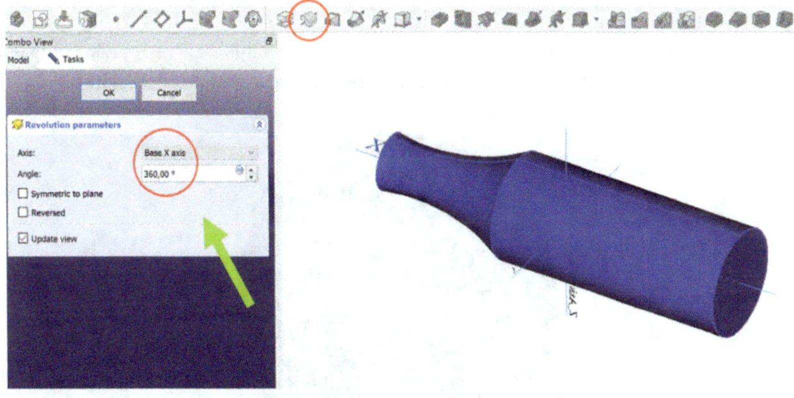

Se compare un errore, devi selezionare l'opzione "Base X axis" nella vista combinata con l'impostazione "Axis".

Per perfezionare ulteriormente il modello della maniglia, possiamo creare dei filetti utilizzando il comando "Fillet". Ad esempio, potremmo scegliere un raggio di 5 mm per il bordo posteriore esterno del manico del cacciavite e 15 mm o 2 mm per le transizioni nella zona anteriore. Usa il comando qui per ogni bordo, cioè tre volte in totale.

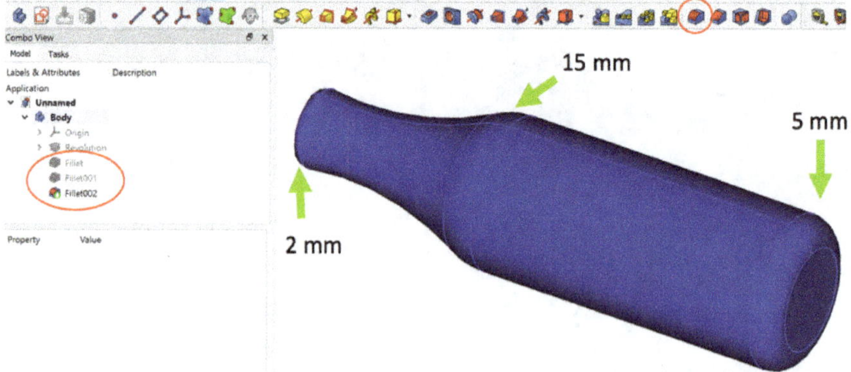

Come già accennato, ora aggiungeremo la lama del cacciavite; la disegneremo sulla superficie anteriore del manico. Faremo uno schizzo per questo.

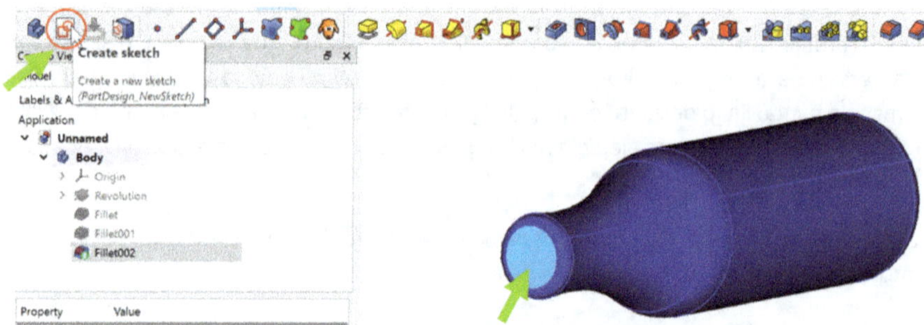

Per l'estrusione lineare successiva abbiamo bisogno di un cerchio il cui centro sia congruente con l'origine delle coordinate. Il diametro dovrebbe essere, ad esempio, di 6 mm.

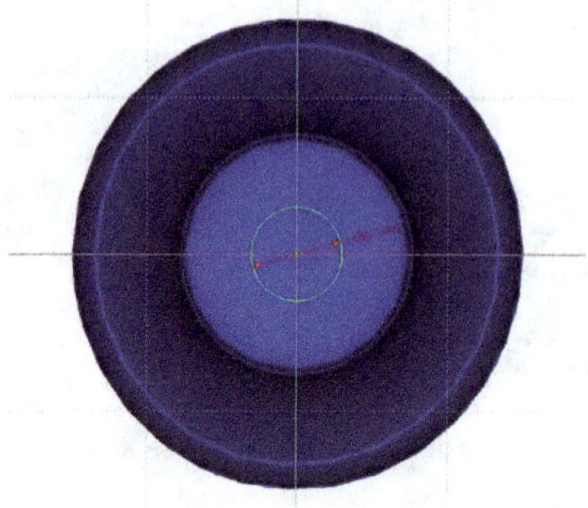

Poi estrudiamo il profilo di 100 mm (comando "Pad") e otteniamo così la lama del cacciavite.

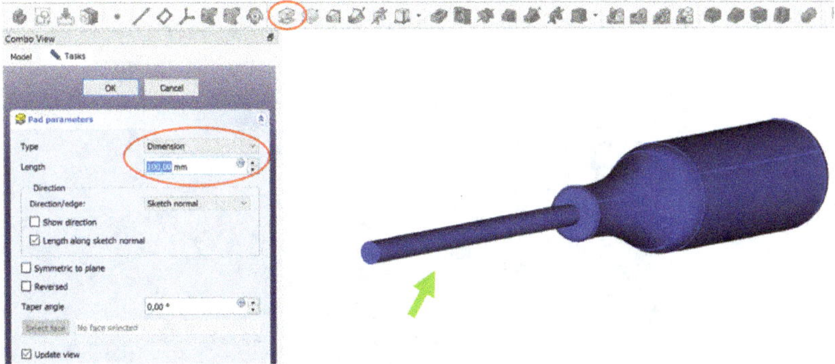

Ora manca ancora il pezzo o la punta della lama nell'area anteriore. Vogliamo costruire un cacciavite a taglio, quindi utilizzeremo il comando "Additive Loft" per creare la punta. Di cosa abbiamo bisogno per questo? Esattamente, un piano parallelo e uno schizzo. Per prima cosa creiamo il piano che deve essere parallelo alla faccia della punta utilizzando il comando "Create a datum plane".

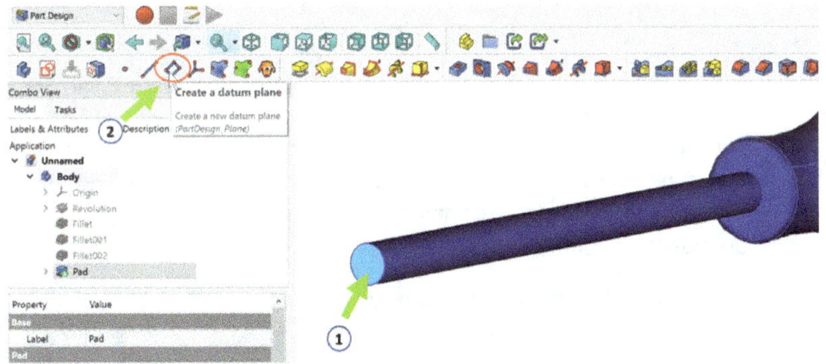

Abbiamo bisogno di una distanza di 8 mm nella direzione z.

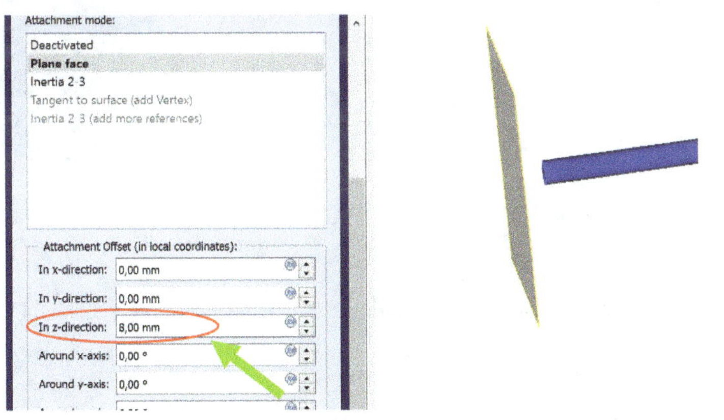

Su questo piano possiamo ora disegnare il profilo rettangolare della punta. Per questo utilizziamo un rettangolo il cui centro si trova nell'origine delle coordinate. Dimensioniamo anche il rettangolo con una lunghezza di 5,8 mm e una larghezza di 1,5 mm.

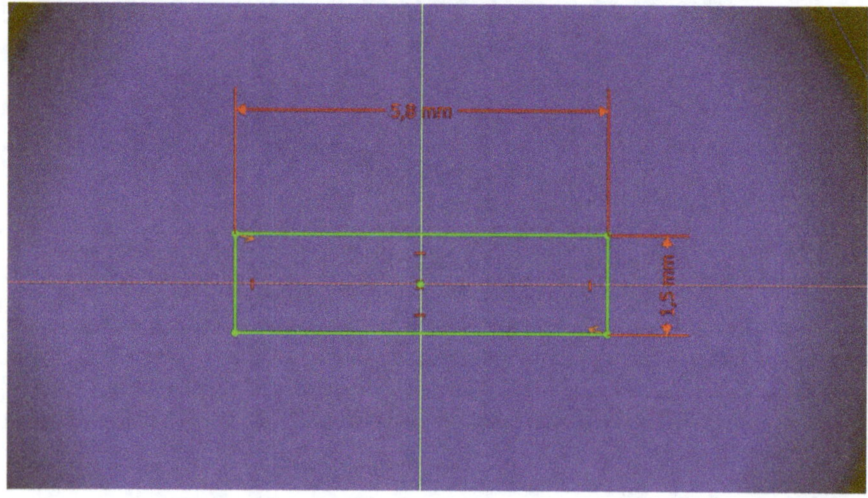

Dopo aver chiuso lo schizzo 2D e nascosto il piano per una migliore visione del profilo (seleziona il piano nell'albero delle strutture e premi la barra spaziatrice), possiamo collegare il profilo schizzato con la geometria circolare della lama del cacciavite con il comando "Additive Loft". Per farlo, selezioniamo lo schizzo nella struttura ad albero e poi clicchiamo sulla superficie della lama del cacciavite tenendo premuto il tasto CTRL. Nel frattempo possiamo selezionare il comando "Additive Loft" e il programma genera l'anteprima 3D. Possiamo confermare con "OK".

In questo modo si ottiene una bella transizione tra la lama e la punta.

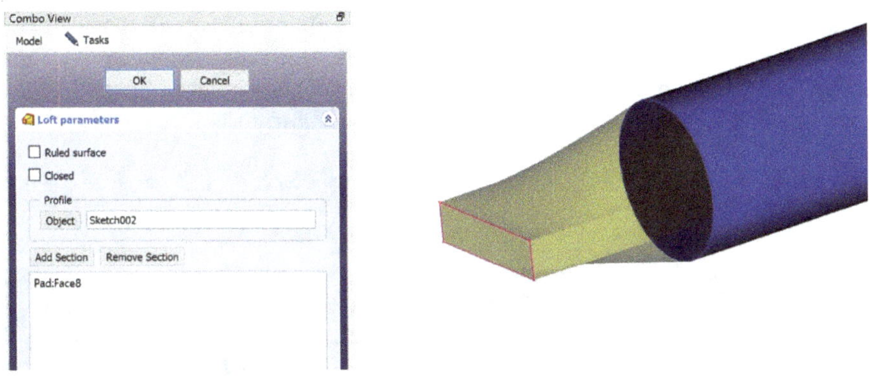

Poiché la forma rettangolare della punta è ora un po' troppo piccola nella parte anteriore per poterla avvitare, dobbiamo allungarla un po'. Non è nemmeno necessario creare uno schizzo per questo, ma è sufficiente cliccare sulla superficie e il comando "Pad". Il programma sa quindi automaticamente che vogliamo utilizzare la geometria dello schizzo di questa superficie per l'estrusione. Modifichiamo solo la lunghezza dell'estrusione a 3 mm.

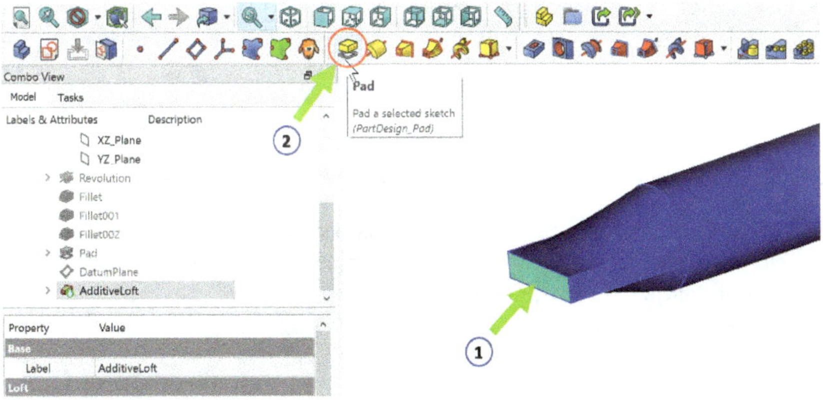

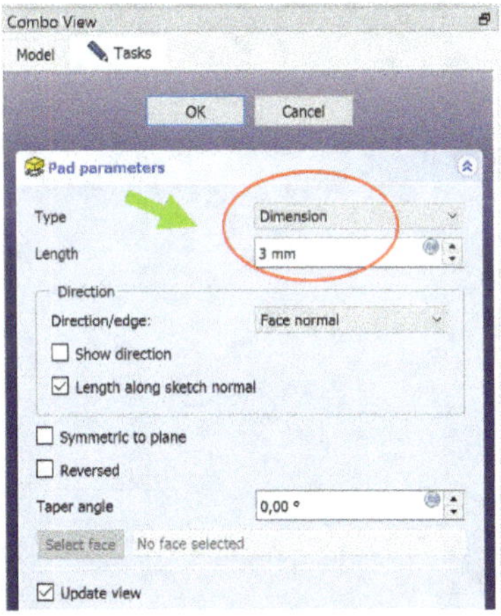

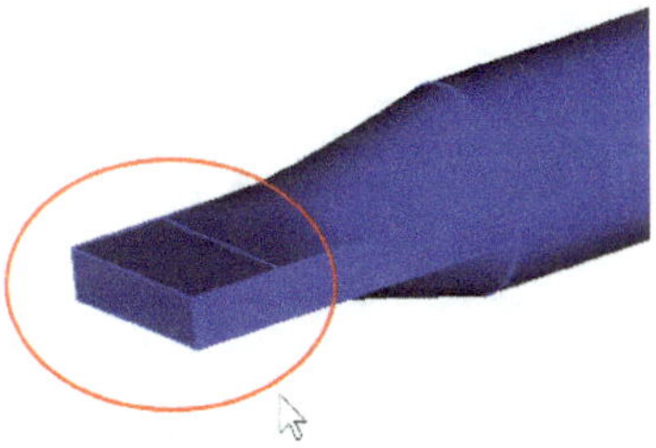

Ora ha un aspetto migliore. Infine, aggiungiamo uno smusso di 0,3 mm a ciascuno dei bordi orizzontali della punta utilizzando il comando "Chamfer". Potrebbe apparire un messaggio di errore perché lo smusso di 1 mm preselezionato non sarebbe possibile. Puoi semplicemente cliccare sul messaggio di errore dopo aver inserito il valore 0,3 mm.

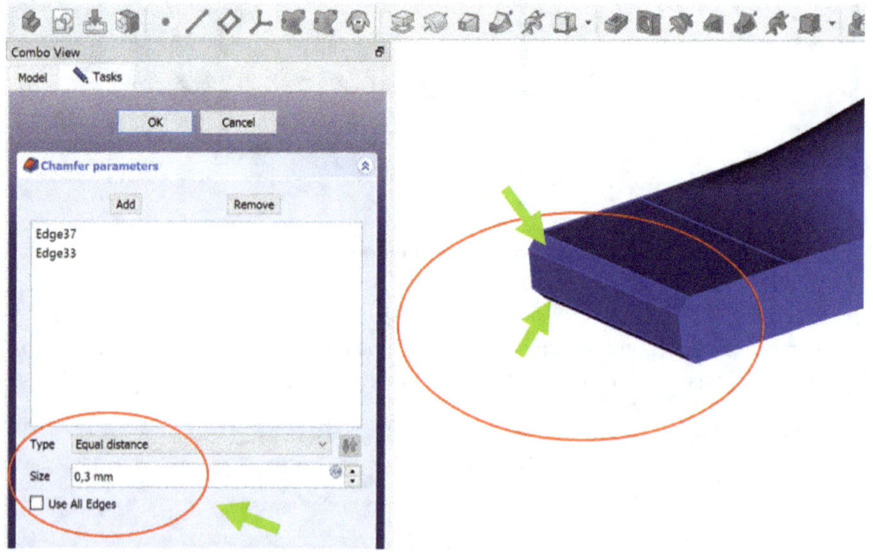

Perfetto! Ora abbiamo costruito alcuni fantastici oggetti 3D. Non è stato così difficile, vero?

Nei capitoli successivi ci occuperemo dell'assemblaggio di singole parti in "FreeCAD", oltre che della creazione di disegni tecnici. Presto lo faremo! Sei invitato a cimentarti in alcune costruzioni in anticipo, per fare pratica.

5 Ulteriori spazi di lavoro in "FreeCAD"

5.1 L'area di lavoro "Assembly (A2 Plus)"

La maggior parte dei programmi CAD ha un'area di lavoro in cui è possibile assemblare le singole parti in un gruppo. Questo è anche il caso di "FreeCAD". Immagina, ad esempio, di acquistare un mobile. È composto da molti pezzi singoli, come tavole di legno e viti, e di solito deve essere assemblato al momento della consegna. Potresti anche progettare le singole tavole di legno e le viti in CAD come parti separate e poi assemblarle - virtualmente, per così dire. Il funzionamento è schematicamente simile a quello del mondo reale. In questo capitolo vedremo la procedura.

Perché darsi tanto da fare? L'assemblaggio virtuale svolge un ruolo importante nella progettazione dei pezzi. Aiuta a verificare se i singoli pezzi progettati possono essere assemblati in un gruppo senza problemi o collisioni.

Installazione:

L'area di lavoro "Assembly2Plus (A2plus)" non è installata di default quando il programma viene installato. Pertanto, dobbiamo aggiungere questo spazio di lavoro in "FreeCAD" prima in "Addon Manager" (scheda "Tools"). L'avevamo già usato in passato. Cerca "A2plus", clicca su di esso e poi sul pulsante "Install". Dopodiché dobbiamo assicurarci di riavviare "FreeCAD".

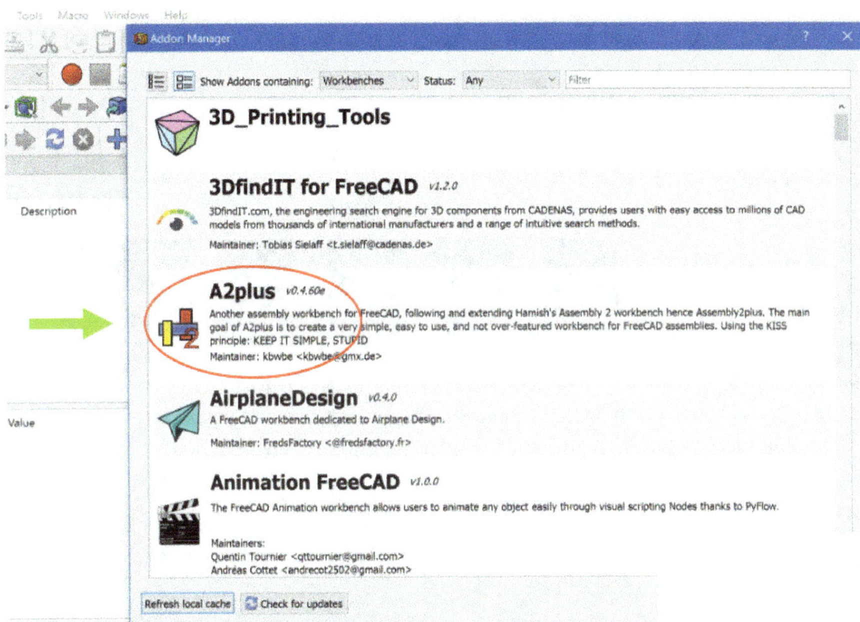

Troviamo quindi "A2plus Workbench" nel menu a discesa delle aree di lavoro.

Per imparare ad assemblare i singoli componenti, vorremmo utilizzare il nostro primo progetto di costruzione (componente di fissaggio) e il nostro secondo progetto (vite). Creeremo anche una piastra di base su cui montare i componenti e un albero da inserire tra due componenti di montaggio. Ecco come apparirà alla fine.

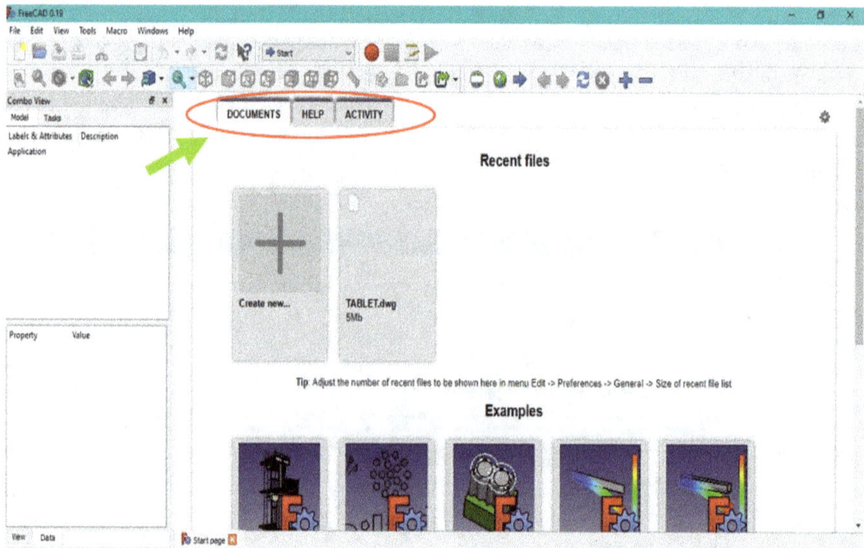

Per questo dobbiamo prima costruire due nuove parti. Costruisci autonomamente una piastra di montaggio rettangolare composta da uno schizzo rettangolare (lunghezza: 200 mm e larghezza: 120 mm), filetti per i bordi (ad esempio 10 mm per i quattro bordi verticali e 2 mm per tutti gli altri bordi) e 4 fori. Per i fori, puoi innanzitutto realizzare il seguente schizzo.

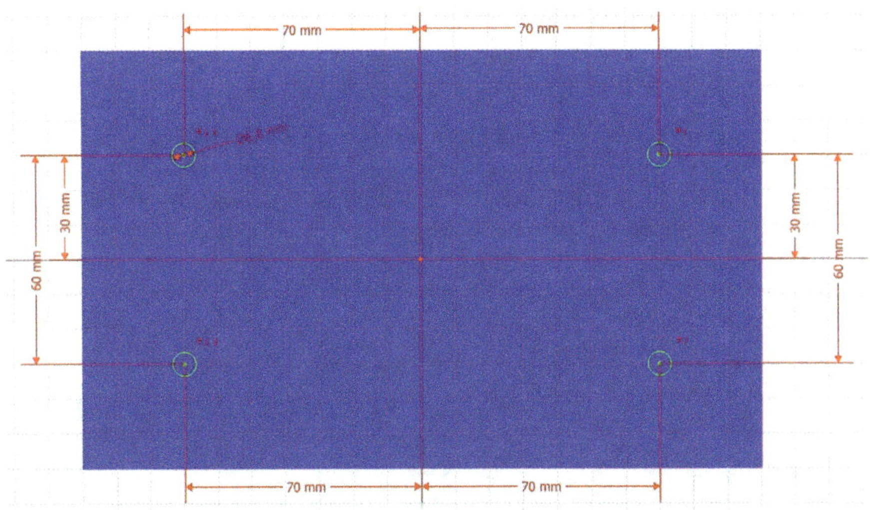

Poi usa il comando "Hole" e seleziona un foro filettato M8 con profondità di 20 mm. Importante: <u>non</u> attiviamo l'opzione "Model Thread" perché altrimenti ci sarebbero problemi durante il montaggio.

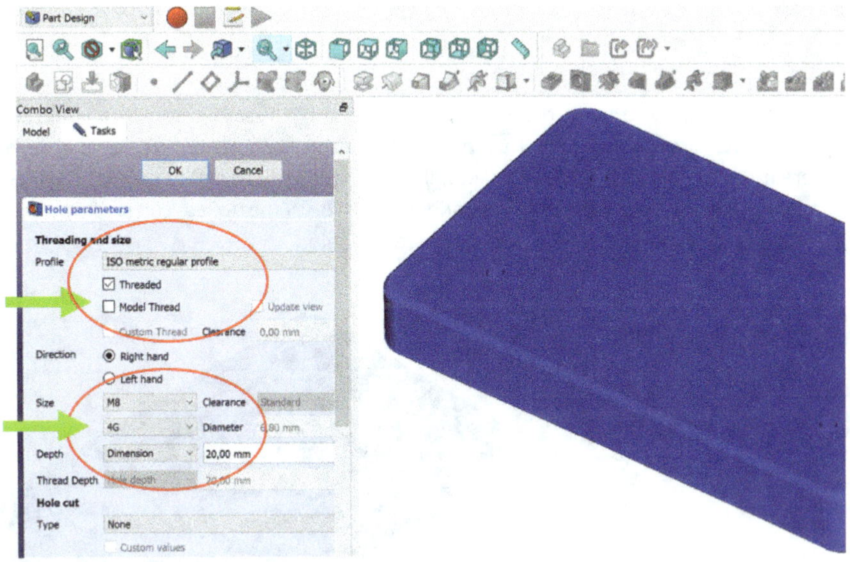

Abbiamo anche bisogno di un albero, che è semplicemente un elemento cilindrico con un diametro di 14,5 mm e una lunghezza di 180 mm. A questo punto sei sicuramente in grado di costruirlo in modo indipendente. Dopo aver salvato entrambe le parti, possiamo iniziare con l'area di lavoro "A2plus" e l'assemblaggio.

Per assemblare i nostri componenti, creiamo un nuovo documento e passiamo all'area di lavoro "A2plus". Questo documento diventa la nostra assemblea. Per prima cosa salviamo il documento.

Il passo successivo è importare le nostre singole parti nell'assemblaggio. Lo facciamo con il comando "Add a part from an external file", che si trova in alto a sinistra nella barra dei menu. Facciamo clic su di essa, navighiamo nella directory in cui sono memorizzati i nostri singoli pezzi e selezioniamo la piastra di montaggio come primo pezzo.

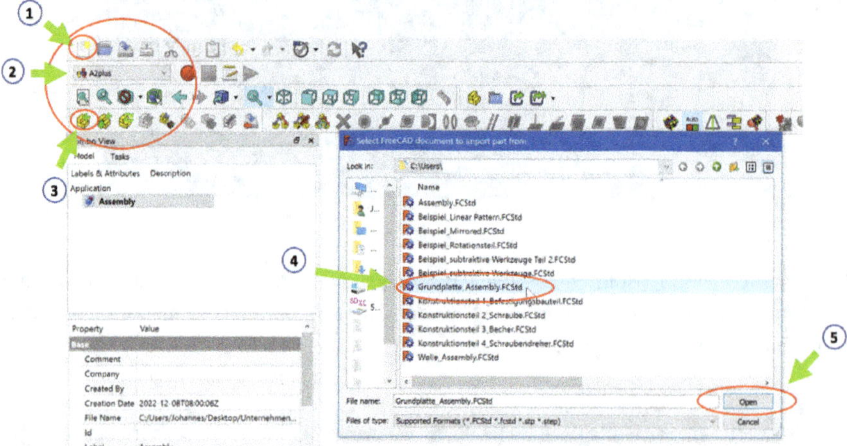

Il primo pezzo inserito in un assemblaggio viene sempre fissato automaticamente nello spazio 3D dal programma; tutti i pezzi successivi sono liberamente spostabili e devono essere assemblati virtualmente. Pertanto, il primo pezzo selezionato è sempre quello che sarebbe anche il pezzo base nel mondo reale, cioè il pezzo su cui si basa l'intero assemblaggio o con cui inizia il processo di assemblaggio.

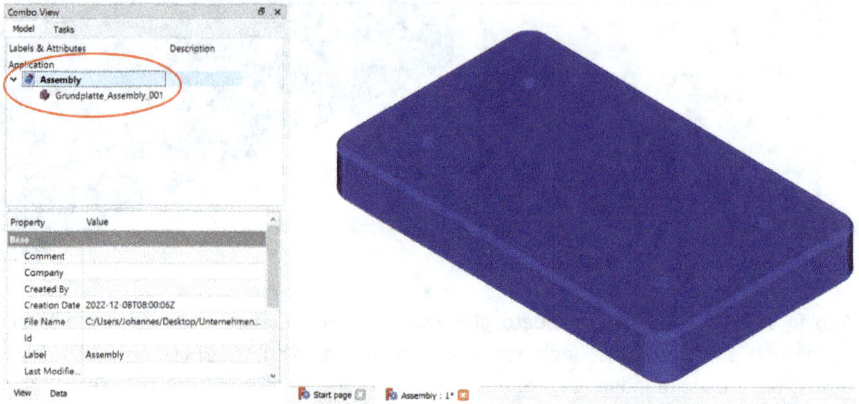

Aggiungiamo poi il componente di montaggio seguendo la stessa procedura. Dopo aver selezionato il pezzo, possiamo posizionarlo nell'area di lavoro con un solo clic. Non importa dove posizioniamo il pezzo per il momento.

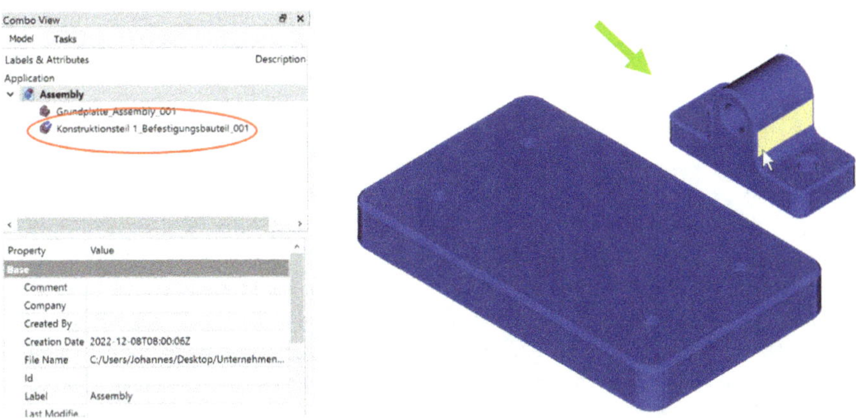

Utilizzando il comando "Move the selected part under constraints" possiamo spostare la parte liberamente nello spazio 3D. Con il comando "Move" possiamo spostare il pezzo lungo gli assi delle coordinate e ruotarlo intorno a questi assi.

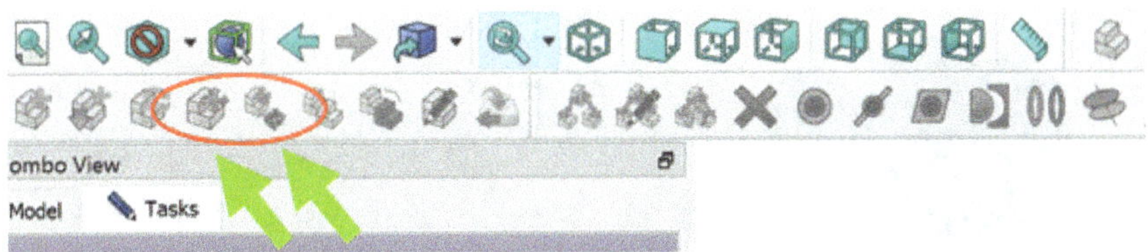

Infatti, la parte non ha ancora alcun vincolo ("Constraints") e può quindi essere spostata in modo completamente libero.

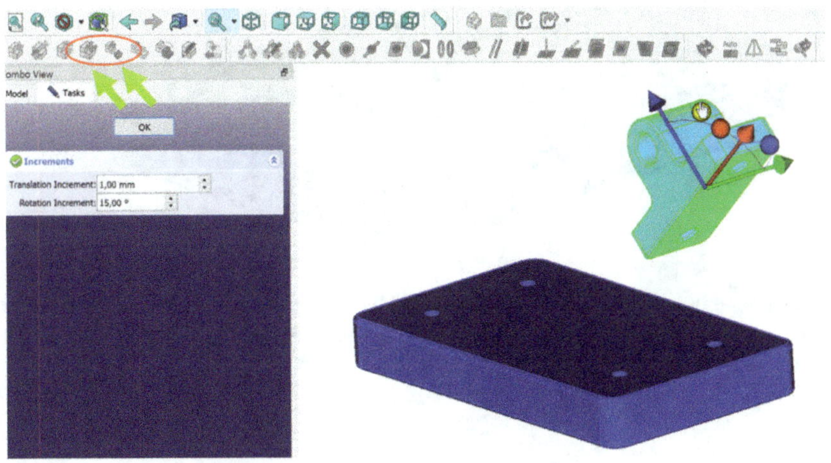

Cambieremo questo aspetto durante il processo di assemblaggio. Il nostro compito è quello di fissare il pezzo nella sua posizione finale utilizzando dei vincoli ("Constraints"). In senso lato, questo processo è paragonabile all'uso dei "Constraints" in uno schizzo 2D.

Per l'assemblaggio, abbiamo molti vincoli ("Constraints") disponibili nell'area centrale della barra degli strumenti. Attualmente sono di colore grigio e non possono essere selezionati.

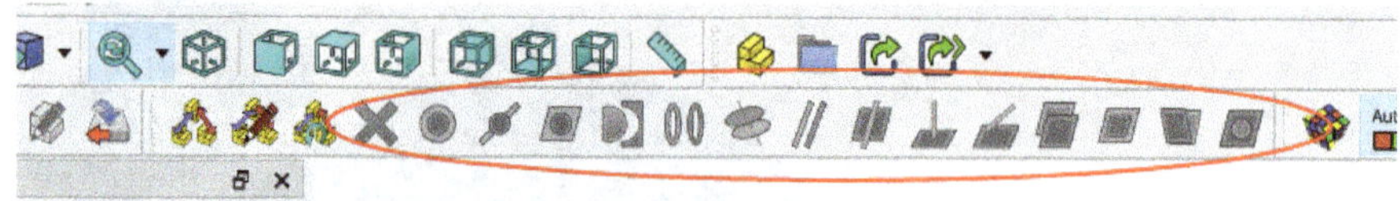

Il primo passo del nostro assemblaggio è ora quello di posizionare il componente di montaggio sulla piastra di base. Per farlo, selezioniamo la superficie inferiore del componente di montaggio e la superficie superiore della piastra di base (tasto CTRL premuto). Dopodiché, i vincoli che hanno senso in questo caso diventano visibili. Vogliamo rendere le due superfici congruenti, quindi selezioniamo il comando "Add planeCoincident constraint".

Il pezzo viene quindi posizionato sulla piastra di base e viene visualizzata una finestra in cui è possibile impostare le proprietà del collegamento. Quando sei soddisfatto dell'allineamento, clicca sul pulsante "Accept".

Puoi anche cambiare l'orientamento cliccando sul pulsante "Flip direction".

Le superfici sono ancora congruenti, ma il pezzo è stato semplicemente girato. Puoi anche inserire un offset se il pezzo deve essere montato a una certa distanza dalla piastra di base. Ma qui non ne abbiamo bisogno.

Dopo aver cliccato sul pulsante "Accept" possiamo provare a spostare la parte con il comando "Move the selected parts under constraints". Notiamo che possiamo spostare la parte, ma rimane sempre sulla superficie dove l'abbiamo appena fissata. Abbiamo quindi creato il primo vincolo ("Constraint"). Questo viene visualizzato anche nella struttura ad albero accanto ai due componenti e può essere modificato o eliminato.

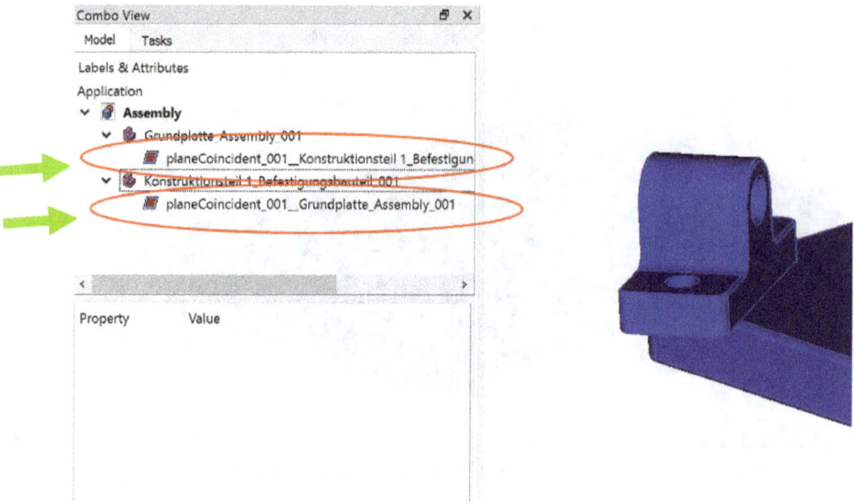

Ora vogliamo allineare il nostro componente di fissaggio con i fori in modo da poterlo fissare con due viti. Per farlo, selezioniamo un foro del componente di montaggio e il foro correttamente posizionato della piastra di base (tasto CTRL premuto).

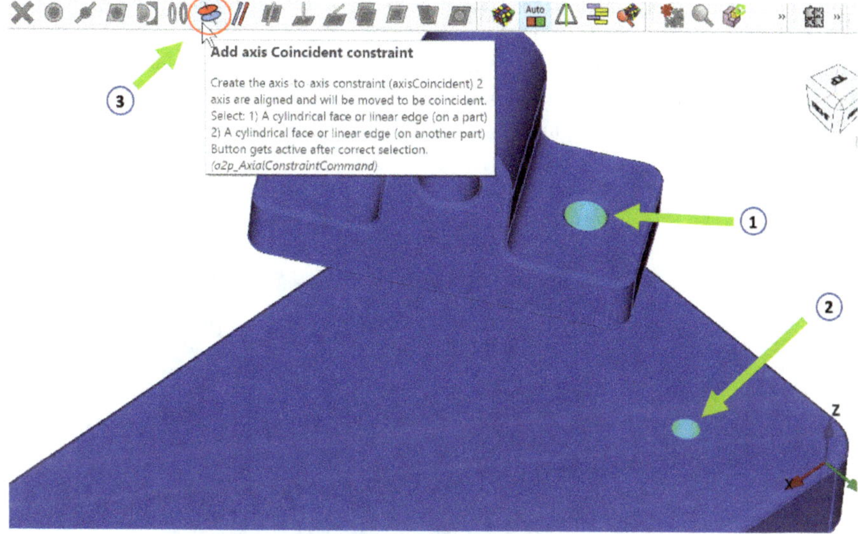

Per questa combinazione sono possibili solo due vincoli. Vogliamo che gli assi dei fori siano congruenti e quindi selezioniamo il comando "Add axis Coincident constraint".

I fori vengono allineati tra loro spostando la parte di montaggio sul foro della piastra di base. Inoltre, viene visualizzata nuovamente la finestra con le impostazioni del vincolo. Se tutto corrisponde, possiamo cliccare sul pulsante "Accept".

Ora non possiamo più spostare il pezzo, ma solo ruotarlo. Per ottenere la posizione corretta, rendiamo congruenti anche gli altri due fori. Funziona allo stesso modo.

Se le dimensioni sono corrette, non apparirà alcun errore, mentre se i fori hanno distanze diverse, apparirà un messaggio di errore e potremo così capire che abbiamo costruito in modo errato. La prima parte di fissaggio è ora posizionata correttamente. Ora dobbiamo aggiungere altre due viti.

L'inserimento della vite funziona come l'inserimento delle altre due parti. Dopo aver posizionato una vite nell'area di lavoro, per prima cosa rendiamo congruenti gli assi della vite e del foro. Per farlo, possiamo selezionare l'albero della vite e l'interno del foro oppure la testa della vite e il foro. Poiché la filettatura può causare problemi di selezione, decidiamo di selezionare la superficie laterale della testa della vite e l'interno del foro (tasto CTRL premuto). Non importa se scegliamo la testa o la filettatura, perché si tratta solo dell'asse della vite.

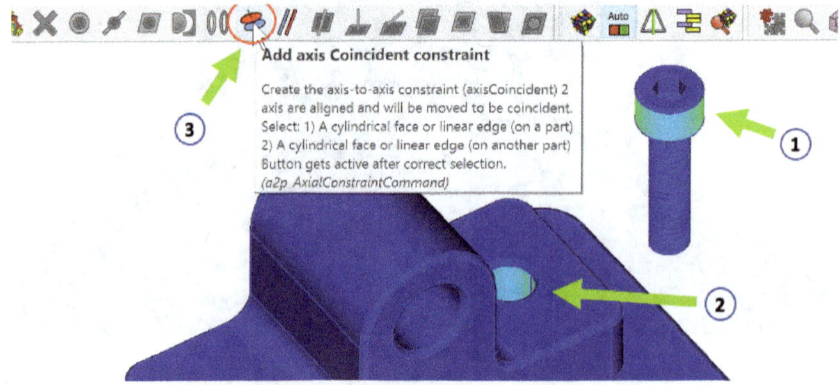

Dopo aver cliccato su "Accept", la vite si posiziona sopra il foro. Ora dobbiamo montare il lato inferiore della testa della vite sulla superficie della parte di fissaggio. Per farlo, selezioniamo il vincolo "Add planeCoincident constraint".

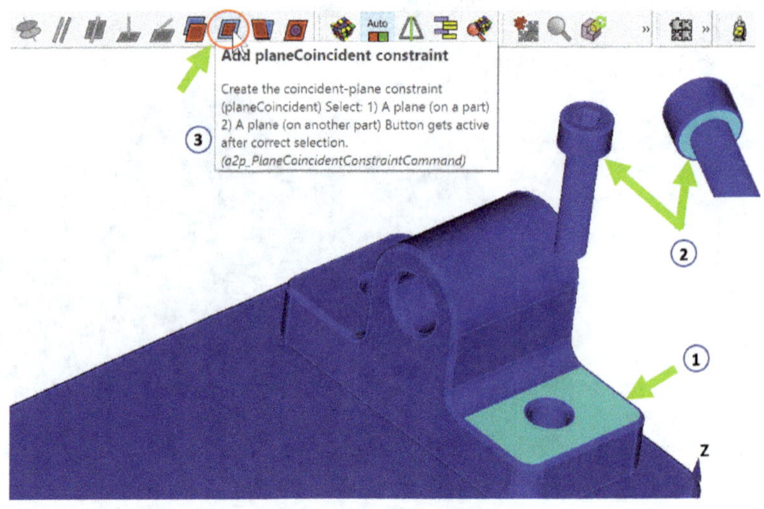

A proposito, avremmo potuto collegare prima la testa della vite e poi gli assi. Ma poi avremmo avuto difficoltà a scegliere i due assi. Se vuoi provarlo, sei il benvenuto. È quindi opportuno pensare in anticipo al modo più semplice per collegarli.

Ora la vite è completamente posizionata. Non è più necessario collegarlo alla piastra di montaggio perché la parte di fissaggio è già saldamente collegata ad essa. I collegamenti si basano quindi l'uno sull'altro e sono interdipendenti.

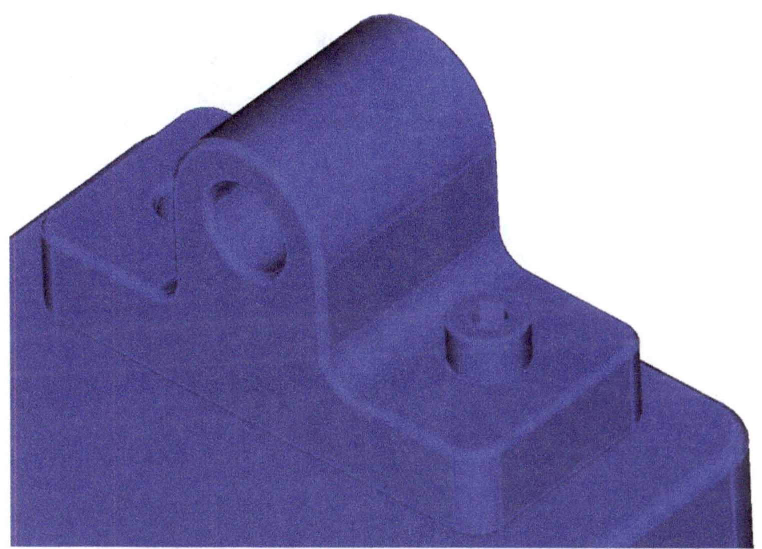

Abbiamo bisogno di un'altra vite, da collegare al foro opposto in modo identico. Dato che nel nostro assemblaggio è già presente una vite, possiamo semplicemente duplicarla in alternativa all'inserimento di una nuova vite. Per farlo, seleziona la singola parte desiderata nella struttura ad albero e clicca sul comando "Create duplicate of a part". Bastano pochi secondi per ottenere un'altra vite da posizionare.

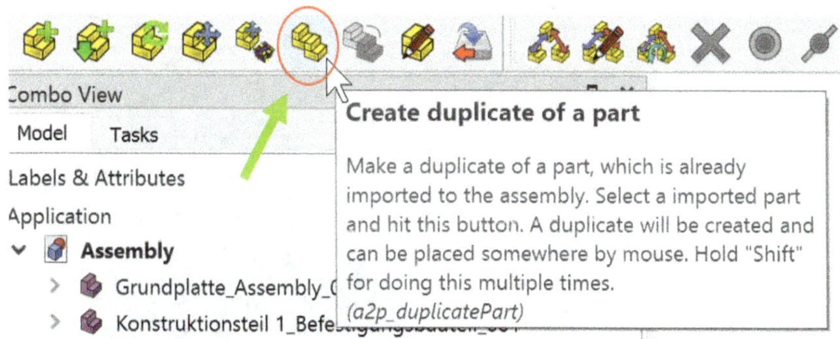

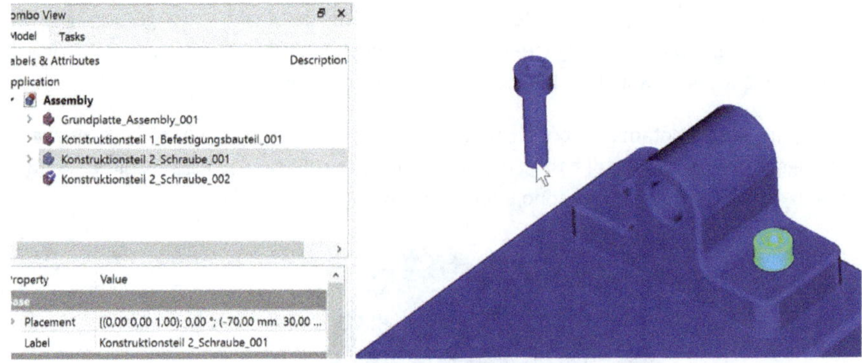

Colleghiamo la seconda vite nello stesso modo della prima e otteniamo il fissaggio finito.

Sull'altro lato della piastra di montaggio dobbiamo eseguire nuovamente questa procedura. Per prima cosa duplichiamo e colleghiamo la parte di montaggio.

Poi duplichiamo e colleghiamo altre due viti.

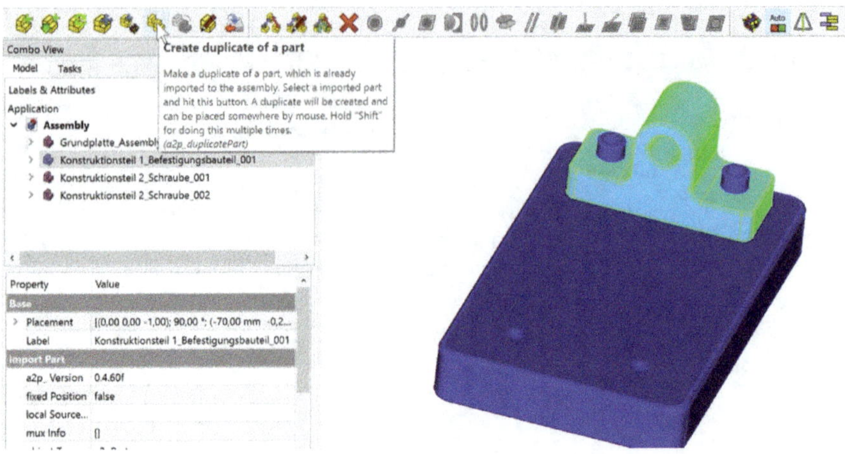

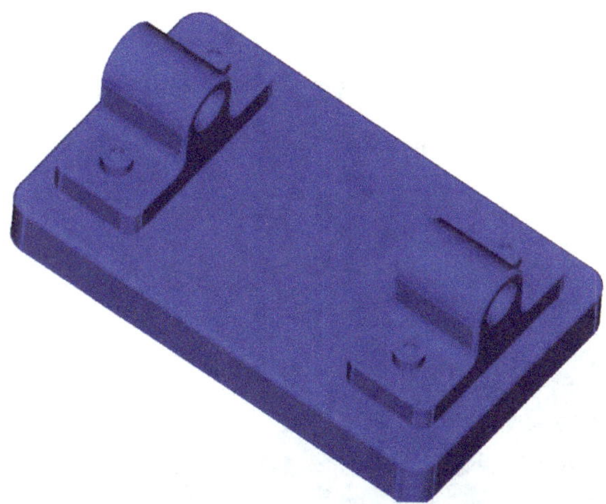

Perfetto, ora manca solo l'albero che vorremmo montare tra le due parti di fissaggio. Sei invitato a provarlo prima da solo. La soluzione per questo segue ora.

Per prima cosa importiamo l'albero e lo posizioniamo in qualsiasi punto dell'area di lavoro con un clic. Quindi selezioniamo la superficie laterale cilindrica dell'albero e la superficie interna del foro dell'asse di una delle due parti di montaggio. Poi clicchiamo su "Add axis Coincident constraint".

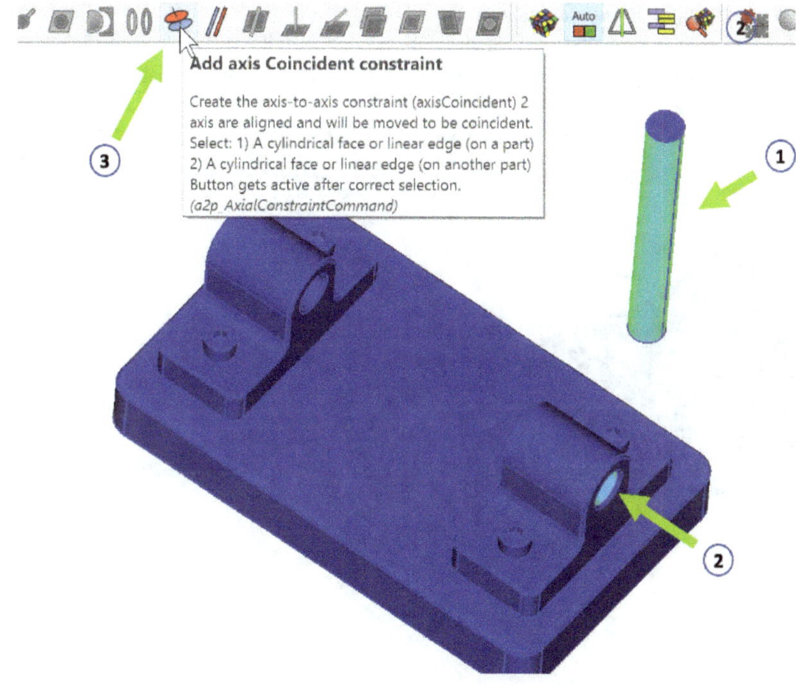

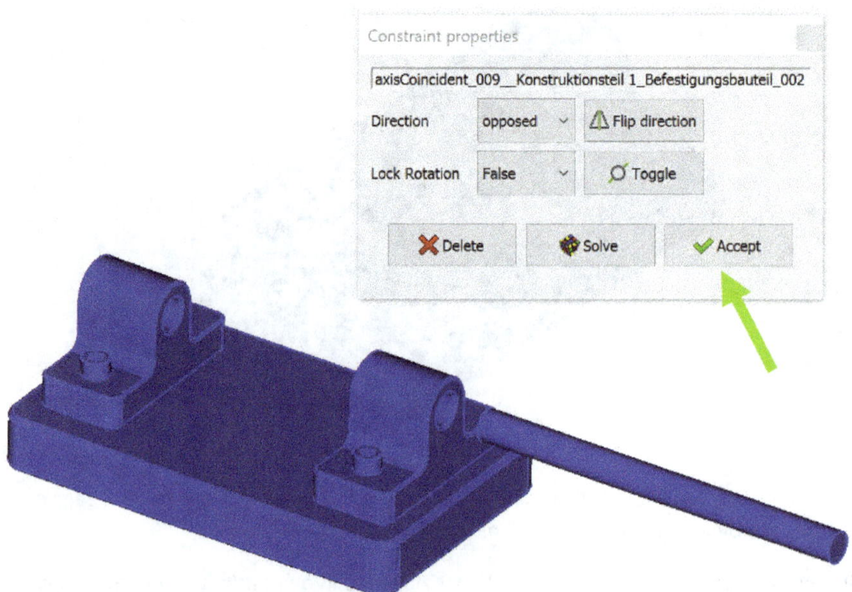

A proposito, in questo caso dobbiamo solo collegare l'albero con una delle due parti di fissaggio, perché gli assi delle due parti di fissaggio sono congruenti.

Tuttavia, manca ancora un vincolo che ci dia la corretta posizione orizzontale. Per fare ciò, è sufficiente selezionare la superficie circolare anteriore dell'albero e la superficie laterale della parte di fissaggio e cliccare sul comando "Add planeCoincident constraint".

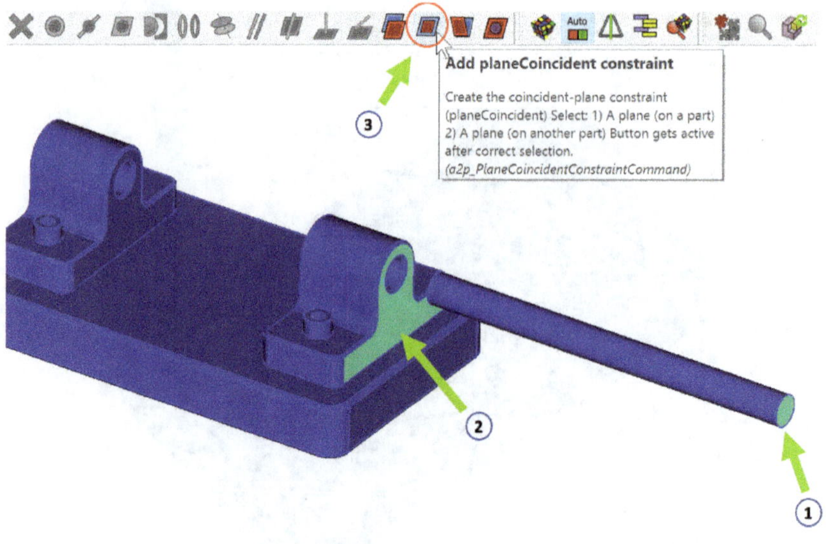

Ora l'albero è posizionato correttamente e il nostro assemblaggio è pronto. Ottimo, siamo stati bravi!

I due vincoli che abbiamo utilizzato in questo assemblaggio sono probabilmente i due tipi di legame più importanti. Tuttavia, ci sono alcuni vincoli in più. Questi sono relativamente autoesplicativi, ma li analizzeremo comunque.

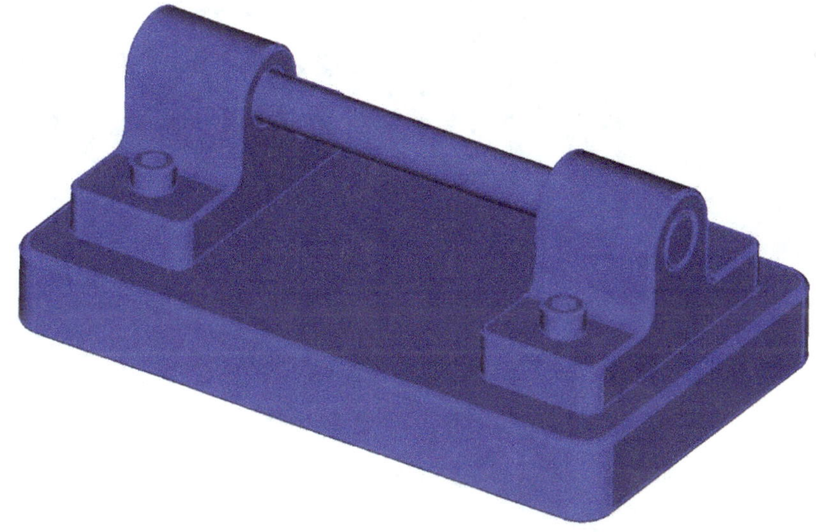

5.1.1 Il vincolo "centerOfMass"

Questo vincolo viene utilizzato per unire il centro delle facce di due parti. Per farlo, seleziona la prima faccia e poi la seconda (tasto CTRL premuto). Poi seleziona il comando "Add centerOfMass constraint".

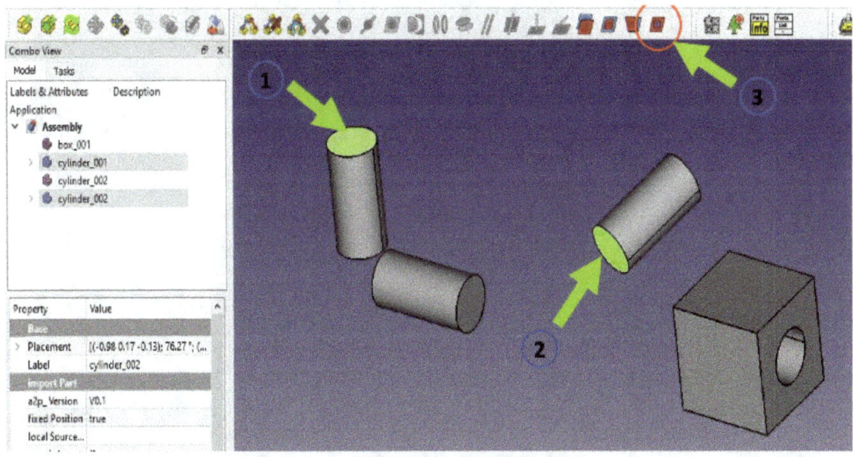

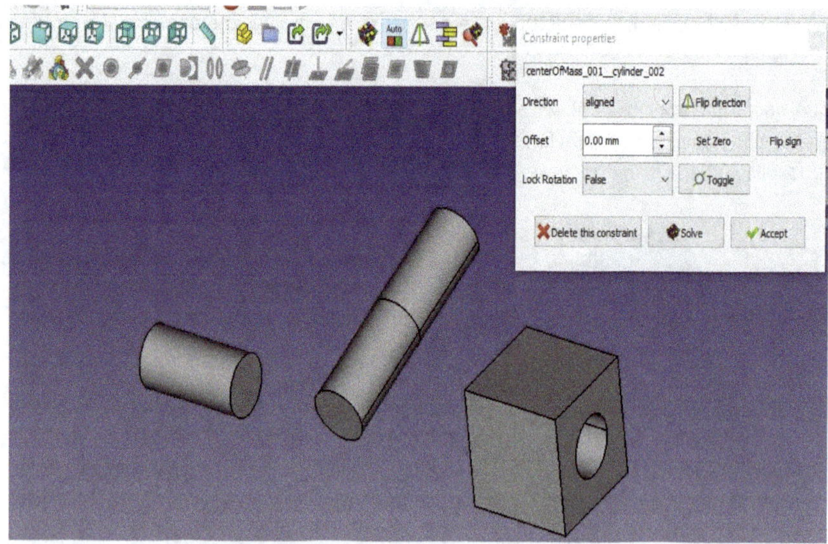

Nelle impostazioni, puoi impostare una distanza nell'opzione "Offset".

5.1.2 Il vincolo "pointIdentity"

Questo vincolo viene utilizzato, ad esempio, per collegare i centri di due geometrie in modo congruente.

Seleziona una geometria della prima parte e poi una geometria della seconda parte (tasto CTRL premuto) e poi il comando "Add pointIdentity constraint".

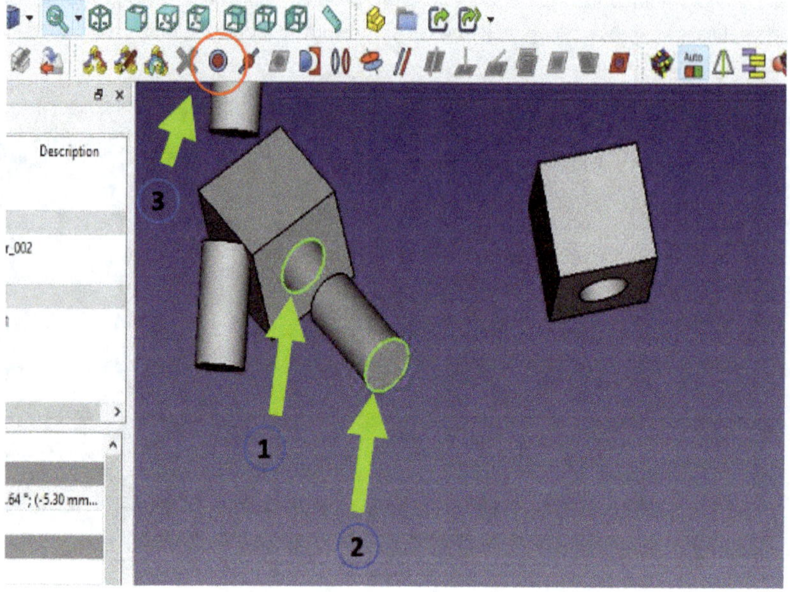

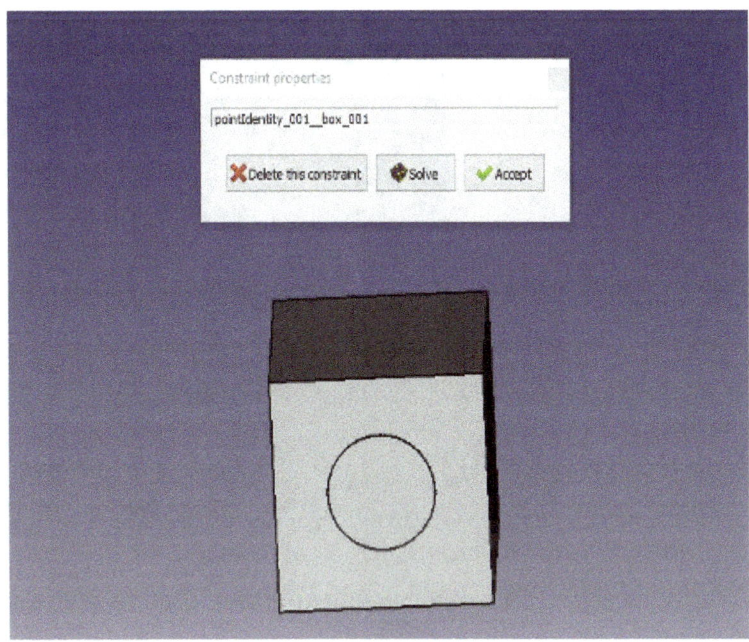

5.1.3 Il vincolo "circularEdge"

In alternativa al vincolo precedente, si può anche utilizzare il comando "Add circularEdge constraint" per ottenere un vincolo simile.

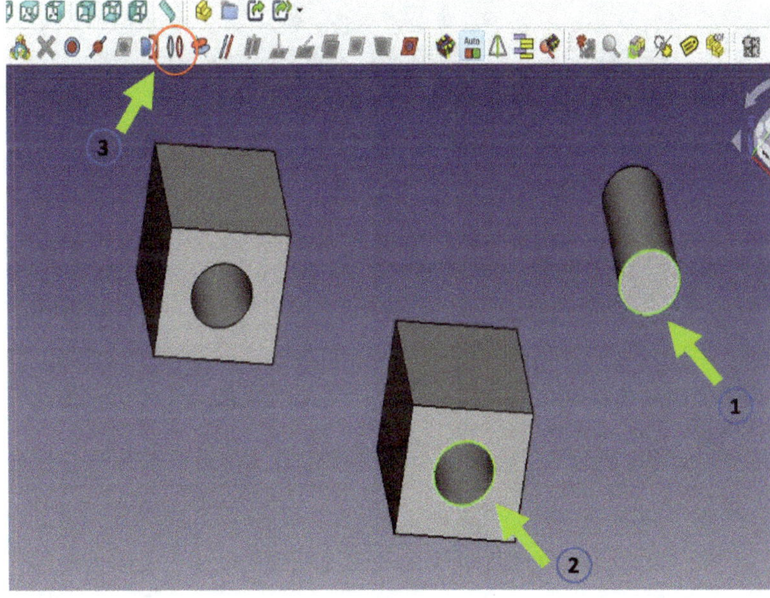

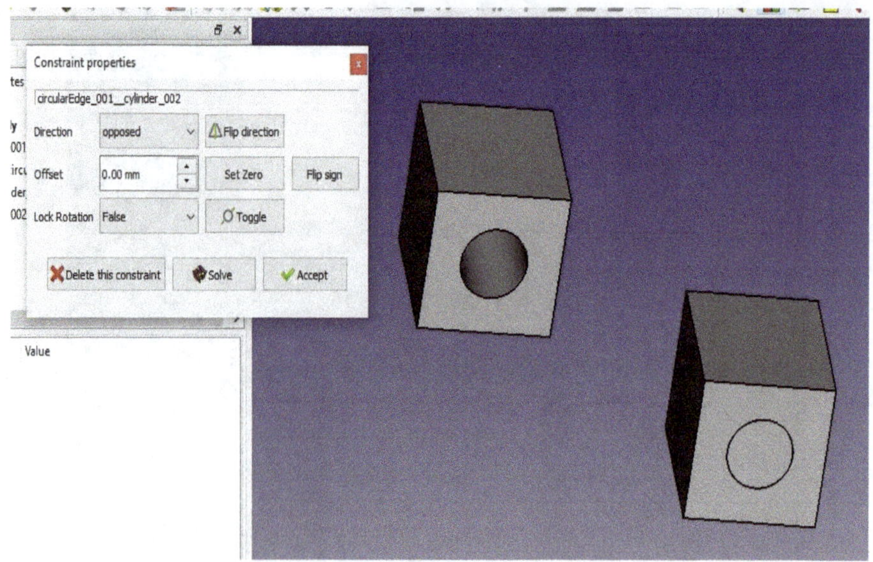

5.1.4 Il vincolo "pointOnLine"

Questo vincolo viene utilizzato per collegare un punto (ad esempio: un angolo) di un componente con un bordo (linea) di un altro componente.

Per farlo, seleziona l'angolo di un componente e poi il bordo di un altro componente (tasto CTRL premuto) e poi il comando "Add pointOnLine constraint".

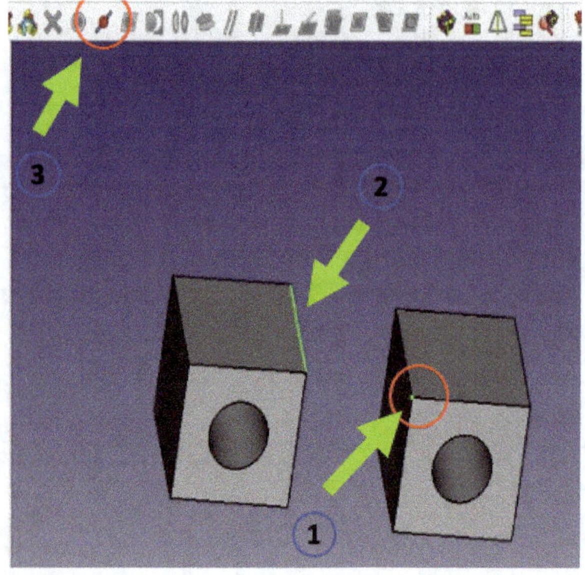

5.1.5 Il vincolo "angledPlanes"

Questo vincolo viene utilizzato per impostare una superficie o un piano di un corpo ruotato (con un angolo) rispetto a una superficie o un piano di un altro corpo.

Seleziona la prima superficie parziale (superficie di riferimento) e poi la seconda superficie (ruotata) tenendo premuto il tasto CTRL. Quindi seleziona il comando "Add angledPlanes constraint" e definisci l'angolo di rotazione desiderato nelle impostazioni.

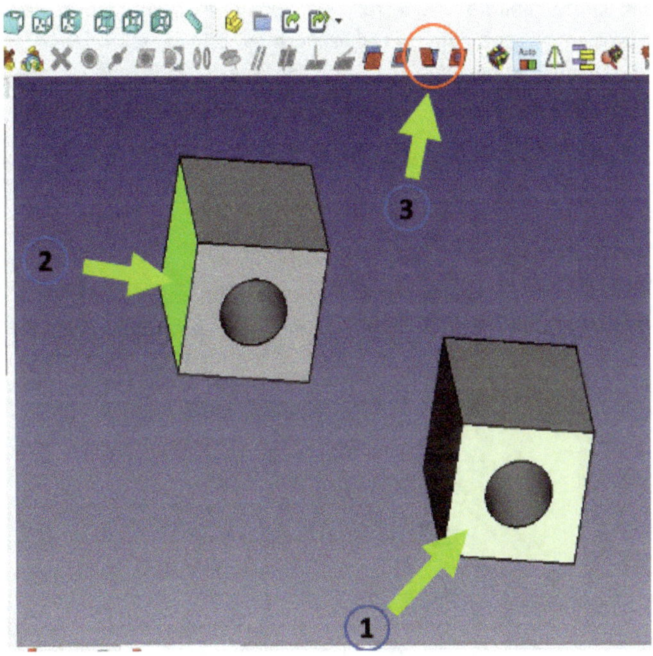

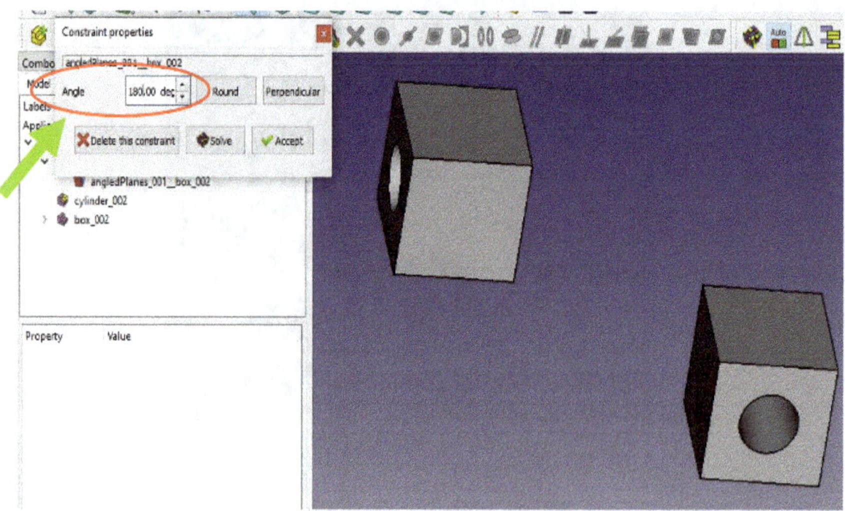

Perfetto! Questi erano i vincoli più importanti nell'area di lavoro "A2plus". Sentiti libero di esplorare gli altri vincoli o di collegare altri componenti. Siamo giunti all'ultimo capitolo del corso per principianti. Di seguito ci occuperemo dell'area di lavoro "TechDraw", che ci serve per creare disegni tecnici.

5.2 L'area di lavoro "TechDraw"

Bentornati all'ultimo capitolo di questo corso! Come già accennato in uno dei capitoli precedenti, possiamo anche creare un disegno tecnico in "FreeCAD" per far produrre il componente da un'azienda. Vediamo questo aspetto utilizzando come esempio il componente di fissaggio.

Per creare un disegno tecnico, apriamo prima il componente di fissaggio e poi passiamo all'area di lavoro "Techdraw".

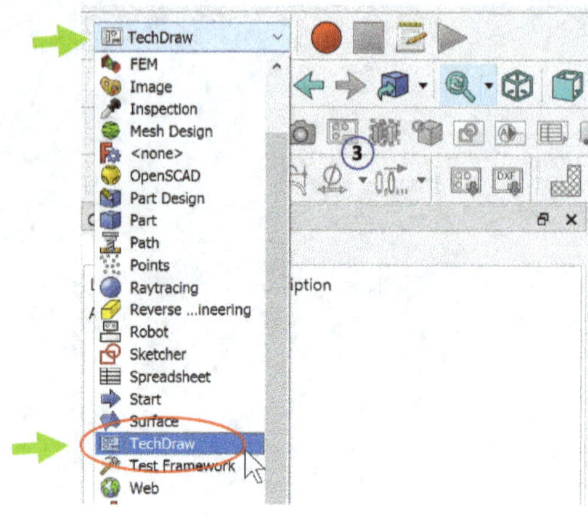

Ora dobbiamo creare un foglio da disegno su cui rappresentare e dimensionare il nostro componente in un disegno 2D da diverse prospettive. Per farlo, clicca sul comando "Insert Default Page" per inserire una pagina di disegno predefinita. In alternativa, possiamo selezionare un modello con il comando "Insert Page using Template".

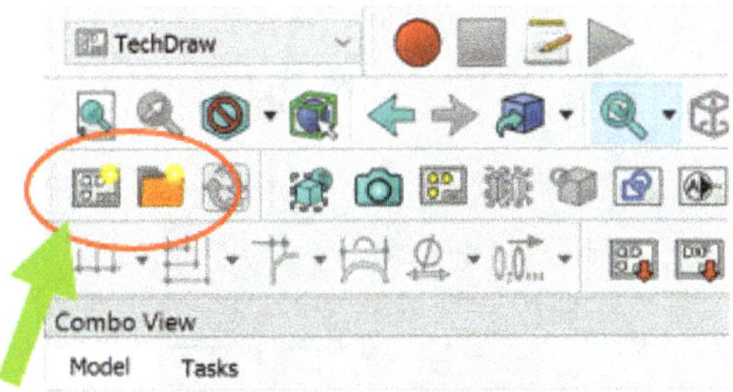

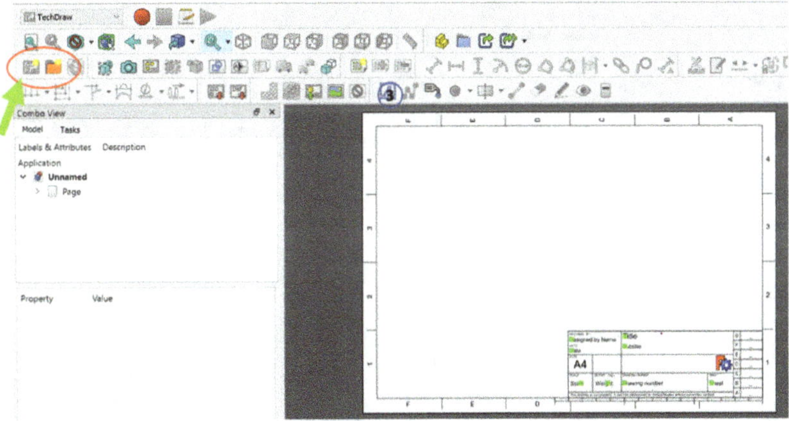

Poi otteniamo un foglio di disegno con un blocco di titolo (area in basso a destra). Qui possiamo aggiungere il titolo del disegno, il numero del disegno, il progettista e altre informazioni. Possiamo modificare i campi cliccando sull'indicatore verde.

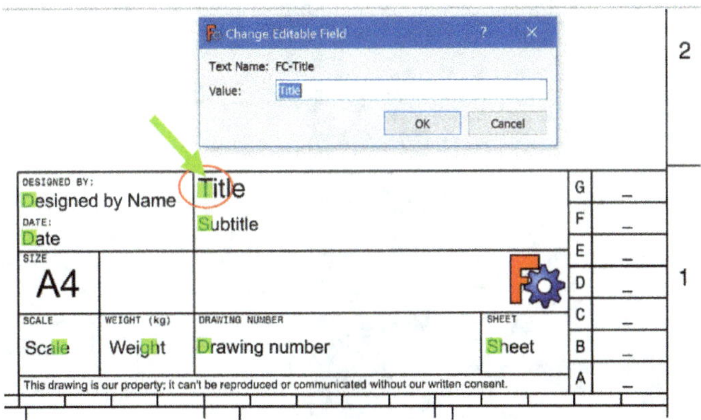

Successivamente dobbiamo inserire una vista del nostro componente nel foglio da disegno. Per farlo, dobbiamo prima posizionare il componente come vogliamo che appaia sul foglio da disegno. Ad esempio, vogliamo ottenere la vista frontale. Quindi selezioniamo il componente nella struttura ad albero e inseriamo la vista cliccando sul comando "Insert View".

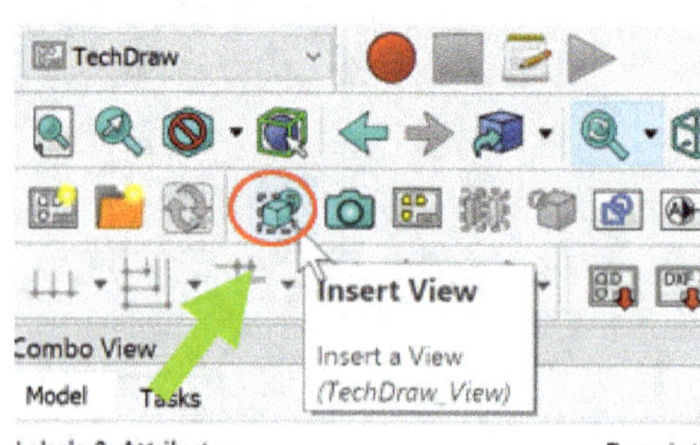

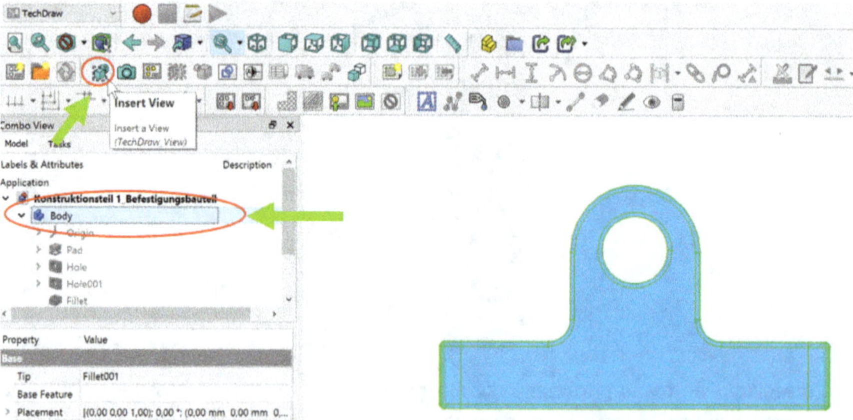

Dopo il clic dobbiamo selezionare nuovamente il foglio di disegno nell'albero della struttura e vedremo la vista inserita del componente. Ora possiamo posizionarlo e dimensionarlo come desiderato.

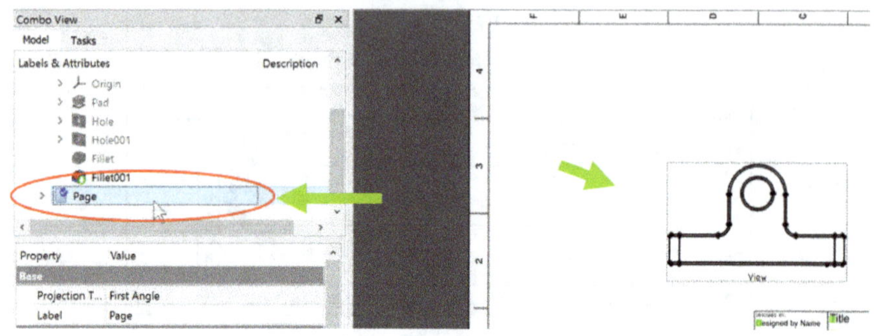

Prima di iniziare con la quotatura, aggiungiamo altre viste. Ad esempio, ha senso aggiungere una vista dall'alto e una vista isometrica. Lo facciamo in modo identico.

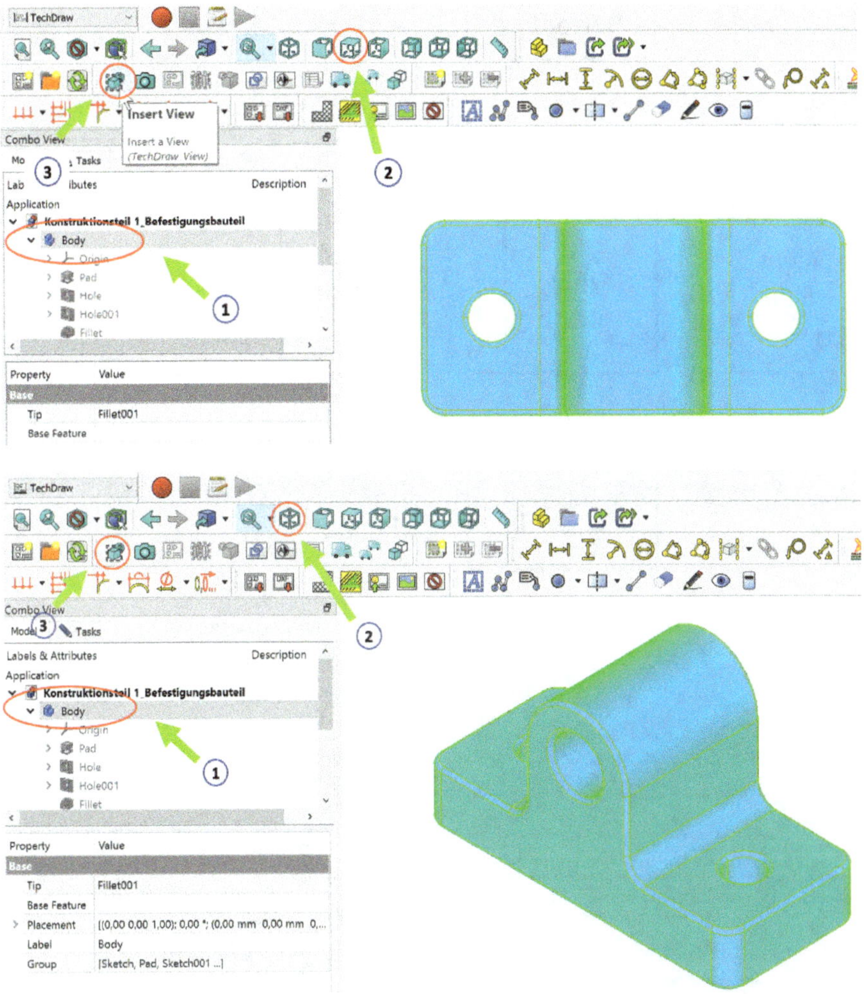

La vista isometrica è utilizzata per avere una migliore idea dello spazio, <u>non è</u> dimensionata e di solito è posizionata in basso a destra sopra il blocco del titolo.

Le altre viste sono posizionate in base al tipo di proiezione. In Europa, i punti di vista sono solitamente posizionati come segue.

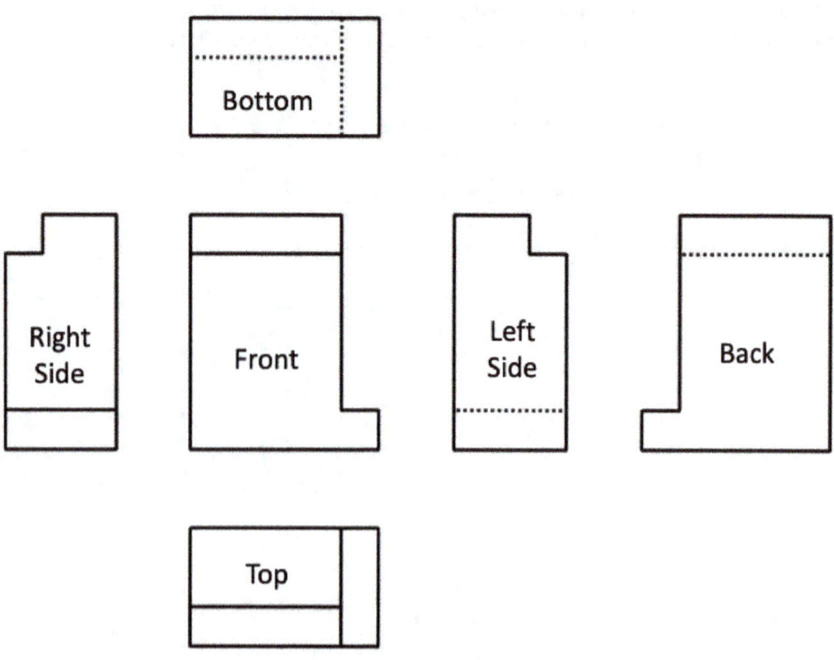

Questo significa la seguente disposizione delle viste per il nostro oggetto.

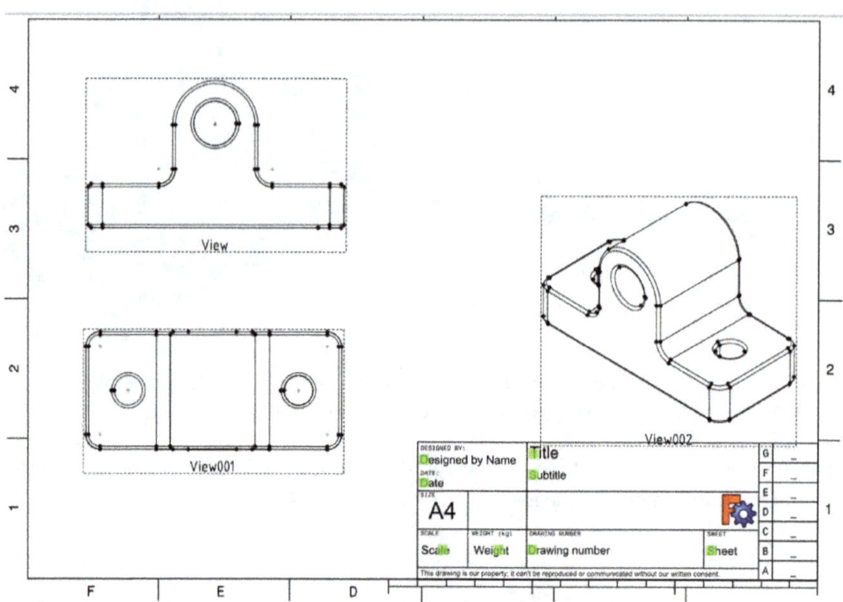

Con un clic sul comando "Turn view frames On/Off" possiamo disattivare la visualizzazione delle cornici di visualizzazione.

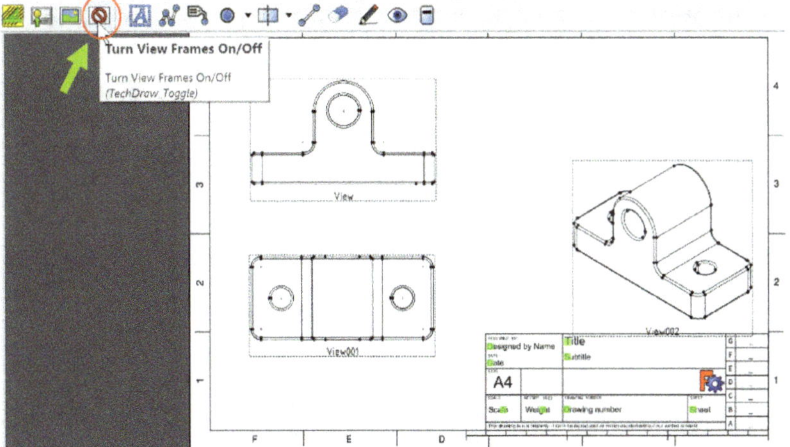

Ora dobbiamo dimensionare le viste del nostro componente in modo che tutte le dimensioni e le informazioni rilevanti per la produzione del componente siano disegnate esattamente una volta sul foglio da disegno. Questo significa che <u>non</u> dobbiamo quotare completamente tutte le viste, ma possiamo decidere quale quota quotare per quale vista, in modo che tutte le informazioni siano visibili quando si guarda il foglio da disegno. Per farlo, possiamo utilizzare gli strumenti di quotatura nella sezione centrale superiore della barra degli strumenti. Il funzionamento è simile a quello di uno schizzo 2D.

Iniziamo con la vista frontale del nostro componente. Qui possiamo, ad esempio, creare tutte le specifiche di altezza per il componente. Per fare ciò, clicchiamo prima su due linee di cui vogliamo dimensionare la distanza (tenendo premuto il tasto CTRL) e poi selezioniamo il comando "Insert Vertical Dimension".

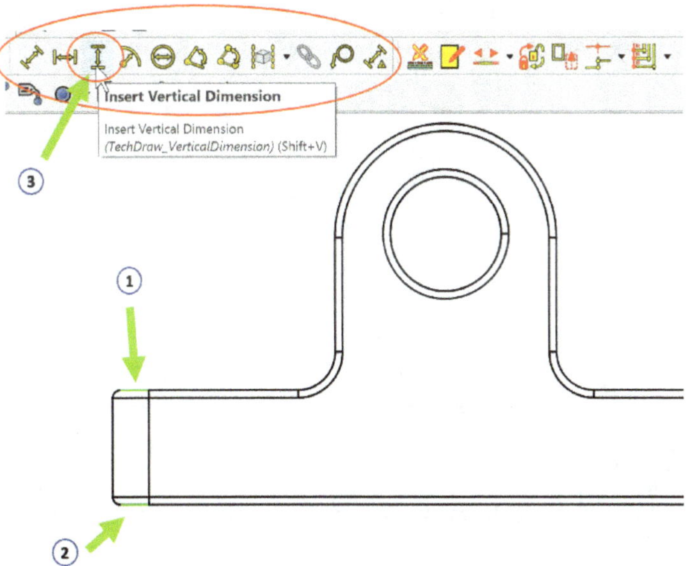

Inoltre, possiamo dimensionare l'arrotondamento e il foro in questa vista utilizzando il comando "Insert Diameter Dimension".

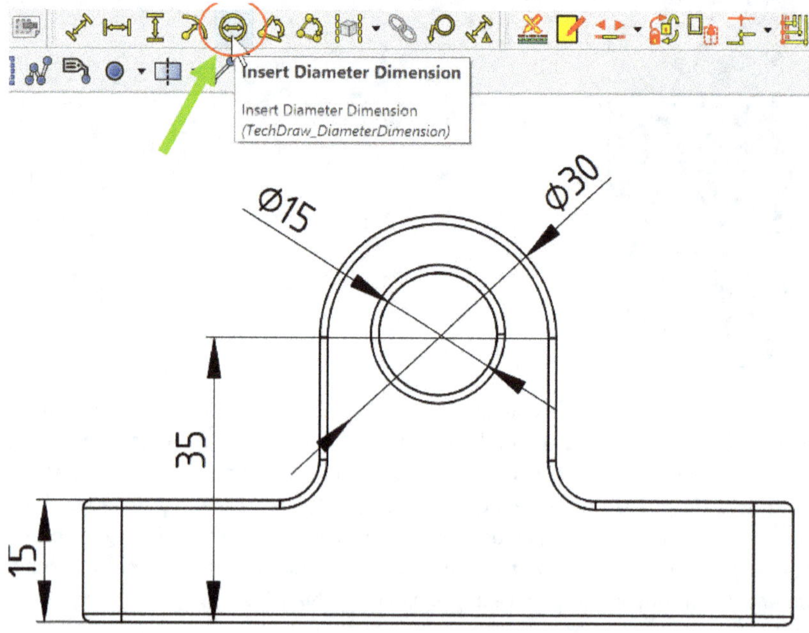

Con il comando "Insert Radius Dimension" possiamo dimensionare ulteriormente i due filetti nell'area di transizione.

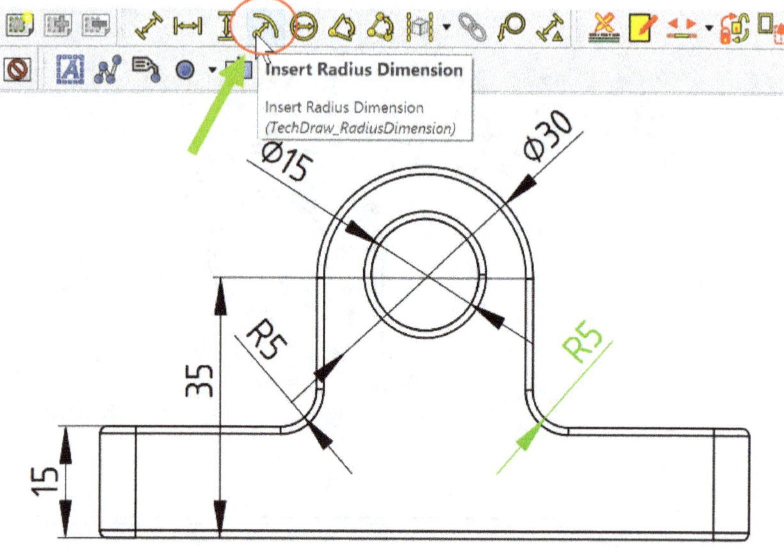

Abbiamo dimensionato la lunghezza e la larghezza del componente, così come i diametri dei fori e la loro distanza l'uno dall'altro nella vista dall'alto, dato che qui abbiamo una visione migliore.

Per poter dimensionare correttamente la distanza tra i fori, dobbiamo aggiungere delle linee di centro che assomigliano a dei mirini. Per farlo, selezioniamo entrambi i fori e scegliamo il comando "Add centerlines" nella barra degli strumenti.

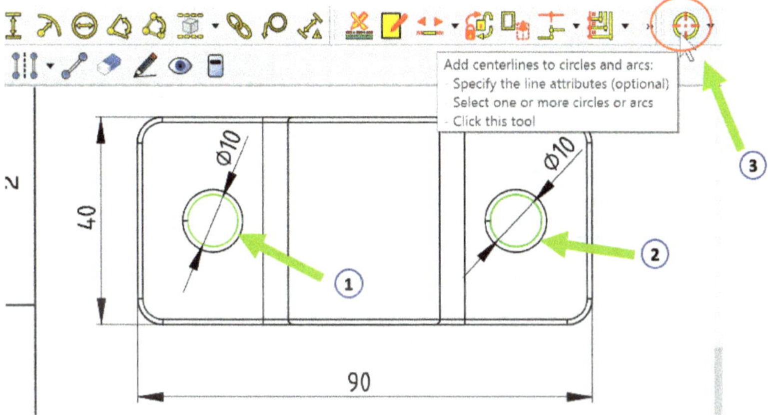

Possiamo anche aggiungere delle linee di simmetria a questa parte e risparmiare un po' di quotatura, dato che dobbiamo sempre dimensionare solo un lato di una parte simmetrica. Per farlo selezioniamo i due bordi verticali esterni di una vista e poi clicchiamo sul comando "Add Centerline between 2 Lines".

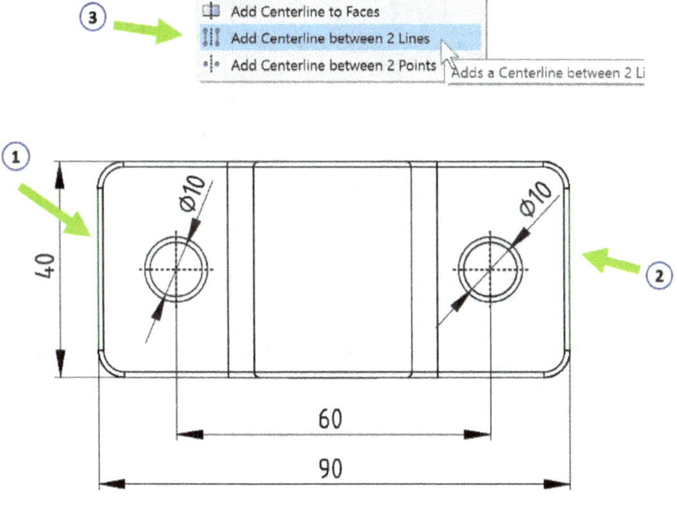

Nelle impostazioni della vista combinata, possiamo determinare la lunghezza di questa linea e lo stile che deve avere.

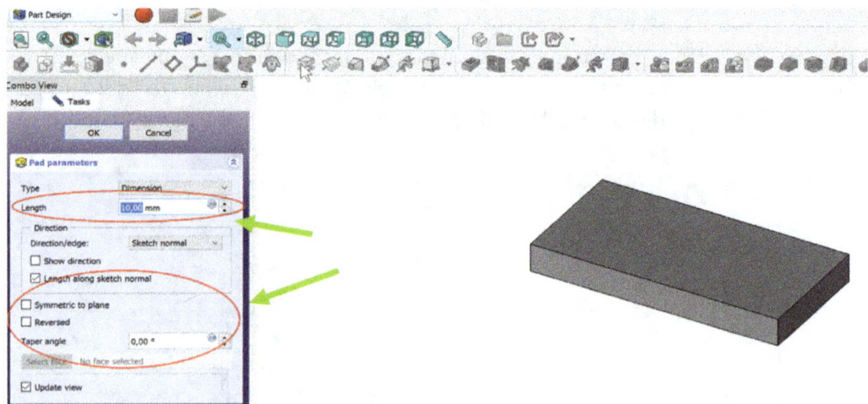

Aggiungiamo questa linea centrale anche in orizzontale, perché in questa vista il pezzo è simmetrico su entrambi i lati. Possiamo quindi eliminare uno dei due diametri del cerchio. Dopo aver aggiunto un raggio per l'arrotondamento dei bordi esterni, questa vista è completamente dimensionata.

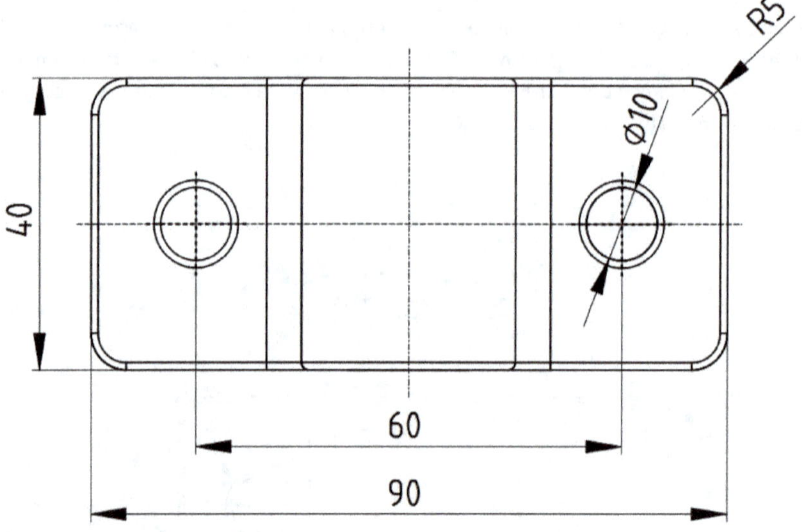

Passiamo nuovamente alla vista frontale e aggiungiamo anche qui una linea di simmetria (verticale) e un punto centrale del cerchio.

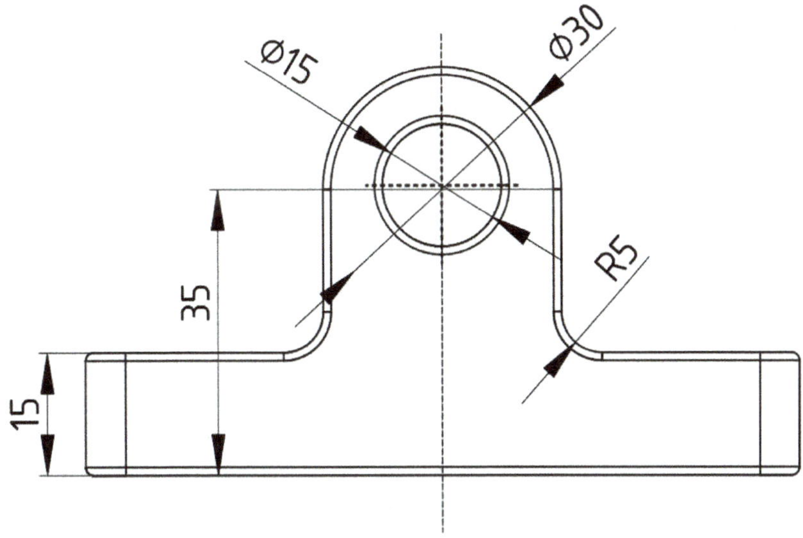

Infine, aggiungiamo un'annotazione globale che si applica all'intera parte. Inseriamo questa annotazione nell'area del blocco del titolo. Creiamo l'annotazione con il comando "Insert Annotation" e, dopo aver attivato il comando "Turn View Frames On/Off", possiamo modificare il testo con un clic e indicare, ad esempio, che tutti i bordi non dimensionati devono essere arrotondati con un raggio di 1 mm.

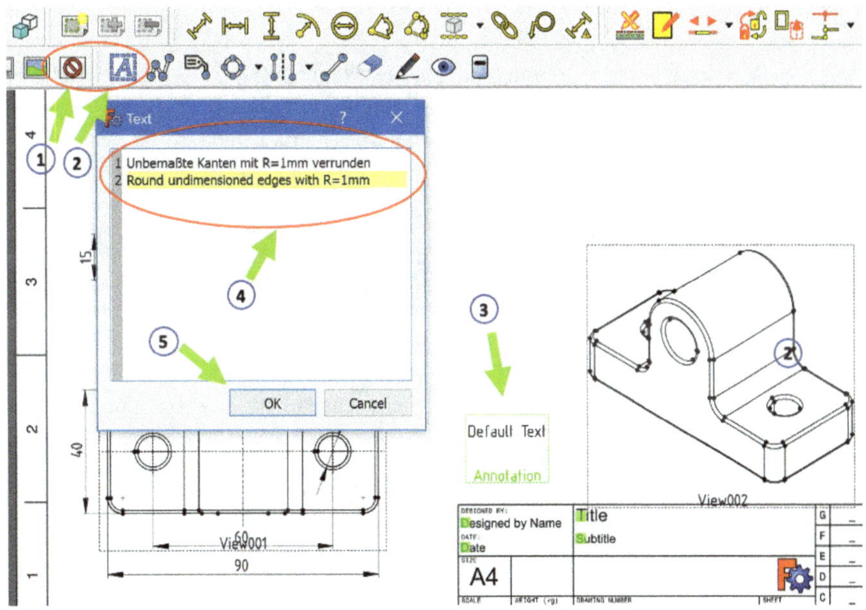

Ora tutte le dimensioni rilevanti sono incluse nel disegno o possono essere calcolate utilizzando gli elementi geometrici e le dimensioni esistenti. Questo è sufficiente per la produzione del pezzo.

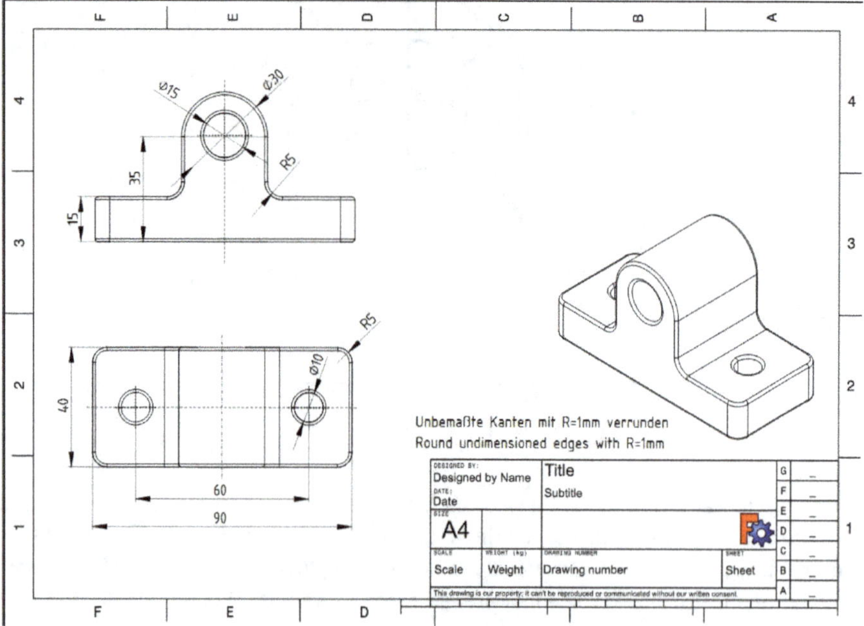

Puoi anche salvare il disegno come file ".pdf". Questo può essere selezionato nella scheda "File".

Molto bene, queste erano le informazioni più importanti della sezione "TechDraw" e del disegno tecnico. Se vuoi avere maggiori informazioni in merito, è meglio acquistare un libro sul disegno tecnico, poiché questo argomento è abbastanza complesso da richiedere un libro completo e autonomo.

In tempi di stampa 3D e di produzione di macchine CNC, i disegni tecnici stanno diventando sempre meno importanti e servono solo come documentazione e riferimento. Per la produzione con stampa 3D o CNC, i modelli 3D vengono utilizzati direttamente per la pianificazione della produzione.

Hai bisogno di un file nel formato ".stl" o ".step". Puoi salvare il tuo modello in "FreeCAD" in questi formati cliccando sull'opzione "Export" nella scheda "File" quando il componente è aperto e selezionato.

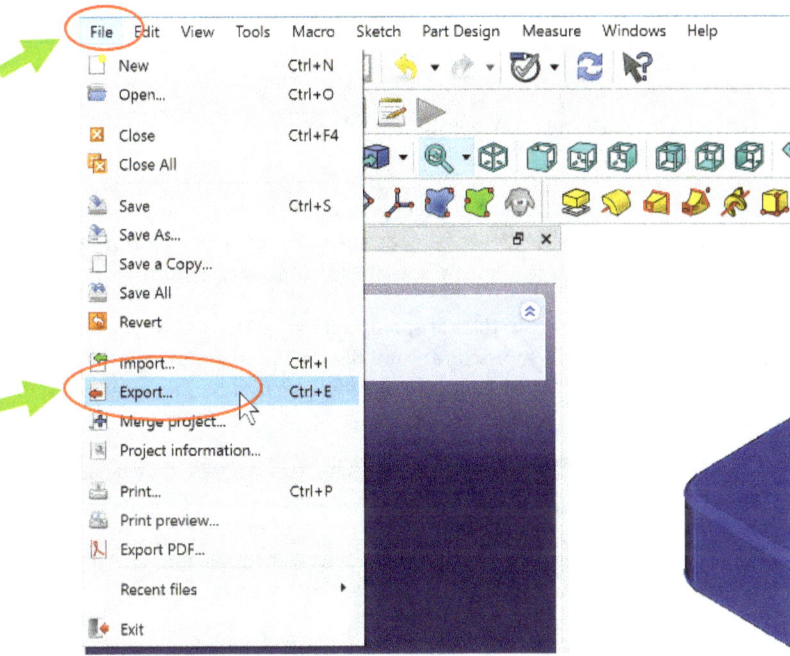

Poi puoi selezionare il formato desiderato da un lungo elenco nel menu a discesa.

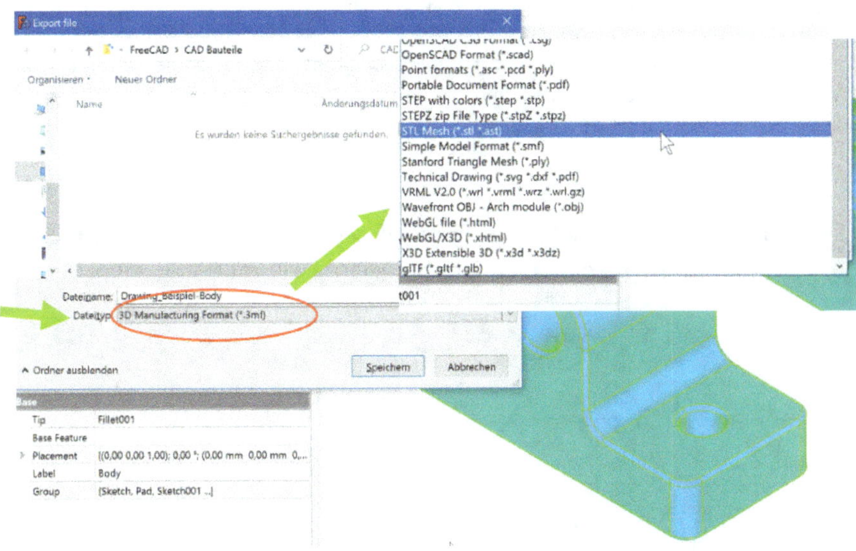

6 Conclusione

Eccellente! Ce l'hai fatta, con questo capitolo terminiamo il corso per principianti del software CAD "FreeCAD"!

Ora tocca a te approfondire ciò che hai imparato e, soprattutto, applicarlo. A questo punto dovresti aver imparato le funzioni più importanti di "FreeCAD" e potrai avventurarti in nuovi progetti e disegni CAD sotto la tua responsabilità! Congratulazioni!

In questo corso avrai imparato tutte le operazioni e le caratteristiche più importanti. Questo ti permette di progettare e produrre i tuoi file CAD in modo semplice e veloce. Insieme abbiamo raggiunto molti risultati in questo corso! Sii giustamente orgoglioso di te stesso se sei arrivato fino a questa lezione!

Se vuoi costruire altri oggetti sotto la mia guida, cerca il libro successivo, che dovrebbe essere pubblicato a breve e sarà intitolato "FreeCAD - Progetti di design" o un titolo simile.

E, come accennato alla fine del corso, si dà anche un'occhiata alla stampa 3D. È molto divertente e ha grandi vantaggi quando puoi realizzare le tue costruzioni.

In questo modo, puoi creare i tuoi pezzi in modo indipendente e avere una soluzione a portata di mano per tutti i tipi di pezzi di ricambio o altri pezzi non più disponibili ma urgentemente necessari. Il modo migliore per farlo è utilizzare il mio libro già disponibile: "Stampa 3D - passo dopo passo". Dai un'occhiata al libro online e procurati la tua copia!

Se sei interessato anche a un altro software di progettazione, come "Fusion 360" di Autodesk, troverai anche un mio libro al riguardo. Nelle pagine seguenti troverai una panoramica di tutti i miei libri. Dai un'occhiata e prendi le tue copie!

Se ti è piaciuto il corso, mi farebbe molto piacere se mi lasciassi una valutazione e un breve feedback, oltre a consigliarmi il libro! Grazie mille!

Libri su argomenti che potrebbero piacerti anche

Tutti i libri sono disponibili online sulle solite piattaforme di vendita. È meglio cercare semplicemente il titolo o sentirsi liberi di visitare la mia pagina dell'autore. Alcuni dei libri potrebbero non essere ancora stati pubblicati e appariranno o si troveranno presto. Dai un'occhiata ai libri di tua scelta e portali a casa come e-book o paperback!

Stampa 3D:

CAD, FEM, CAM:

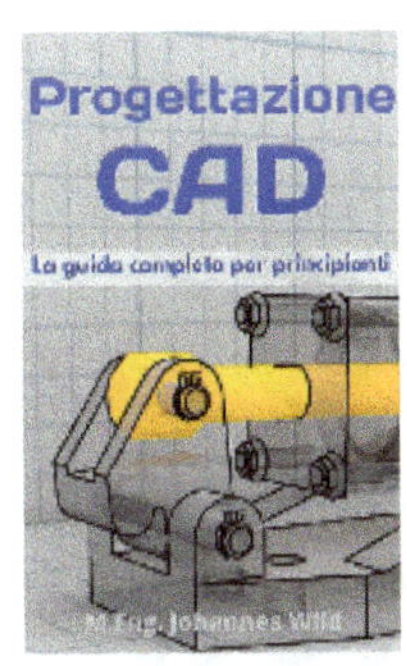

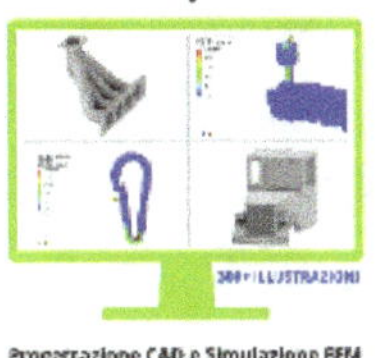

Elettrotecnica:

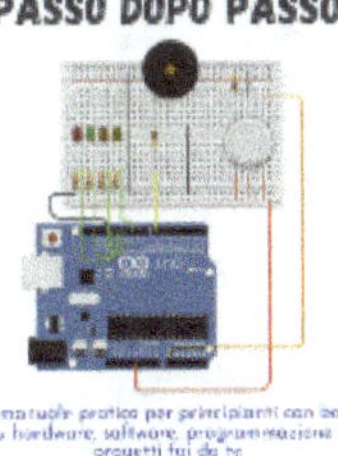

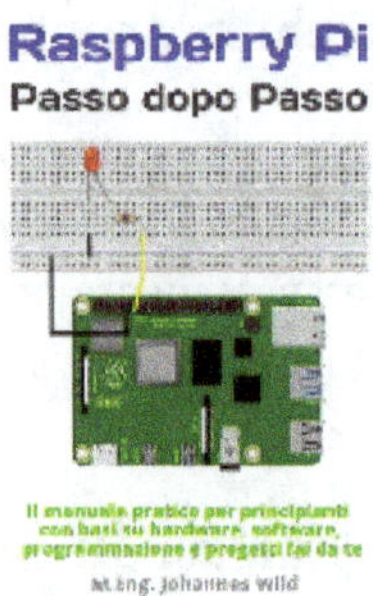

Programmazione e altri software:

Ci sono anche video corsi identici per alcuni di questi libri:

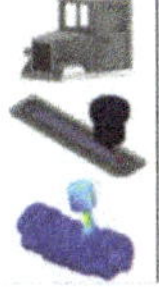

Fusion 360 Passo dopo Passo | CAD,FEM e CAM per principianti
La guida pratica per AUTODESK FUSION 360! Impara la progettazione, la simulazione, la produzione e altro da un ingegnere
M.Eng. Johannes Wild
4.6 ★ ★ ★ ★ ⯪ (31)
3.5 total hours • 24 lectures • Beginner
Bestseller

Stampa 3D | Una guida passo dopo passo
La guida pratica per principianti e utenti! Un corso per tutti, creato da un ingegnere!
M.Eng. Johannes Wild
4.0 ★ ★ ★ ★ ☆ (28)
1.5 total hours • 20 lectures • All Levels

Progettazione CAD per principianti | Impara da un ingegnere
La guida practica alla creazione di oggetti e modelli 3D con software di progettazione CAD gratuito per stampa 3D, ecc.
M.Eng. Johannes Wild
4.2 ★ ★ ★ ★ ☆ (6)
1.5 total hours • 15 lectures • All Levels

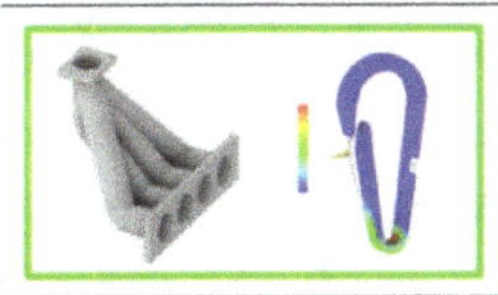

INVENTOR Passo dopo Passo | CAD & FEM per principianti
La guida pratica per AUTODESK INVENTOR! Impara la progettazione CAD, la simulazione FEM e altro da un ingegnere
M.Eng. Johannes Wild
4.2 ★ ★ ★ ★ ☆ (7)
3.5 total hours • 20 lectures • Beginner

...

Per l'acquisto puoi scegliere tra la piattaforma di apprendimento "Udemy":

Cerca il mio nome su www.udemy.com:

M.Eng. Johannes Wild o usa il seguente link:

www.udemy.com/courses/search/?src=ukw&q=m.eng.+johannes+wild

Iscriviti oggi e approfondisci le tue conoscenze!

Impronta dell'autore/editore

© 2022

Johannes Wild
c/o RA Matutis
Berliner Straße 57
14467 Potsdam
Germany

E-mail: 3dtech@gmx.de

Questo lavoro è protetto da copyright